Bericht einer Arbeitsgemeinschaft im Zentrum für interdisziplinäre Forschung Bielefeld
unter Leitung von
Dr. h. c. Hans von der Groeben, Mitglied der Kommission der Europäischen Gemeinschaften von 1958 bis 1970, Rheinbach b. Bonn
Dr. Hans Möller, Professor für Volkswirtschaftslehre unter besonderer Berücksichtigung der internationalen Wirtschaftsbeziehungen, Universität München

Möglichkeiten und Grenzen einer Europäischen Union

Band 2

Bericht der Facharbeitsgruppe

Verteilung der wirtschaftlichen Kräfte im Raum

Leitung der FAG und
zusammenfassende Einleitung:
Horst Zimmermann

Berichterstatter:
Dieter Biehl
Harald H. Bungarten
Klaus Höpfner
Kurt Reding
Winfried von Urff
Wolfgang Peter Zingel

Nomos Verlagsgesellschaft
Baden-Baden

CIP-Kurztitelaufnahme der Deutschen Bibliothek

Möglichkeiten und Grenzen einer europäischen Union: Bericht e. Arbeitsgemeinschaft im Zentrum für Interdisziplinäre Forschung Bielefeld / unter Leitung von
Hans von der Groeben; Hans Möller. – Baden-Baden: Nomos-Verlagsgesellschaft.

NE: Groeben, Hans von der [Hrsg.]

Bd. 2. Bericht der Facharbeitsgruppe Verteilung der Wirtschaftlichen Kräfte
im Raum / Leitung d. FAG u. zusammenfassende Einl.: Horst Zimmermann.
Berichterstatter: Dieter Biehl . . . – 1. Aufl. – Baden-Baden: Nomos-Verlagsgesellschaft, 1976.
    (Möglichkeiten und Grenzen einer europäischen Union; Bd. 2)
    ISBN   3-7890-0220-8

Druck, Verlag und Copyright
© 1976 by Nomos Verlagsgesellschaft mbH & Co. Kommanditgesellschaft,
Baden-Baden

Printed in Germany

Die »Bielefelder Arbeitsgemeinschaft« für das Forschungsvorhaben »Möglichkeiten und Grenzen einer europäischen Union«

Im Anschluß an eine Arbeitsgemeinschaft »Ziele und Methoden der europäischen Integration« im Zentrum für interdisziplinäre Forschung in Bielefeld wurde dort im Herbst 1973 zur Durchführung des Forschungsvorhabens »Möglichkeiten und Grenzen einer europäischen Union« erneut eine Arbeitsgemeinschaft gebildet. Viele Mitglieder der zweiten Bielefelder Arbeitsgemeinschaft waren auch an der vorhergehenden Arbeitsgemeinschaft beteiligt, deren Abschlußbericht unter dem Titel »Ziele und Methoden der europäischen Integration« im Athenäum-Verlag, Frankfurt/M. veröffentlicht wurde*).

Für die Durchführung des Forschungsvorhabens wurden im März 1974 von der Volkswagen-Stiftung finanzielle Mittel bewilligt. Das Zentrum für interdisziplinäre Forschung in Bielefeld stellte wiederum seine Einrichtungen insbesondere für die Abhaltung von Tagungen und als Standort für Herrn Cezanne, den wissenschaftlichen Sekretär (von November 1974 bis einschließlich März 1975), zur Verfügung.

Die zweite Bielefelder Arbeitsgemeinschaft trat mehrfach zu Plenarsitzungen zusammen und gründete acht Facharbeitsgruppen, die die Probleme einer europäischen Union für ihr Fachgebiet untersuchen sollten. Deren Leiter bildeten mit einigen besonders interessierten weiteren Teilnehmern der Arbeitsgemeinschaft einen Lenkungsausschuß, der mehrmals zusammentrat. Für die Abfassung des Allgemeinen Teils des Gesamtberichts fand sich ein Redaktionsgremium zusammen, bestehend aus den Herren von der Groeben, Möller, Cezanne, Hrbek, Schneider, Haager, das seine Arbeit im Frühjahr 1975 aufnahm.

Die eingerichteten Facharbeitsgruppen und ihre Leiter waren:
- *Wirtschafts- und Währungspolitik (Möller)*
- *Steuerharmonisierung (Andel)*
- *Transnationale Kooperation (Immenga)*
- *Verteilung der wirtschaftlichen Kräfte im Raum (Zimmermann)*
- *Landwirtschaft (Priebe)*
- *Verkehr (Krauss und Willeke)*
- *Energie (Michaelis)*
- *Wissenschaft und Forschung/Bildung und Ausbildung (Lindner)*

---

*) Inzwischen sind die Verlagsrechte für die Schrift auf die Nomos-Verlagsgesellschaft, Baden-Baden, übergegangen.

Eine Facharbeitsgruppe »Außenpolitik und Außenwirtschaftspolitik« kam – obwohl beschlossen – nicht zustande: die Bildung weiterer Facharbeitsgruppen, z. B. für Sicherheitspolitik, Entwicklungspolitik, wurde erwogen, jedoch nicht weiter verfolgt. Die Facharbeitsgruppen, die ihrerseits jeweils mehrere Sitzungen abhielten, berichteten über die ersten Ergebnisse ihrer Tätigkeit auf der zweiten Plenarsitzung in Bielefeld (Juni 1974) und legten im Laufe des Jahres 1975 ihre Berichte vor.

Die Koordinierung der Arbeiten wurde von der Leitung der Arbeitsgemeinschaft, insbesondere von Herrn von der Groeben, vorgenommen, der mehrfach an Sitzungen von Facharbeitsgrupen teilnahm und zur Diskussion spezieller Probleme zahlreiche ad hoc-Sitzungen anberaumte, an denen die an solchen Problemen besonders interessierten Mitglieder der Arbeitsgemeinschaft teilnahmen. Er wurde bei seiner Tätigkeit vom wissenschaftlichen Sekretär, Herrn Cezanne, unterstützt.

Die Teilnehmer sind unter Angabe ihrer besonderen Funktion in der Arbeitsgemeinschaft am Schluß dieses Berichts aufgeführt.

Vorwort

Die Bielefelder Arbeitsgemeinschaft zur Untersuchung der »Möglichkeiten und Grenzen einer europäischen Union« wird an anderer Stelle in diesem Band vorgestellt. Die Veröffentlichung ihrer Forschungsergebnisse soll in mehreren Bänden erfolgen; geplant ist ein Allgemeiner Teil als Band 1 und weitere Bände für die Untersuchungsergebnisse einiger Facharbeitsgruppen zu speziellen Problemen der europäischen Integration. Da die Gefahr besteht, daß bereits vorliegende Berichte an Aktualität verlieren, haben sich die Herausgeber entschlossen, mit der Publikation von Facharbeitsgruppenberichten zu beginnen, obwohl der Allgemeine Teil des Gesamtberichts noch nicht fertiggestellt ist. Daraus erklärt sich, daß der nunmehr vorgelegte Band 2 zuerst veröffentlicht wird.

Dieser Band stellt die Ergebnisse der Facharbeitsgruppe »Verteilung der wirtschaftlichen Kräfte im Raum« dar, die unter Leitung von Professor Horst Zimmermann, Marburg, stand. Die ständigen Mitglieder dieser Facharbeitsgruppe sind mit den Verfassern der Beiträge dieses Bandes identisch. Jedes Mitglied hat also im Rahmen der Facharbeitsgruppe die Berichterstattung zu einem speziellen Fragenkomplex der »Verteilung der wirtschaftlichen Kräfte im Raum« übernommen. Die Facharbeitsgruppe hielt zwischen Oktober 1973 und Februar 1975 insgesamt sieben Sitzungen ab.

Die von der Arbeitsgruppe aufgegriffenen Fragen und die Autoren der zu diesen Fragen verfaßten Abschlußberichte sind aus dem Inhaltsverzeichnis ersichtlich. Die in diesen Abschlußberichten vertretenen Auffassungen sind im Rahmen der Facharbeitsgruppe, zum Teil auch in einer Plenarsitzung der Arbeitsgemeinschaft, diskutiert und abgestimmt worden. Das bedeutet jedoch nicht, daß alle Mitglieder der Facharbeitsgruppe jede der in den Abschlußberichten vertretenen Auffassungen uneingeschränkt teilen.

Die hiermit vorgelegten Ergebnisse der Untersuchungen über die »Verteilung der wirtschaftlichen Kräfte im Raum« werden im Allgemeinen Teil des Gesamtberichts berücksichtigt werden. Dabei ist nicht auszuschließen, daß sich neue Aspekte und möglicherweise auch abweichende Auffassungen ergeben, die in diesem Band nicht mehr diskutiert werden konnten, weil sich dessen Veröffentlichung sonst zu lange hingezogen hätte.

Hans von der Groeben   Hans Möller
Mai 1975

Inhaltsverzeichnis

Dieter Biehl

Ursachen interregionaler Einkommensunterschiede und Ansatzpunkte für eine potentialorientierte Regionalpolitik in der Europäischen Gemeinschaft   71

Mitglieder der Facharbeitsgruppe
Verteilung der wirtschaftlichen Kräfte im Raum

Dr. Dieter Biehl
Institut für Weltwirtschaft
Universität Kiel
Düsternbrooker Weg 120/122
23 Kiel 1

Dipl.-Wirtsch.-Ing. Harald H. Bungarten
Forschungsinstitut der Deutschen Gesellschaft für auswärtige Politik
Konrad-Adenauer-Allee 133
53 Bonn

Dr. Klaus Höpfner
Universität Tübingen
Mohlstr. 36
74 Tübingen

Univ.-Doz. Dr. Kurt Reding
Fachbereich Wirtschaftswissenschaften
Universität Marburg
Universitätsstr. 7
355 Marburg

Prof. Dr. Winfried von Urff
Institut für international vergleichende Agrarpolitik am Südasieninstitut
Universität Heidelberg
Im Neuenheimer Feld 13
69 Heidelberg

Prof. Dr. Horst Zimmermann
Fachbereich Wirtschaftswissenschaften
Universität Marburg
Universitätsstr. 7
355 Marburg

Dipl.-Volkswirt Wolfgang-Peter Zingel
Institut für international vergleichende Agrarpolitik am Südasieninstitut
Universität Heidelberg
Im Neuenheimer Feld 13
69 Heidelberg

Horst Zimmermann

Die Verteilung der wirtschaftlichen Kräfte im Raum als integrationspolitisches Problem

I. *Die Ausgangssituation: Verteilung der wirtschaftlichen Kräfte im nationalen Raum*

Eine Betrachtung der Probleme, die aus der Verteilung der wirtschaftlichen Kräfte im Raum für die Integration mehrerer Staaten entstehen, kann zunächst an den Tatbestand anknüpfen, daß die räumliche Verteilung der Wohn- und Arbeitsstätten (als Ausdruck der privaten Ressourcen) sowie der dazugehörigen Infrastruktureinrichtungen (als Ausdruck der öffentlichen Ressourcen) schon innerhalb des einzelnen Mitgliedstaates in aller Regel ungleichmäßig ist und als änderungsbedürftig angesehen wird. Unterentwickelten Regionen mit geringem Industriebesatz, niedrigem Pro-Kopf-Einkommen, unterdurchschnittlicher Versorgung mit öffentlichen Leistungen, manchmal aber mit hohem Erholungswert, stehen Ballungsräume gegenüber, in denen zwar die genannten Indikatoren hohe Werte aufweisen, dafür aber Nachteile wie verstärkte Umweltbelastung, Verkehrsengpässe usf. in Kauf zu nehmen sind.

Wenn schon im nationalen Raum solche Divergenzen auftreten, sind sie für ein vereinigtes Wirtschaftsgebiet erst recht zu vermuten, da nunmehr das regionale Gefälle zwischen den Mitgliedstaaten hinzutritt. Die Ähnlichkeit des empirischen Befundes auf nationaler und übernationaler Ebene legt die Vermutung nahe, daß Instrumente, die im nationalen Rahmen zur Erreichung raumbezogener Ziele entwickelt wurden, in modifizierter Form auch auf die übernationalen Ziele angesetzt werden könnten: Die Ausgangslage ist im nationalen Rahmen allerdings günstiger, denn die geschriebenen und ungeschriebenen Normen sind weiter entwickelt, und das Konfliktpotential ist, eben wegen des fehlenden Erfordernisses der übernationalen Abstimmung, erheblich geringer. Als Beispiel mag Artikel 72 (2) 3 GG gelten, der im Bundesraumordnungsgesetz von 1965 und den zahlreichen Regional- und Raumordnungsaktivitäten von Bund und Ländern seine die Politik prägende Kraft gezeigt hat. Eine ähnliche Durchschlagskraft dürfte einer EG-Norm auf diesem Gebiet so schnell nicht beschieden sein, da sie im EG-Raum nicht auf den gleichen Grad an Bereitschaft zur Anpassung regionaler Disparitäten stoßen dürfte wie im nationalen Bereich. Der Versuch, aus der nationalen Integrationsproblematik regionaler Art auf strukturelle Tendenzen und politische Lösungsmöglichkeiten im übernationalen Raum zu schließen, ist also von vornherein begrenzt. Er dürfte für die Analogie der Strukturen weiter führen als für die Analogie der Instrumente.

a. *Einige Politikbereiche mit starkem Raumbezug*[1]

Zur Milderung regional begrenzter Fehlentwicklungen wird die *Regionalpolitik* eingesetzt. Sie läßt sich in eine Politik der Förderung unterentwikkelter Regionen und eine Politik der Ballungsraumbeeinflussung untergliedern.

Die Ziele der nationalen Regionalpolitik kann man ebenso wie die Ziele in den übrigen anzusprechenden Politikbereichen in effizienz- und verteilungsorientierte Ziele aufteilen. Auf die Regionalpolitik bezogen können beide Ziele auf nationaler Ebene wie auch auf der Ebene einer einzelnen Region relevant sein. Ein relativ enges, weil monetär definiertes nationales Effizienzziel könnte in dem Streben nach maximalem Sozialprodukt für die gesamte Volkswirtschaft bestehen, zu dessen Erreichung nunmehr die adäquate regionale Verteilung der Ressourcen zu ermitteln und zu schaffen wäre. Ein monetär definiertes nationales Verteilungsziel scheint in der Forderung nach interregionaler Angleichung der Einkommenssituation zu bestehen. Sowohl das Effizienz- als auch das Verteilungsziel lassen sich um eine nicht-monetäre Komponente erweitern, indem der Wohlstand als Lebensqualität ausgedrückt wird, gemessen an regionalen sozialen Indikatoren.

Sofern eine umfassende nationale Zielformulierung, bezogen auf das Verhältnis aller Gebietskategorien zueinander, nicht gelingt, sei es aus politischen Gründen oder wegen mangelnder wissenschaftlicher Aussagen (z. B. über den Zusammenhang von Höhe des nationalen BSP und Regionalstruktur), wird eine Ad-hoc-Definition von Problemgebieten erfolgen, z. B. nach der Höhe der Arbeitslosenrate, der Abweichung vom nationalen Einkommensdurchschnitt usf. Für das einzelne Problemgebiet können darauf-

---

1 Hier wie auch in den folgenden Aufsätzen werden einige andere Politikbereiche mit starkem Raumbezug, die Gegenstand eigener Arbeitsgruppen sind, entweder nicht (z. B. Verkehrssektor) oder nur mit ihrer regional relevanten Variante (z. B. Agrarsektor) aufgeführt.

hin auch Strategien entwickelt werden, deren Einbettung in das gesamte nationale Zielsystem aber entfällt oder nur der Tendenz nach erfolgt.

Für die Erklärung der regionalen Ungleichgewichte werden u. a. sektorale Unterschiede in der Arbeitsplatzstruktur der einzelnen Regionen herangezogen. Insbesondere kann ein Übergewicht der *Landwirtschaft* in einer Region ein Indiz sein, daß diese Region als »Problemgebiet« einzustufen ist, sofern nämlich die landwirtschaftliche Erzeugung es nicht erlaubt, die Pro-Kopf-Einkommen auf der wünschenswerten Höhe zu halten. Aus diesem empirischen Zusammenhang von agrarstruktureller und regionaler Entwicklung folgt, daß auch die entsprechenden beiden Politikbereiche eng aufeinander angewiesen sind. Aus dieser Kenntnis heraus wird zunehmend die Notwendigkeit der Verzahnung agrar- und regionalpolitischer Programme erkannt.

Zwei weitere wirtschaftspolitische Problemkreise haben ebenfalls einen engen Bezug zur räumlichen Verteilung der Ressourcen: die zunehmende Beschäftigung ausländischer Arbeitskräfte und die wachsende Belastung der Umwelt bzw. die Wahrnehmung dieser Belastung.

Die Nachfrage nach *ausländischen Arbeitskräften* ist, wenn man von einer nachfrageorientierten Verteilung dieser Arbeitskräfte ausgeht, in den Ballungsräumen wesentlich höher als in den wenig entwickelten Räumen. Dadurch sind auch die aus der Beschäftigung dieser Arbeitskräfte resultierenden Zusatzbelastungen, die z. B. den öffentlichen Haushalten durch die Mehrkosten von Schulklassen mit zahlreichen Gastarbeiterkindern im Vergleich zu Schulklassen mit ausschließlich deutschen Kindern möglicherweise entstehen, regional unterschiedlich stark. Ebenso treten soziale Effekte, z. B. die Gettobildung, in verstärktem Maße in Ballungsräumen auf.

Infolgedessen betrifft auch eine politische Beeinflussung der Ausländerbeschäftigung nicht alle Regionen des Staatsgebiets in gleichem Maße. In der BRD z. B. würde eine massive Eindämmung der Ausländerbeschäftigung zu einer Umstrukturierung der Arbeitskräfte in Ballungsgebieten, vielleicht auch der Produktionsverfahren, mit dem Effekt der Einsparung un- und angelernter Arbeitskräfte führen, während andere Regionstypen von solchen Veränderungen weitgehend ausgespart blieben. Diese Effekte können im Interesse einer Entlastung der Ballungsgebiete durchaus erwünscht sein. Sofern sie im Einzelfall über das wünschenswerte Maß hinausgehen, müßte eine Ausländerpolitik »regionalisiert«, d. h. auf die spezielle Situation der einzelnen Region abgestellt werden.

Die regionalen Effekte einer verstärkten *Umweltschutzpolitik* ähneln diesen Wirkungen der Ausländerpolitik. Auch die Umweltschäden treten in Ballungsräumen vermehrt auf, da Umweltbelastung in aller Regel ein Schwellenproblem ist und die meisten dieser Schwellen in Ballungsräumen eher überschritten werden als in weniger entwickelten Räumen. Infolgedessen wird eine verschärfte Umweltpolitik vor allem mit Blick auf die Ballungsräume betrieben und hat notwendigerweise ihre Inzidenz in verstärktem Maße in diesen Räumen. Die mit dieser Politik einhergehende Anlastung sozialer Kosten an die Verursacher oder die Übernahme dieser Kosten durch die öffentliche Hand führen ebenfalls zu regionalen Anpassungen, da Produktion, Konsumtion oder öffentliche Aktivität in Ballungsräumen entsprechend aufwendiger werden.

Diese Anlastung erfolgt vornehmlich unter dem Effizienzziel und betrifft zum guten Teil immobile Faktoren wie Wasser, Luft und Boden. Dadurch werden die mobilen Ressourcen gedrängt, an den Ort der höchsten volkswirtschaftlichen Nettonutzen zu wandern.[2] Der induzierte Anpassungsprozeß kann (und soll) kurz- und mittelfristig u. a. dazu führen, daß die öffentlichen Haushalte verstärkt belastet werden. Diese Belastung tritt insbesondere dann ein, wenn nicht nur der Zuzug von Arbeitskräften gebremst wird,[3] sondern auch Teile der ansässigen Bevölkerung arbeitslos werden und die erforderlichen kommunalen Sozialleistungen den Gemeindehaushalt belasten. Da sich dadurch zugleich die Steuerbasis vermindert, kann diese Belastung zu überproportionaler Anspannung einzelner öffentlicher Haushalte in Ballungsräumen führen. Sie kurzfristig durch Finanzausgleichsmechanismen abzubauen, hieße den erwünschten Mobilitätseffekt zu vermindern. Es wird in dieser Situation darauf ankommen, ohne globale Entlastung des Gemeindehaushalts soziale Härtefälle zu mildern und gleichzeitig das Effizienzziel durch Schaffung neuer Arbeitsplätze außerhalb der Ballungsräume zu fördern. Diese Ansiedlungspolitik in peripheren Räumen wird durch das erhöhte Entwicklungspotential erleichtert, das diese Räume durch den Bremseffekt in den Ballungsräumen erhalten, der von der Durchsetzung der Umweltschutzpolitik ausgeht.

Regional differenzierende Maßnahmen in den bisher angesprochenen Politikbereichen bedeuten eine regional differenzierende Inzidenz der öffentlichen Aktivität, insbesondere der öffentlichen Ausgaben. Die Differenzierung erfolgt gelegentlich durch den unmittelbaren Transfer öffentlicher Mittel von einer Region in die andere, nimmt aber häufig den Weg, daß eine übergeordnete Instanz Mittel nach raumbezogenen Kriterien verteilt. Ein solcher Fall liegt z. B. vor, wenn unterentwickelte Regionen aus allgemei-

---

2 Zu diesem Mobilitätseffekt s. unten den Beitrag von D. Biehl.
3 Hier ist ein Bezug zur Beschäftigung ausländischer Arbeitskräfte gegeben (s. unten Teil III c).

nen Steuermitteln gefördert werden. Diese Transaktionen bewirken einen horizontalen *Finanzausgleich*.[4] Dieser Teil des horizontalen Finanzausgleichs (bzw. des vertikalen Finanzausgleichs mit horizontalem Effekt) ist das älteste Instrument der öffentlichen Hand, um Unterschiede zwischen einzelnen Regionen auszugleichen. Er wird vorwiegend reaktiv betrieben, d. h. entstehende Lücken in der Besteuerung bzw. übermäßiger Bedarf auf der Ausgabenseite werden ausgeglichen. Es wird also nicht nach den Wurzeln der Ungleichheit gefragt und kein Versuch unternommen, bei ihnen mit einer Therapie anzusetzen, sondern die ungleiche Entwicklung wird hingenommen und in ihren Auswirkungen gemildert.
Ein aktiv eingreifender horizontaler Finanzausgleich, der die Ungleichheit in der regionalen Verteilung der Steuerkraft und des Ausgabenbedarfs kausal angehen wollte, müßte mit der Regionalpolitik eng verbunden werden. Eine Kombination beider Politikbereiche könnte insofern sehr fruchtbar werden, als die Regionalpolitik viele Erfahrungen im Umgang mit anzusiedelnden Unternehmen hat, während der kommunale Finanzausgleich genauere Kenntnisse über die Bedürftigkeit, vielleicht auch Anhaltspunkte für die Entwicklungsfähigkeit von Gemeinden mit sich bringt; die gleiche Argumentation gilt mit entsprechender Variation für den Finanzausgleich zwischen den Bundesländern.

b. *Die Beziehungen zwischen den angesprochenen Politikbereichen*

Die bisherigen Überlegungen erstreckten sich auf fünf Fragenkreise. Sie stehen keineswegs unverbunden nebeneinander, sondern es wurde beispielsweise für Agrarstruktur, Ausländerbeschäftigung und Umweltschutzprobleme angedeutet, daß in der Entstehung der Probleme und damit auch in den Auswirkungen der Politik zur Lösung dieser Probleme enge Interdependenzen bestehen.
Diese wechselseitigen Beziehungen kann man, wie im Schema 1 angegeben, zu ordnen versuchen. Die angeführten Beziehungen zeigen, daß die fünf Bereiche stark miteinander verzahnt sind. Folglich handelt es sich hier um einen berechtigtermaßen gemeinsam zu behandelnden Fragenkomplex.

---

4 Seine größte Bedeutung hat der horizontale Finanzausgleich jedoch, jedenfalls in der BRD, nicht in den einzelnen regionalpolitisch motivierten Strömen, sondern in dem formalisierten Ausgleich zwischen den einzelnen Ländern (Länderfinanzausgleich) und den einzelnen Gemeinden (kommunaler Finanzausgleich, vorwiegend über Staffelung der Landeszahlungen an die Gemeinden).

Schema 1: Wichtige Beziehungen zwischen den Fragenkreisen im nationalen Bereich

(Oberhalb der Diagonale: Einfluß auf obenstehenden Bereich,
unterhalb der Diagonale: Einfluß von nebenstehendem Bereich)

Wirkung von auf \ Wirkung auf von	Regionalpolitik	Agrarpolitik	Umweltschutz	Ausländerpolitik	Horizontaler Finanzausgleich
Regionalpolitik (in unterentw. und Ballungsräumen)	—	Auffangen landwirtschaftl. Arbeitskräfte	Entlastung der Ballungsräume	Vermindert. Bedarf an ausländischen Arbeitskräften	Minderung des Bedarfs für Finanzausgleich
Agrarpolitik	Freisetzung von landwirtsch. Arbeitskräften	—	Überdüngung von Böden; Leerräume für Erholung		Minderung des Bedarfs für Finanzausgleich in Agrargebieten
Umweltschutz	Verdrängung von Unternehmen aus Ballungsgebieten	Landwirtschaft zwecks Landschaftspflege	—		Temporär vermehrter Ausgleichsbedarf im Einzelfall
Ausländerpolitik	Verknappung ungelernter Arbeitskräfte in Ballungsgebieten		Entlastung der Ballungsräume	—	—
Horizontaler Finanzausgleich	Alimentierung förderungsbedürf-tiger Gemeinden	Alimentierung landwirtschaftl. Gemeinden	Temporärer Ausgleich zu starker Anlastungseffekte im Einzelfall	—	—

II. *Verteilung der wirtschaftlichen Kräfte zwischen Mitgliedstaaten*

Auf den ersten Blick scheinen bei der Integration von Staaten keine qualitativ neuen Fragestellungen aufzutreten. Alle im Einzelstaat vorhandenen Fragestellungen sind notwendigerweise auch in einem vereinigten Gebiet mehrerer Staaten existent. Es sind also auch bei einer Mehrheit von Staaten notwendigerweise Umweltschutzprobleme, Fragen der räumlichen Verteilung ausländischer Arbeitskräfte usf. zu klären. Bei genauerem Hinsehen zeigen sich jedoch zusätzliche Probleme. Zunächst einmal bestehen zwischen Einzelstaaten Wechselkursgrenzen, solange sie keine einheitliche Währung aufweisen. Diese Wechselkursgrenzen können die Effekte von Strukturunterschieden ausgleichen, während diese Effekte, z. B. die Sogwirkung hoher industrialisierter Räume, in einem einheitlichen Währungsraum ungehemmt zur Wirkung kämen.

Zum anderen könnte man vermuten, daß im unterschiedlichen Entwicklungsstand der einzelnen Mitgliedstaaten nationale Besonderheiten zum Ausdruck kommen, die den unterschiedlichen Entwicklungsstand der Teilräume eines Staatsgebietes nicht beeinflussen. Als Beispiel mögen die ›labor relations‹ des einzelnen Landes dienen, die sich in international unterschiedlich hohem streikbedingtem Ausfall von Arbeitstagen niederschlagen (vgl. Tabelle 1). Ebenso wie man innerhalb eines Landes unter dem Aspekt der

Tabelle 1: Internationaler Vergleich der durch Arbeitskämpfe verlorenen Arbeitstage je 1000 Arbeitnehmer

	1973	1974
BRD	25	48
Niederlande	152	2
Frankreich	233	201
Belgien	280	181
Irland	282	–
Großbritannien	317	650
Italien	1 564	1 283
Dänemark	2 007	–

Quelle: Presse- und Informationsamt der Bundesregierung, Aktuelle Beiträge zur Wirtschafts- und Finanzpolitik, Nr. 22/1975, vom 4. 3. 1975, S. 6.

Verteilung von Wirtschaftskraft und Wohlstand fragt, wie eine Region als Ganze etwa nach dem Maßstab des Sozialprodukts pro Kopf zu bewerten ist, stellt sich nämlich in bezug auf die Mitgliedstaaten die Frage, wie das einzelne Mitgliedsland nach solchen auf ein gesamtes Gebiet bezogenen

Maßstäben zu bewerten ist. Stellen sich dann große Unterschiede z. B. im BSP pro Kopf heraus, so sind diese Unterschiede zu erklären.

Zur Erklärung wäre ein theoretischer Gesamtansatz zur Bestimmung der Ursachen einer unterschiedlichen Entwicklung der Mitgliedstaaten als Ganzen erforderlich. Er hätte wahrscheinlich formale Ähnlichkeit mit der Theorie der Entwicklung einzelner Regionen eines einzelnen Landes, d. h. man würde Größen wie den Ausbildungsstand der Bevölkerung, die Ausstattung mit natürlichen Ressourcen, die Verkehrsanbindung an die Umwelt usf. einbeziehen. Unter dem Blickpunkt der hier behandelten Politikbereiche wäre es dann von Interesse zu wissen, wie groß der Einfluß

– einerseits derjenigen Faktoren ist, die auch im nationalen Rahmen unterschiedlich entwickelte Regionen bedingen (z. B. die Ausstattung mit naturräumlichen Gegebenheiten, der Grad der erreichten Umweltbelastung, die Verfügbarkeit ausländischer Arbeitskräfte), und

– andererseits des »Nationalfaktors« ist, also z. B. der traditionell guten oder schlechten ›labor relations‹, der Arbeitsmoral usf.

Nur mit der zweiten Gruppe von Faktoren wären Einflußgrößen angesprochen, die – zusammen mit dem Wechselkursargument – eine gesonderte Argumentation auf nationaler Ebene erfordern.

III. *Integrationserfordernisse aus der Verteilung der wirtschaftlichen Kräfte im Raum*

Bei den folgenden Überlegungen wird sowohl die nationale Verteilung der Ressourcen im Raum mit den auf sie gerichteten politischen Maßnahmen als auch die Verteilung zwischen den Mitgliedstaaten einbezogen. Als integrationspolitischer Ausgangspunkt dient die Annahme, daß mit einer Wirtschafts- und Währungsunion in absehbarer Zeit nicht zu rechnen ist, daß es aber wünschenswert erscheint, den erreichten Integrationsfortschritt zumindest beizubehalten. Zu diesem Status quo treten dann die einzelnen Integrationsschritte hinzu, die im einzelnen Politikbereich aufgrund des bestehenden Integrationsstandes erforderlich werden, d. h. einer gewissen Eigendynamik der einmal eingeleiteten Integration entspringen.

a. *Der ungleiche Entwicklungsstand von Teilräumen in seiner Bedeutung für die Integration*

Auf den ersten Blick scheint die nationale Regionalpolitik, sei sie auf unterentwickelte Regionen oder auf Ballungsgebiete bezogen, kaum Anlaß für Integrationsschritte zu geben, solange die Gemeinschaft politisch nicht zusammengewachsen ist und sich für die regionalen Disparitäten innerhalb des einzelnen Mitgliedstaats verantwortlich fühlt.

Einen ersten Ansatzpunkt für ein koordiniertes Vorgehen von Mitgliedstaaten auch auf niedriger Integrationsstufe bietet jedoch die räumliche Zuordnung von Problemgebieten zum Gemeinschaftsgebiet. – Zum einen können Problemgebiete an der Grenze zweier Mitgliedstaaten liegen. Da solche bisher peripheren Gebiete jetzt relativ näher zur Mitte des gemeinsamen Wirtschaftsgebietes rücken, steigen möglicherweise ihre Entwicklungschancen,[5] wenn die grenzüberschreitende Freizügigkeit durch bilaterale Vereinbarungen ermöglicht wird. Die Entwicklung wird am stärksten sein, wenn beide Anliegerstaaten außerdem eine gemeinsame und aufeinander abgestimmte Entwicklungspolitik betreiben. Da die Vorteile beiden Mitgliedstaaten gut zurechenbar sind, wird auch die Finanzierung gemeinsamer Vorhaben keine Schwierigkeiten mit sich bringen. Insofern kann hier das Prinzip des kurzfristigen »juste retour« wirken, ohne daß supranationale Organisationen tätig werden müssen, was allerdings zugleich bedeuten dürfte, daß solche eng umgrenzten Vorgänge aus sich heraus keine weiteren Integrationsfortschritte bringen. Zum anderen kann sich die bisher schon periphere nationale Lage solcher unterentwickelter Regionen, die jetzt am Rand auch des Gesamtraums aller Mitgliedstaaten liegen, z. B. Schottland oder Süditalien, relativ verschlechtert haben, da dieser Raum noch peripherer geworden ist. Die Verantwortung für solche Randgebiete der Gemeinschaft liegt damit automatisch stärker bei der Gemeinschaft.

Ein Anlaß für eine weiterschreitende Integration der national betriebenen Regionalpolitik kann in sich selbst verstärkenden Prozessen der regionalen Unter- und Überentwicklung gesehen werden. Mit der größeren Freizügigkeit der Produktionsfaktoren können diese Prozesse transnational vor sich gehen und Agglomerationen und Entleerungsgebiete europäischen Ausmaßes entstehen lassen,[6] zumal wenn die Wechselkursgrenzen früh aufgehoben werden. In diesem Fall bietet der »juste retour« dann keinen ausreichenden Koordinationsanreiz, wenn einige Länder per saldo durch positive,

---

5 Vgl. unten den Beitrag von W.-P. Zingel.
6 Vgl. unten den Beitrag von D. Biehl.

andere durch negative Effekte betroffen sind. Eine effiziente Politik bedarf dann sowohl der supranationalen Institution als auch einer erheblichen Solidarität.

Schließlich können die einzelnen Mitgliedstaaten einen unterschiedlich hohen Anteil unterentwickelter Regionen aufweisen; im Extremfall ist ein Mitgliedstaat insgesamt als unterentwickelt einzustufen, wie etwa Irland. Von dieser Konstellation dürfte erhebliche integrationspolitische Eigendynamik ausgehen. Ein Staat mit derartig ungünstiger Ausgangsposition wird vielleicht schon seinen Eintritt in die Gemeinschaft von einer gemeinschaftlichen Regionalpolitik abhängig machen, da er einer ihrer Hauptnutznießer sein wird, und auch sein Verbleib wird von einer Verbesserung seiner relativen Position abhängen. Um solchen ungünstig gestellten Mitgliedstaaten und damit den von ihnen repräsentierten großen Entwicklungsgebieten eine Verbesserung ihrer Lage zu ermöglichen, wird man z. B. den Mechanismus der Wechselkursanpassung noch recht lange beibehalten,[7] um in der Zwischenzeit die strukturellen Anpassungen mittels einer gemeinschaftlichen oder doch abgestimmten Regionalpolitik in Gang zu setzen, z. B. mittels eines Regionalfonds.

Die bisher angeführten Probleme, Randlage und Anteil unterentwickelter Regionen, unterscheiden sich im interregionalen und internationalen Fall nicht. Auch die Sogkraft der Ballungsgebiete, möglicherweise hervorgerufen durch zu geringe Anlastung sozialer und öffentlicher Kosten, und die damit zusammenhängende relativ geringere Entwicklungsmöglichkeit aller übrigen Regionstypen, sind ein Phänomen, das zwischen Mitgliedstaaten nur quantitativ, nicht qualitativ verstärkt auftritt im Vergleich mit den Teilräumen eines Staatsgebietes.[8] Um so wichtiger kann wegen der quantitativen Zunahme der Effekte der Wechselkursmechanismus sein, der zumindest zwischen den Mitgliedstaaten noch einen Puffer bildet, der das Wirksamwerden nachteiliger Effekte abschwächt.

b. *Zur Rolle der Agrarpolitik*[9]

Eine besondere Rolle werden dabei die regionalen Effekte der – nationalen wie gemeinschaftlichen – Agrarpolitik spielen. Wird von dem Instrument der Wechselkursanpassung Gebrauch gemacht, so ergeben sich daraus auf-

---

7 Vgl. ebenda.
8 Vgl. ebenda.
9 Zum Inhalt dieses Abschnitts s. unten den Beitrag von W. v. Urff. Auch zahlreiche Anregungen zur Ausgestaltung dieses Abschnitts gehen auf W. v. Urff zurück.

grund der Mechanismen der gemeinsamen Agrarmarktordnungen tiefgreifende Effekte für den Agrarsektor, die bei voller Anwendung der ursprünglich vereinbarten Spielregeln die Landwirtschaft eines Abwertungslandes tendenziell begünstigen und die eines Aufwertungslandes tendenziell benachteiligen, wegen des Zusammenhanges zwischen Lebenshaltungskosten und Lohnniveau jedoch im Falle einer Abwertung steigernd, im Falle einer Aufwertung dämpfend auf das inländische Preisniveau wirken und damit den Effekt der Wechselkursänderung zum Teil wieder aufheben.

Die bisher verfolgte Praxis, Wechselkursänderungen nicht oder nur abgeschwächt auf die Agrarpreise durchschlagen zu lassen und stattdessen Währungsausgleichsabgaben zu erheben, führt zu Verzerrungen in der umgekehrten Richtung. Abgesehen davon zeigt die Erfahrung, daß es in Abwertungsländern nur begrenzt möglich ist, auf diese Weise eine Stabilitätspolitik zu Lasten der Landwirtschaft zu betreiben. Im übrigen wird damit das Prinzip eines einheitlichen Binnenmarktes für Agrarerzeugnisse in Frage gestellt. In Zukunft wird es viel darauf ankommen, eine Strategie zu entwickeln, die auch bei unvermeidlichen Wechselkursänderungen langfristig wieder zu einer Annäherung der Agrarpreise führt und gleichzeitig die mit einer Preisannäherung verbundenen Verzerrungen in der einen oder anderen Richtung in möglichst engen Grenzen hält.

Für die regionale Entwicklung ist – wegen des meist engen Zusammenhanges von Unterentwicklung einer Region und dem Anteil der Landwirtschaft an ihrer Erwerbsstruktur – die Frage bedeutsam, welche Teile der heute noch in der Landwirtschaft tätigen Erwerbsbevölkerung eine Chance haben, ein ausreichendes Einkommen aus der Landwirtschaft zu erwirtschaften. Dies hängt neben der Markt- und Preispolitik von der Agrarstrukturpolitik ab. Da bei dem bereits erreichten Integrationsstand die gemeinsame Markt- und Preispolitik weitgehend über die Rentabilität der landwirtschaftlichen Betriebe entscheidet und für die Verwertung der landwirtschaftlichen Produktion, auf deren Zustandekommen nicht nur die Markt- und Preispolitik, sondern auch die Agrarstrukturpolitik einen Einfluß hat, eine unbegrenzte finanzielle Verantwortung der Gemeinschaft besteht, ist eine gewisse Harmonisierung der Agrarstrukturpolitik unumgänglich. Hierfür liegt – nach zunächst unbefriedigenden Ansätzen – ein Konzept vor, in dessen Mittelpunkt die selektive Förderung langfristig lebensfähiger Betriebe aus Gemeinschaftsmitteln steht. Der Grundgedanke für die einzelbetriebliche Förderung, gemeinschaftlich festgelegte, jedoch regional differenzierte Kriterien anzuwenden, ist zweifellos richtig, wenn auch gegenüber der bisherigen Regionalisierung erhebliche Vorbehalte anzumelden sind und die Gefahr nicht auszuschließen ist, daß die einzelbetriebliche Förderung in der vorliegenden Konzeption nur in den ohnehin begünstigten Gebieten greift, in Gebieten mit ungünstigen natürlichen und wirtschaftlichen Standortbedingungen jedoch keinen entscheidenden Beitrag zur Lösung der Probleme zu leisten vermag.

Für den in den einzelnen Regionen unterschiedlich hohen Anteil der landwirtschaftlichen Erwerbsbevölkerung, der in Zukunft kein ausreichendes Einkommen aus der Landwirtschaft zu erwirtschaften vermag, muß das Einkommensproblem auf andere Weise gelöst werden. Hier ist die Abstimmung mit der Regionalpolitik unerläßlich, die also auch über den europäischen Charakter der Agrarprobleme noch einen Integrationsimpuls erhält. Verspricht die Schaffung gewerblicher Arbeitsplätze Erfolg, so würde man das Instrumentarium der Industrieansiedlung anwenden. Sein Einsatz ist allerdings dadurch limitiert, daß zumindest einige der landwirtschaftlichen Problemgebiete zugleich Randlagen der Gemeinschaft bilden und damit auch für Entwicklungsbemühungen im gewerblichen Sektor weniger Erfolg versprechen. Im übrigen ist selbst dann, wenn es gelingt, das Einkommensproblem zu lösen, das Problem der Erhaltung der Kulturlandschaft damit noch keineswegs gelöst. Ist in bestimmten Räumen die Erhaltung der Kulturlandschaft notwendig, um diese Räume entweder als Erholungsgebiete oder als Wohngebiete für die mit der Industrieansiedlung verbundene Bevölkerung attraktiv zu machen, so können Bewirtschaftungsbeihilfen dafür ein geeignetes Instrument sein. Ihr Einsatz sollte jedoch nur dann erfolgen, wenn die Funktion der Landschaft auf andere Weise nicht sichergestellt werden kann. »Resträume«, die aus allen Förderungskriterien herausfallen (in der BRD werden sie als »Restgebiete« angesprochen[10]), werden wahrscheinlich unvermeidlich sein. Sofern es sich dabei um kleinräumige Gebilde in der Nähe von Entwicklungsachsen oder -zonen handelt, dürften sie nicht allzu problematisch sein. Sie werden in vergrößertem Maßstab auf europäischer Ebene auftreten, wobei eine entscheidende Gemeinschaftsaufgabe darin bestehen wird, Kriterien zu entwickeln, durch die verhindert wird, daß diese Räume eine kritische Größe nicht überschreiten.

c. *Harmonisierungserfordernisse durch Ausländerbeschäftigung*

Die integrationspolitische Relevanz der Ausländerbeschäftigung ist insofern offensichtlich, als die Zahl der ausländischen Arbeitskräfte in jüngerer Zeit noch wesentlich größer geworden ist, als sie es z. B. 1962 schon war, und

---

10 Beirat für Raumordnung, Empfehlungen, Folge 3, Bonn 1972, S. 24.

weil diese Zahl sich nach Herkunfts-, insbesondere aber nach Empfangsländern der EG sehr unterschiedlich aufteilt.[11] Außerdem ist die Verbindung zum Regionalproblem eng, da die Ballungsgebiete einen besonders hohen Anteil dieser Arbeitskräfte aufnehmen, die unterentwickelten Regionen dagegen, soweit die Herkunftsländer überhaupt innerhalb der EG liegen, solche Arbeitskräfte abgeben.

Sofern die Wanderung ausländischer Arbeitskräfte innerhalb der EG und aus Drittländern als zu hoch angesehen wird, sei es aus der Sicht der Herkunfts- oder der der Empfängerländer, sind mehrere instrumentelle Möglichkeiten denkbar. – Einmal könnte man versuchen, die Ströme administrativ zu regeln, doch bedeutet dieses Verfahren nur ein Kurieren an Symptomen und stößt zudem bei Wanderungen innerhalb der EG an die Grenze der Freizügigkeitsregelungen. – Zum zweiten könnten die Marktkräfte unterstützt werden, die zu einer Verlagerung von Teilen der Produktion in die Herkunftsländer tendieren.[12] – Während die erwähnten beiden Maßnahmen wenig Integrationserfordernisse bedeuten, da jedes Mitgliedsland sie allein mit Blick auf seine eigenen Probleme in Angriff nehmen kann, sind einige Maßnahmen auf der Gemeinschaftsebene von großer Bedeutung für diesen Problemkreis. Eine zu frühe Fixierung der Wechselkurse könnte die Entwicklungschancen in den ohnehin benachteiligten Mitgliedstaaten beeinträchtigen und damit zu weiterer Abwanderung von Arbeitskräften führen.[13] Dagegen bedeuten z. B. regionalpolitische Maßnahmen zur Verminderung des Gefälles eine Tendenz zur Abschwächung der Wanderungsanreize; allerdings müßten Herkunftsländer außerhalb der EWG von quantitativer Bedeutung, im Maße wie sie assoziiert werden, in diese Angleichung einbezogen werden. Gerade durch die Tatsache, daß der größte Teil dieser Arbeitskräfte aus Drittländern stammt, insbesondere aus solchen, mit denen Assoziierungsverträge bestehen, weist die Ausländerpolitik in naher Zukunft eine starke Gemeinschaftskomponente auf.

d. *Umweltschutz als integrationspolitische Aufgabe*

Ein Auftrag zu einer im EG-Rahmen gleichgerichteten und damit harmonisierten Umweltschutzpolitik kann in der Forderung nach Schaffung gleichwertiger Lebensverhältnisse gesehen werden. Ähnlich wie z. B. bei der Re-

---

11 Vgl. unten den Beitrag von K. Höpfner.
12 Vgl. ebenda.
13 Vgl. ebenda.

gionalpolitik ist aber auch hier nach Ansatzpunkten zu suchen, die über den – politisch oft fruchtlosen – Appell hinaus eine Sachnotwendigkeit für integrationspolitische Schritte begründen. Im Bereich des Umweltschutzes ist dieser Impetus um so bedeutungsvoller, als keineswegs in allen Mitgliedstaaten ein gleiches Umweltbewußtsein unterstellt werden kann,[14] das diesen Angleichungsprozeß fördern könnte.

Ein erster Ansatzpunkt für weitere Integrationsschritte ergibt sich, wie bei der Regionalpolitik, aus der räumlichen Verflechtung der Umwelteffekte, z. B. bei grenzüberschreitenden Flüssen, aber auch bei grenznaher Luftverschmutzung. Sofern der geschädigte Staat Sanktionen zur Verfügung hat, kann eine Abstimmung auf der Basis des »juste retour« erfolgen. Eine darüber hinausgehende Integration ist auf Einsicht angewiesen. Eine Sachnotwendigkeit liegt z. B. im wettbewerbsverzerrenden Effekt national divergierender Umweltschutznormen.[15] Auf einigen Gebieten des Umweltschutzes dagegen, z. B. der Lärmbekämpfung, kann die nationale Normsetzung durchaus hinreichen, zumal sie zunächst vorwiegend zu Anpassungen im nationalen Bereich führen dürfte.

e. *Der internationale Finanzausgleich*

Die einfachste Form des internationalen Finanzausgleichs zwischen öffentlichen Körperschaften liegt in den angesprochenen Fällen des »juste retour« vor: Eine von beiden Seiten eingesehene Notwendigkeit, etwa eine regional- oder umweltpolitische Maßnahme in beiderseitigem Interesse durchzuführen, führt zu Finanzströmen.

Schwierigkeiten politischer Art treten erst auf, wenn Leistung und Gegenleistung nicht in jedem Fall übereinstimmen. Ein Beispiel bietet der Regionalfonds.[16] Er ist aus Beiträgen zu finanzieren, für die sich das Geberland u. U. keine unmittelbare Gegenleistung erhoffen kann. Es hätte, wenn es zu größeren Zahlungen zu bewegen sein sollte, also Vorteile anderer Art erhalten müssen, z. B. ein Zugeständnis auf einem anderen Aufgabengebiet als dem des Fonds.

Schon bei solchen auf nur eine einzige Aufgabe bezogenen Finanzausgleichsmechanismen wie denen eines Fonds treten also komplizierte Formen der Gegenleistung auf. Noch schwieriger wird die Bestimmung dieser

14 Vgl. unten den Beitrag von H. H. Bungarten.
15 Vgl. ebenda.
16 Vgl. unten den Beitrag von K. Reding.

30

Gegenleistung, wenn der Entwicklungsstand ganzer Länder angeglichen werden soll, ohne diese Förderung, wie im Fall des Regionalfonds, über den unterschiedlichen Anteil unterentwickelter Regionen zu rechtfertigen. Dann müßten Schlüssel ähnlich denen des Länder- oder Gemeindefinanzausgleichs gefunden werden,[17] um Einnahmekraft und Ausgabenbedarf des einzelnen Landes zu bewerten. Da die Gegenleistung des zahlenden Landes z. T. in so wenig faßbaren Größen wie Solidarität, Stärkung des gesamtstaatlichen Zusammenhalts usf. zu suchen ist, die ein hohes Maß an politischer Einmütigkeit voraussetzen, dürfte im Rahmen der EG noch über lange Zeit der fondsbezogene Finanzausgleich vorherrschen, wie er u. a. aus den einzelnen Politikbereichen resultiert, die die Verteilung der wirtschaftlichen Kräfte im Raum beeinflussen.

17 Vgl. ebenda.

Wolfgang-Peter Zingel

Grundsätzliche Fragen einer europäischen Regionalpolitik

1. *Vorbemerkung*

Die erheblichen regionalen wirtschaftlichen Disparitäten, sowohl im Vergleich der Mitgliedsstaaten der Gemeinschaft, als auch im Vergleich ihrer Teilregionen,[1] stellen für den Bestand der Gemeinschaft ein ernsthaftes Problem dar, da ohne ihre Beseitigung eine Verwirklichung der angestrebten Wirtschafts- und Währungsunion nicht möglich erscheint. Insbesondere die schwächer strukturierten Mitgliedsstaaten mit ihrem hohen Anteil von unterentwickelten Regionen dürften an einer Erhaltung ihrer Mitgliedschaft in der Gemeinschaft nur dann interessiert sein, wenn sie einen Abbau dieser Disparitäten in der Gemeinschaft erwarten können.

Globale Steuerungsmechanismen, wie z. B. die der Preispolitik oder der Währungspolitik[2] reichen aber zur Beseitigung der regionalen Disparitäten nicht aus, sie können sogar zu ihrer Verschärfung beitragen. Das gleiche gilt für den Einsatz spezieller Sektorpolitiken, wie z. B. der Agrarpolitik.[3] Aus dieser Erkenntnis heraus entstand die Forderung nach einer gesonderten gemeinschaftlichen Regionalpolitik, die in den Gründungsdokumenten der Gemeinschaft nicht explizit vorgesehen war.

Bevor auf die Entwicklung der regionalpolitischen Konzeption der Gemeinschaft, den neu errichteten Fonds für regionale Entwicklung und die alternativen Gestaltungsmöglichkeiten für die europäische Regionalpolitik eingegangen werden soll, sind zwei grundsätzliche Fragen der europäischen Regionalpolitik, nämlich die nach ihrer Zielsetzung und die nach der räum-

---

1 Vgl. hierzu den Beitrag von D. Biehl: Ursachen interregionaler Einkommensunterschiede und Ansatzpunkte für eine potentialorientierte Regionalpolitik in der Europäischen Gemeinschaft, sowie die dort angegebene Literatur.
2 Vgl. Stahl, H.-M., Regionalpolitische Implikationen einer EWG-Währungsunion, Kieler Studien 125, Tübingen: J. C. B. Mohr (Paul Siebeck), 1974.
3 Bekanntlich war es in der Gemeinschaft nicht möglich, die regional stark disparitätische Entwicklung in der Landwirtschaft mit den Mitteln der Agrarpolitik (Markt- und Preis-, Struktur- und Sozialpolitik) zu verhindern. Vgl. hierzu ausführlicher die entsprechenden Abschnitte in dem Beitrag von W. von Urff: Regionale Auswirkungen der gemeinsamen Agrarpolitik.

lichen Abgrenzung der Regionen, d. h. der Aktionsräume der Regionalpolitik, zu behandeln. Beide Fragen sind stark interdependent und können nicht leicht voneinander getrennt behandelt werden. Zum Abschluß der vorliegenden Untersuchung sollen die eigenen Vorstellungen über mittelfristige Handlungsnotwendigkeiten zur weiteren Integration als Denkansatz vorgestellt werden.

2. Der Begriff der Regionalpolitik

Regionalpolitik[4] kann – im weitesten Sinne – als jegliche raumbezogene bzw. raumdifferenzierende staatliche Aktivität verstanden werden. Eine so weite Definition würde jedoch praktisch alle staatlichen Aktivitäten umfassen und wäre entsprechend unhandlich, da sich die sogenannten »raumneutralen« Aktivitäten bei näherer Betrachtung stets als raumdifferenzierend entpuppen.[5] Da die einfachen modelltheoretischen Erklärungsversuche die räumliche Dimension meist unberücksichtigt lassen, können in diesen Überlegungen räumliche Allokationsprobleme ex definitione nicht entstehen. Das Problem der regionalen Verteilung der wirtschaftlichen Kräfte im Raum gerät zu einem Spezialproblem, zu dessen Lösung es einer speziellen Politik, nämlich der Regionalpolitik, bedarf, die sich eines be-

4 Nach dem »Handwörterbuch der Raumforschung und Raumordnung« ist »Regionalpolitik« vereinfachter Ausdruck für »regionale Wirtschaftspolitik«. Sie ist »die regionale Verwirklichung der gesamtwirtschaftlichen Zielsetzung, d. h. ihre regionale Konzeption ist eine unmittelbare Konsequenz der für die Volkswirtschaft insgesamt verfolgten Ziele.« Vgl. Dietrich Storbeck in: Akademie für Raumforschung und Raumordnung, Handwörterbuch der Raumforschung und Raumordnung, 2. Auflage, Hannover: Gebrüder Jänicke Verlag, 1970, S. 2625.
5 So beeinflußt z. B. ein für das gesamte Staatsgebiet gültiger Exportzoll in besonderem Maße diejenigen Gebiete, aus denen die entsprechenden Produkte stammen bzw. diejenigen Gebiete, von denen aus der Versand in das Ausland erfolgt. Er beeinflußt jedoch durch seine Auswirkungen auf die Zulieferindustrien sowie auf die Hersteller substitutiver Produkte auch noch weitere Gebiete. In anderen Fällen, etwa in der Konjunktur-, Währungs- oder Agrarpolitik sind die raumdifferenzierenden Wirkungen hinlänglich bekannt. Selbst in der Ordnungspolitik sind die Auswirkungen einheitlicher Maßnahmen regional unterschiedlich, wie es sich am Beispiel des Wettbewerbsrechts leicht zeigen ließe. Vgl. auch Jahresgutachten 1973 des Sachverständigenrates zur Begutachtung der gesamtwirtschaftlichen Entwicklung, S. 148 ff.; »Zur Regionalpolitik in einer entstehenden Wirtschafts- und Währungsunion«; Boeck, Klaus, Zielkonflikte zwischen Währungsintegration und regionalem Gleichgewicht, Hamburg: Vortrags-Manuskript, 1973.

stimmten regionalpolitischen Instrumentariums zu bedienen hat. Eine derart willkürliche Trennung berücksichtigt jedoch nicht, daß sich unter den gegebenen natürlichen (geographischen) und historischen (politischen, gesellschaftlichen und kulturellen) Gegebenheiten ein Umfeld ergeben hat, das regional sehr unterschiedlich ausgeprägt ist und beim Einsatz von wirtschaftlichen (gleichen) Aktivitäten stark differenzierend wirkt. Da die »selbstheilenden« Kräfte eines Marktes, der die idealtypischen Bedingungen nicht erfüllt, dieser raumdifferenzierenden Wirkung allenfalls begrenzt entgegenwirken, enthalten alle wirtschaftspolitischen Maßnahmen starke regionalpolitische Implikationen, auch wenn dies keineswegs intendiert ist oder der Zusammenhang nicht erkannt wird.

Eine Einengung des Begriffs der Regionalpolitik im Sinne einer regionalen Wirtschaftsförderung, wie sie häufig anzutreffen ist, mag aus Praktikabilitätsgründen im Einzelfall gerechtfertigt sein, führt jedoch in unserer Betrachtung am Problem vorbei, da es sich hier um zwei Arten von Betrachtungsweisen handelt. Bei der regionalen Wirtschaftsförderung steht die Ausgestaltung einer optimalen Entwicklungsstrategie für eine Region im Mittelpunkt, während die Regionalpolitik die wirtschaftliche Entwicklung der Regionen im Vergleich behandelt und zu prüfen hat, ob die wirtschaftliche Entwicklung einer Region zu Lasten einer anderen Region zu fördern ist oder nicht.[6]

Im folgenden soll Regionalpolitik im Sinne einer staatlichen Politik verstanden werden, die die *Verteilung der wirtschaftlichen Kräfte im Raum* gezielt bestimmt. Die im Sprachgebrauch meist unterschwellig anklingende positive Bewertung des Begriffs »Regionalpolitik« soll, wenn nicht ausdrücklich anders vermerkt, beibehalten werden: den Regionalpolitik Betreibenden wird unterstellt, eine Politik mit der Intention des Abbaus der Unterschiede der Lebensbedingungen in den einzelnen Regionen zu betreiben, und zwar nicht einfach durch Nivellierung, sondern unter gleichzeitiger Verfolgung des Ziels des gesamtwirtschaftlichen Wachstums.

Die Regionalpolitik bezieht sich stets, direkt oder indirekt, auf die Lebensbedingungen der Menschen in den Regionen,[7] vor allem auf die der Bewohner der ärmeren oder strukturschwachen Gebiete und überschneidet sich deshalb mit den anderen einkommensorientierten Politiken, wie z. B. der Sozialpolitik oder der Agrarpolitik; letztere wird z. B. nicht nur als Sek-

---

6 Ein analoger Zusammenhang besteht zwischen der Regional- und der Entwicklungspolitik, nur daß in diesem Falle »Regionalpolitik« durch eine Verschiebung der Betrachtungsebene im internationalen Zusammenhang verstanden wird.

7 Vgl. hierzu auch die Ausführungen von D. Biehl über »nachfrageorientierte« und »angebotsorientierte« (bzw. »potentialorientierte«) Politiken (D. Biehl, Ursachen interregionaler Einkommensunterschiede ... a.a.O.).

torpolitik, sondern auch als Politik für den gesamten ländlichen Raum verstanden werden. Es fehlt deshalb nicht an Stimmen, die die Rechtfertigung einer einkommensorientierten Sektorpolitik wie der Agrarpolitik rundweg in Frage stellen und sie lieber durch Regional- und/oder Sozialpolitik ersetzt sehen würden.[8]

3. *Begründung für eine europäische Regionalpolitik*

Die Notwendigkeit einer gemeinsamen europäischen Regionalpolitik läßt sich – je nach dem Standpunkt des Betrachters – wirtschaftlich, ethisch oder politisch begründen:

1. Im Hinblick auf das gesamtwirtschaftliche Wachstum besteht eine *ökonomisch-technische* Notwendigkeit für ein korrigierendes Eingreifen der Regionalpolitik, da sich im Wachstumsprozeß wegen der geringen regionalen Mobilität der Produktionsfaktoren (insbesondere des Faktors Arbeit), der fehlenden Anlastung der externen Kosten und des hohen Zeitbedarfs des Strukturwandels eine befriedigende regionale Verteilung nicht automatisch einstellt. Dies bedeutet jedoch nicht, wie vielfach irrtümlich angenommen wird, daß eine bessere regionale Verteilung automatisch einen Verzicht auf wirtschaftliches Wachstum bedeutet, vielmehr stellt gesamtwirtschaftliches Wachstum auch bei einer kurz- und mittelfristigen Betrachtungsweise Anforderungen an die regionale Verteilung, da sich schon heute abzeichnet, daß die Konzentration der wirtschaftlichen Entwicklung in wenigen industriellen Verdichtungsräumen die Grenzen der Belastbarkeit dieser Gebiete erreicht hat und das sogenannte »Verdichtungsoptimum«[9] bereits überschritten wird.[10]

8 Vgl. Alec Cairncross et al., Economic Policy for the European Community, The Way Forward, Kiel, 1974, S. 3–29.
9 Dem Begriff des Verdichtungsoptimums liegt die Vorstellung zugrunde, daß in einem Gebiet ein Zustand erreicht werden kann, bzw. bereits erreicht worden ist, bei dem ein weiterer Zuzug von Bevölkerung oder ein weiterer Ausbau der Industrie zusätzliche gesellschaftliche Kosten hervorruft, die den zusätzlichen gesellschaftlichen Nutzen übersteigen. Bei den gesellschaftlichen Kosten wären vor allem die Umweltbelastung (Emission von Schadstoffen), Verkehrsbelastung, sinkender Freizeit- und Wohnwert sowie die stark eingeschränkte Möglichkeit einer Naherholung zu nennen. Eine exakte Berechnung des Verdichtungsoptimums kann wegen der Schwierigkeit der Quantifizierung der externen Effekte nicht erfolgen.
10 Die Verfolgung eines kurzfristigen Wachstumspfades kann zu regionalen Verteilun-

2. Die Notwendigkeit ergibt sich jedoch auch aus einem autonomen oder abgeleiteten allgemeinen verteilungspolitischen *egalitären Anspruch*, der eine bestimmte ethische oder gesellschaftliche Einstellung repräsentiert, und der auch in der Präambel des Europa-Vertrages enthalten ist. Er zieht sich – meist unterschwellig – wie ein roter Faden durch alle Gemeinschaftsveröffentlichungen zur Frage der Regionalpolitik, obwohl eine »systematische Gleichmachung« ausgeschlossen werden soll. Insgesamt läßt sich dieser Anspruch unter der allgemeinen Zielsetzung der Verteilungspolitik, wie er auch für andere Bereiche gilt (»Gerechtigkeitsziel«), subsummieren.

3. Die Forderung nach einer Regionalpolitik entspringt schließlich einer *integrationspolitischen Notwendigkeit,* wie sie in den Gemeinschaftsveröffentlichungen oft betont wird. Dahinter steht die Überlegung, daß eine Einheit, wie sie die Europäische Gemeinschaft darstellen soll, unter erheblichen regionalen (d. h. personellen) Disparitäten nicht entwicklungsfähig ist, und daß gerade die Regionalpolitik Ansätze bietet, einigend zu wirken, da sich nur bei einer Angleichung der Lebensverhältnisse in der gesamten Gemeinschaft durch eine merkliche Verbesserung in den strukturschwachen Gebieten die Vorteile der Gemeinschaft deutlich zeigen lassen.

Die hier aufgezeigten Notwendigkeiten gelten natürlich für jede Regionalpolitik und ergeben sich für die einzelnen Mitgliedsstaaten auch unabhängig von einer Europäischen Gemeinschaft. Dies gilt ebenfalls für den inte-

---

gen führen, die auf Grund bestimmter Agglomerationsvorteile in einigen Gebieten die Aufgabe bzw. Vernachlässigung von Wirtschaftseinrichtungen in den weniger attraktiven Gebieten nach sich ziehen. Im Laufe der Zeit kann jedoch die Verlegung von wirtschaftlichen Aktivitäten aus den Verdichtungsräumen bei Überschreiten des Verdichtungsoptimums zurück in diese Gebiete notwendig werden. In diesem Falle wären die Wirtschaftseinrichtungen in den früher aufgegebenen Gebieten wieder neu aufzubauen – ein Prozeß, der im Falle der Infrastruktur nicht nur kostspielig, sondern auch zeitaufwendig ist. Es kann deshalb erforderlich sein, bestimmte regionalpolitische Maßnahmen zu einem Zeitpunkt zu treffen, an dem eine tatsächliche Nachfrage nach diesen Wirtschaftseinrichtungen noch nicht auftritt, um spätere Anlaufverluste zu vermeiden. Ursache dieses gar nicht so seltenen Phänomens ist, daß sich die Vorteile der Agglomeration bei den hier ansässigen Unternehmungen niederschlagen, die Kosten der räumlichen Konzentration jedoch für die Unternehmungen meist externe Kosten darstellen und von der Allgemeinheit, d. h. auch von den Bewohnern der Nicht-Ballungsgebiete, getragen werden müssen, sei es in Form von Steuern zur Finanzierung von Infrastrukturmaßnahmen in den Verdichtungsräumen oder in Form von Unterversorgung mit öffentlichen Einrichtungen oder Erdulden von Umweltbelastungen, die ihren Ursprung in den Verdichtungsräumen haben. Eine Steuerung über den Markt kann hier nicht wirksam werden; die Regionalpolitik tritt deshalb stellvertretend für den Marktprozeß zu »Wohlfahrts«-preisen ein.

grationspolitischen Aspekt; in den Mitgliedsstaaten sind jedoch – historisch bedingt – so viele einigende Faktoren bestimmend, daß regionalpolitische Probleme ggfs. mit nachgeordneter Priorität behandelt werden können.[11] Es stellt sich deshalb die Frage, ob die aufgezeigten Notwendigkeiten es auch erfordern, die Regionalpolitik in der EG gemeinschaftlich zu betreiben.

Im Falle 1 hängt die Beantwortung der Frage nach der Nützlichkeit eines gemeinschaftlichen Vorgehens vor allem von der Entscheidung für echte Nettotransfers ab. Im Gegensatz zu einer einzelstaatlichen Lösung (und im Grunde auch bei einer gemeinschaftlichen Lösung nach dem Prinzip des ›juste retour‹), bei der die Regierungen versuchen, mit Hilfe von kurzfristigen Wachstumsverzichten in ihren besser strukturierten Regionen und durch eine verstärkte Förderung der Problemgebiete einen Abbau von regionalen Disparitäten in ihrem Lande zu erreichen, besteht bei einer gemeinschaftlichen Lösung die Möglichkeit, den Aufbau der Problemgebiete in den insgesamt weniger entwickelten Mitgliedsstaaten ohne Wachstumseinbußen in ihren besser strukturierten Regionen einzuleiten, da die erforderlichen Mittel von den insgesamt stärker entwickelten Mitgliedsstaaten zur Verfügung gestellt werden können.

Wenn eine konsequente Regionalpolitik mit erheblichen Nettotransfers betrieben wird, schränkt dies natürlich die Förderungsmöglichkeiten der »reichen« Mitgliedsländer für ihre eigenen Problemgebiete ein, da diese im Vergleich aller Regionen relativ günstiger eingestuft werden. Wie noch zu zeigen sein wird, bedeutet dies jedoch nicht, daß bei einem gemeinschaftlichen Vorgehen keine Gebiete in den »reichen« Ländern gefördert werden müssen.[12] Die Frage, ob sich die Gemeinschaft auf die Übertragung der Nettotransfers beschränken sollte, oder ob Regionalpolitik insgesamt gemeinschaftlich betrieben werden sollte, wird später diskutiert werden.

Im Falle 2 läßt sich fragen, warum die regionale Egalisierung auf die Staaten der Gemeinschaft beschränkt bleiben soll und die Länder der sog. Dritten Welt, die ungleich ärmer sind, sich aber außerhalb der Gemeinschaft be-

11 Im Extremfall können wirtschaftliche Disparitäten, wie das Beispiel Pakistans gezeigt hat, sogar zum Auseinanderbrechen eines Staates führen. Daß eine solche Entwicklung nicht unbedingt auf die Entwicklungsländer beschränkt bleiben muß, zeigt die politische Entwicklung im Vereinigten Königreich, wo die separatistischen Bewegungen in Schottland und Nordirland ihre Popularität nicht zuletzt der vergleichsweise geringen wirtschaftlichen Entwicklung dieser Regionen verdanken.
12 Vgl. hierzu auch den Beitrag von D. Biehl (D. Biehl, Ursachen interregionaler Einkommensunterschiede ... a.a.O.): aus der aufgeführten Rangordnung der Regionen läßt sich ablesen, daß bei genügend hoher regionaler Disaggregation auch im letzten (»ärmsten«) Viertel der Regionen noch Gebiete so »reicher« Staaten wie der Bundesrepublik Deutschlands oder Frankreichs zu finden sind.

finden, nicht berücksichtigt werden. Diese Frage ist nicht so weit hergeholt, wie es scheint, da sich die potentiellen weiteren Mitglieder der Gemeinschaft vornehmlich aus den Mittelmeerländern rekrutieren dürften, deren Lebensstandard durchweg unter dem der Gemeinschaft liegt, und die ihrerseits von erheblichen internen regionalen Disparitäten gekennzeichnet sind. Es scheint nicht gesichert, daß die moralische Verantwortung in der Gemeinschaft und ihre Solidarität so weit gehen, um entsprechend hohe finanzielle Mittel z. B. für den Aufbau in den Ostgebieten der zur Zeit lediglich assoziierten Türkei einzusetzen. Andererseits hätten gerade die »reichen« Gemeinschaftsländer die wirtschaftliche Potenz, um in den Problemgebieten der weniger entwickelten Mitgliedsländer eine wirtschaftliche Entwicklung zur Verbesserung der Lebensbedingungen einzuleiten.

Ein weiteres Problem liegt darin, daß jede Erweiterung der Gemeinschaft um wirtschaftlich wenig entwickelte Mitgliedsstaaten die zur Zeit »armen« Mitgliedstaaten in die Position von »reichen« Mitgliedern versetzen kann. Regionalpolitisch gesehen würden sie dann (bei Vorlage von echten Nettotransfers) von »Nehmerländern« zu »Geberländern«. Die derzeit »reichen« Länder würden sich verstärkten Appellen an ihre moralische Verpflichtung, an ihre Solidarität und an ihre Zahlungsbereitschaft gegenüber sehen.

Ganz anders im Falle 3: Nichts dokumentiert das Bekenntnis zu einer Gemeinschaft und zu ihrem gesellschaftspolitischen und egalitären Anspruch deutlicher, als die Bereitschaft der Mitgliedsländer, ohne Gegenleistung bei der Bewältigung von Regionalproblemen in den jeweils anderen Ländern mitzuwirken. Sollte jedoch eine Politik des ›juste retour‹ betrieben werden, so dürfte die Verlagerung von Verwaltungskompetenzen nach Brüssel einen zweifelhaften Integrationsfortschritt bedeuten. Es ist zu erwarten, daß die Vorteile eines einheitlichen Vorgehens in diesem Falle kaum die Nachteile der zunehmenden Problemferne übersteigen. Schon lange gilt die Kritik an der Tätigkeit der Gemeinschaft in besonderem Maße ihrer Bürokratie.[13] Jede Erweiterung der Verwaltung der Gemeinschaft ohne deutlich erkennbare Vorteile dürfte die zunehmende »Europa-Müdigkeit« nur vergrößern.

Neben den aufgeführten Gründen besteht – allerdings nur implizit – auch noch eine *juristische Verpflichtung* zur gemeinschaftlichen Regionalpolitik aus dem Vertrag von Rom über die Gründung einer Europäischen Wirtschaftsgemeinschaft. Hierauf wird im Zusammenhang mit der Entwicklung der europäischen Regionalpolitik eingegangen werden.

---

13 Commer, Heinz und Urich Weinstock, Leviathan in Brüssel? Verwaltung und Beamte der Europäischen Gemeinschaft, in: Europa-Archiv, Folge 7/1975, S. 227–236.

4. Die Bestimmung der regionalpolitischen Zielsetzung

Ausgehend von bestimmten gesellschaftspolitischen Leitbildern lassen sich die Ziele der Regionalpolitik ableiten. »Wenn man Regionalpolitik als den räumlich differenzierenden Teil der gesamtwirtschaftlichen Wirtschaftspolitik und diese wiederum als spezifisch ökonomische Ausprägung der allgemeinen Gesellschaftspolitik des Staates begreift, so ist es nur konsequent, zur Bestimmung der regionalpolitischen Ziele bei den Zielen der Gesellschaftspolitik anzusetzen, und aus diesen mit Hilfe mehrerer immer stärker konkretisierter Interpretationsakte die spezifischen Ziele abzuleiten, denen die (gesamtwirtschaftlich orientierte) Regionalpolitik verpflichtet ist.«[14] Je weniger die gesellschaftlichen Leitbilder präzisiert sind, desto weniger lassen sich natürlich auch regionalpolitische Zielvorstellungen formulieren.

Zwischen den einzelnen Zielvorstellungen bestehen nämlich Interdependenzen nach Art eines Regelkreises: sie lassen sich nicht mehr in ein hierarchisches System einordnen und sind gegenseitig voneinander abhängig. Je nach Betrachtungsweise können sie wechselnd als Ober- oder Unterziele angesehen werden, eine eindeutige Unterscheidung zwischen Zielen und Mitteln ist nicht mehr möglich. Auch die Intransivität der Ziele, die fordert, daß Ziel A nicht Ziel B vorgezogen werden kann, wenn gleichzeitig Ziel B Ziel C und Ziel C Ziel A vorgezogen werden soll, ist nicht gewährleistet. Dieses Problem tritt häufig auf, da die Gewichtung von Zielen unter veränderten Bedingungen, also vor allem im Zeitablauf, ständigen Änderungen unterworfen ist.

Die Bestimmung von regionalpolitischen Zielen wird als besonders schwierig angesehen, da zwischen einer produktionstechnisch optimalen Allokation der Ressourcen (Wachstumsziel) und einer Gleichheit der Lebensbedingungen in allen Gebieten (regionales Verteilungsziel) Unvereinbarkeit unterstellt wird. Die Folge davon ist, daß Regionalpolitik meist nicht als Strategie zu einer optimalen Verteilung der wirtschaftlichen Kräfte im Raum betrieben wird, sondern als Ausgleichspolitik nur in den Fällen eingesetzt wird, in denen nicht zu vertretene Härten, wie z. B. in »Notstandsgebieten«, abzuwenden sind. Die Hinzuziehung allgemein gehaltener Grundziele der Gesellschaftspolitik wie Frieden, Freiheit, Gerechtigkeit, Sicherheit oder Wohlstand erleichtert die Prioritätensetzung nicht, da sie zu wenig opera-

---

14 Stockhausen, Rolf, Die Beurteilung regionalpolitischer Maßnahmen mit Hilfe investitionstheoretischer Entscheidungsmodelle, Beiträge aus dem Institut für Verkehrswissenschaft an der Universität Münster, Heft. 62, Göttingen: Vandenhoeck und Ruprecht, 1971, S. 11.

40

tional sind.15 In einer technizistisch-wirtschaftlichen Betrachtungsweise lassen sich dagegen keine Ziele ventilieren, da hier Zielsetzungen grundsätzlich von außen (politisch) vorgegeben werden müssen.16 Die rein »wirtschaftlichen« Ziele wie Stabilität des Preisniveaus, hoher Beschäftigungsstand, außenwirtschaftliches Gleichgewicht und angemessenes Wirtschaftswachstum, wie sie z. B. im Stabilitätsgesetz der Bundesrepublik aufgelistet sind, eignen sich zur Bestimmung der kurz- und mittelfristigen regionalpolitischen Ziele nur bedingt; ihre konsequente Befolgung garantiert keineswegs eine zufriedenstellende regionale Verteilung. Erst bei einem weiten Interpretationsspielraum, bei Verfolgung einer langfristigen Zielsetzung und unter Einschluß der externen Effekte könnten sie für die Bestimmung der regionalpolitischen Ziele herangezogen werden.17

In den meisten Mitgliedsstaaten wurde Regionalpolitik schon lange vor Gründung der Gemeinschaft betrieben,18 dennoch gehört Regionalpolitik noch nicht zu den etablierten Politikbereichen, wie etwa die Währungs- oder die Agrarpolitik. Diesem Mangel dürften auch die Schwierigkeiten bei der Bestimmung regionalpolitischer Zielsetzungen für die Gemeinschaft zuzuschreiben sein.

5. Probleme der Abgrenzung von Aktionsräumen der Regionalpolitik

Bis jetzt wurde die Frage nach den Zielen einer europäischen Regionalpolitik ohne Rücksicht auf die Abgrenzung der Regionen diskutiert, da davon ausgegangen wurde, daß die grundsätzlichen Probleme nicht von ihr

15 Vgl. Giersch, Herbert, Allgemeine Wirtschaftspolitik, Band 1, Grundlagen, Wiesbaden: Betriebswirtschaftlicher Verlag Dr. T. H. Gabler, 1960, S. 59 ff.
16 Diese Ansicht vertritt z. B. auch Stockhausen (R. Stockhausen, Die Beurteilung regionalpolitischer Maßnahmen . . . a.a.O., S. 31): »Die Ökonomik kann in diesem Zusammenhang nur Vorschläge machen und Zielinterdependenzen aufzeigen. Im übrigen hat sie von den Zielentscheidungen der Politik auszugehen«.
17 Sie versagen z. B., wenn bei allgemeiner Vollbeschäftigung regionale (und sektorale) Einkommensdisparitäten auf Grund der geringen Mobilität des Faktors Arbeit vorliegen. Erst wenn der Beschäftigungsstand in Form von potentiellen Arbeitsproduktivitäten gemessen wird, ergeben sich aus diesen gesamtwirtschaftlichen Zielen auch Folgerungen für die Regionalpolitik.
18 Der Begriff der Regionalpolitik hat sich erst in den dreißiger Jahren, aus den angelsächsischen Ländern kommend, durchgesetzt. Vgl. J. R. Meyer, Regional Economics: A Survey, in: American Economic Review, Vol 53 (1963), S. 19–54, abgedruckt in L. Needleman (ed.), Regional Analysis, Harmondsworth: Penguin, 1968, S. 19–60.

abhängig sind. Je weiter die Ziele jedoch operationalisiert werden sollen, desto wichtiger erscheint die Lösung dieser Frage.

Hier stellt sich zuerst das Problem der *Auswahl von Kriterien* für die Bestimmung von strukturschwachen (»ärmeren«) und zu fördernden bzw. von besser strukturierten (»reicheren«) und nicht zu fördernden Regionen. Obwohl die Regionalpolitik in erster Linie einkommensorientiert ist, verbietet der Mangel an aussagekräftigen regionalen Einkommensstatistiken eine solche Betrachtungsweise, so daß überwiegend auf Angaben aus der Sozialproduktsberechnung (Inlandskonzept) zurückgegriffen werden muß.[19] Als Indikatoren kommen deshalb z. B. die Anteile von entwicklungsschwachen Wirtschaftsbereichen (Landwirtschaft, Industrien im Rückgang), Angaben aus der Beschäftigungsstatistik (Anteile dieser Sektoren an der Gesamtzahl der Beschäftigten auf regionaler Basis, regionale Arbeitslosenanteile) und aus der Bevölkerungsstatistik (Wanderungssalden) in Frage. Eine weitere Schwierigkeit besteht in der *Gewichtung der Indikatoren*, da die Reihenfolge der Regionen je nach Wahl des Indikators verschieden sein kann.

Als nächstes ist die Wahl der geeigneten *regionalen Disaggregationsebene* wichtig. Aus statistischen Gründen kommen nur solche Einteilungen in Frage, die zugleich Erhebungseinheiten sind, bzw. solche Einheiten, die der Wirtschaftspolitik und/oder der Wirtschaftsplanung als Aktionsräume dienen; dabei können für die Zwecke der Regionalpolitik ggfs. auch Einheiten verschiedener Verwaltungsstufen zusammengefaßt werden. In jedem Fall ist es jedoch erforderlich, das Gesamtgebiet zu analysieren, auch wenn sich die Tätigkeit der Regionalpolitik anschließend nur auf ausgewählte Teilgebiete erstrecken soll, da sonst die Gefahr besteht, daß Gebiete auch dann noch gefördert werden, wenn in anderen, nicht geförderten Gebieten die Notwendigkeit hierzu größer ist.

Die einfachste Möglichkeit wäre, die einzelnen Mitgliedsstaaten als Regionen zu betrachten und diese miteinander zu vergleichen. Ein solches Vorgehen, bei dem sich Regionen und Währungsräume decken würden, hätte eine sehr große Praktikabilität für sich, da als Mittel der Regionalpolitik Auf- und Abwertungen eingesetzt werden könnten und das Problem eines ›juste retour‹ gar nicht erst entstehen würde.[20] Eine solche Politik schließt sich jedoch nach dem EWG-Vertrag aus.

19 Ausführlicher hierzu der Beitrag von D. Biehl (D. Biehl, Ursachen interregionaler Einkommensunterschiede . . . a.a.O.).
20 Daneben wären auch Transfers zwischen den Mitgliedsstaaten als Maßnahmen der Regionalpolitik denkbar, die jedoch wegen der Identität von Staat und Region in diesem Falle den Charakter einer »europäischen Entwicklungshilfe« tragen würden.

Ein erhebliches Handicap stellt der *unterschiedliche regionale Disaggregationsgrad* in den einzelnen Mitgliedsstaaten auf Grund ihrer unterschiedlichen zentralstaatlichen bzw. föderativen Struktur dar. Mit fortschreitender Disaggregation, d. h. bei einer Erhöhung der Zahl der Regionen, nimmt nämlich die statistische Streuung zu: der Abstand zwischen den Extremwerten wächst. Dies hat bekanntlich zur Folge, daß Regionengruppen (Staaten), wenn sie als Gesamtheit betrachtet werden, entweder völlig in die Förderung ein- oder völlig von der Förderung ausgeschlossen wären. Mit zunehmender regionaler Disaggregation verschiebt sich das Bild dermaßen, daß schlechter strukturierte Gebiete »reicherer« Staaten von der Förderung erfaßt und besser strukturierte Gebiete »ärmerer« Staaten aus der Förderung entlassen würden. Bei unterschiedlich starkem Disaggregationsgrad in den einzelnen Staaten können sich diese Effekte kumulieren, nämlich wenn die »reicheren« Staaten eine stärkere Disaggregation aufweisen als die »ärmeren« Staaten.[21] Dies hätte zur Folge, daß bei einer gemeinschaftlichen Förderung die schlechter strukturierten Gebiete der »reicheren« Staaten zu fördern wären, während in den »ärmeren« Staaten schlechter strukturierte Teilgebiete, soweit sie in insgesamt besser strukturierten Regionen liegen, nicht gefördert würden. Regionalpolitisch eher zu vertreten wäre die umgekehrte Konstellation: hier würden die »reicheren« Staaten völlig aus der Förderung ausgeschlossen und in den »ärmeren« Staaten würde sich die Förderung auf genau die Gebiete beschränken, in denen die Probleme am dringlichsten sind. Einem ›juste retour‹ wäre natürlich dann keine Geltung verschafft, ganz im Gegenteil, es käme zu einer völligen Annäherung von Brutto- und Nettotransfers. Es ist allerdings fraglich, ob alle Mitgliedsländer über die institutionellen Voraussetzungen für eine Regionalpolitik bieten, die auf einem so hohen Disaggregationsniveau ansetzen kann.[22] Die Forderung, möglichst geschlossene Fördergebiete abzugrenzen, führt zu weiteren Schwierigkeiten: Nur da, wo alle Teilgebiete einer politischen oder verwaltungsmäßigen Einheit in eine Förderung eingeschlossen werden

---

21 Ein solcher Effekt könnte sich z. B. bei einer Gegenüberstellung von deutschen Kreisen und britischen Planungsregionen einstellen.
22 Für eine Regionalpolitik, die auf der bestehenden politischen und verwaltungsmäßigen Gliederung der Gemeinschaft aufbaut, spricht neben den verwaltungsmäßigen (und deshalb statistisch erfassungsmäßigen) Vorteilen auch die stärkere Motivierung der an der Vorbereitung und Durchführung der regionalpolitischen Maßnahmen Beteiligten, da sie in einer ihnen in ihren Abmessungen vertrauten Region arbeiten, die meist historisch gewachsen ist, die eine gewisse kulturelle Eigenart entwickelt hat und mit der sie sich identifizieren können. Eine gemeinschaftliche Regionalpolitik muß deshalb bei der Abgrenzung ihrer Aktionsräume auch die politischen, verwaltungsmäßigen und planerischen Mitwirkungsmöglichkeiten der betroffenen Regionen berücksichtigen.

können, ergeben sich die vorteilhaften Wirkungen der leichten Verwaltbarkeit und der einfachen Erfassung statistischer Tatbestände; deshalb ist die Gefahr groß, daß aus Praktikabilitätsgründen nicht-förderungswürdige Teilgebiete miteingeschlossen werden. Soweit Gebiete unterschiedlicher Verwaltungsebenen zusammengefaßt werden, können sie zwar auf der Landkarte ein geschlossenes Gebiet ergeben, sie würden jedoch nicht über eine administrative Klammer verfügen. Einige Gebiete müßten von Gebietskörperschaften betreut werden, die auch – oder sogar vornehmlich – für Nicht-Förderregionen zuständig wären.

Es sollte daher nach der Art der Strukturschwäche und nach dem Grad ihrer Ausprägung differenziert werden, wie dies z. T. in den Vorschlägen der Kommission geschehen ist (landwirtschaftliche Problemgebiete, Gebiete mit einem hohen Anteil von Industrien im Rückgang, denkbar auch Gebiete mit schlechter Infrastrukturausstattung und/oder hoher Umweltbelastung). Der Vorteil eines solchen Ansatzes würde darin liegen, daß größere, mit der Verwaltungsgliederung (einer Ebene) identische, Förderregionen ausgewählt werden könnten, innerhalb derer sich die Förderung auf einzelne Teilgebiete, gezielt nach der Art und dem Grad der Strukturschwäche, konzentrieren könnte. Eine solche Differenzierung würde auch die Absorption von Fördermitteln durch die wenigen relativ besser strukturierten Zentren dieser Gebiete verhindern.

Ein Problem besonderer Art ergibt sich durch die Gebiete, die durch die europäische Integration unmittelbar betroffen sind. Dies gilt vor allem für zwei Arten von Gebieten, nämlich für

– Grenzgebiete entlang den Binnengrenzen der Gemeinschaft und
– Randgebiete der Gemeinschaft.

1. Bei den *Regionen entlang der Binnengrenzen* der Gemeinschaft oder solchen Gebieten, die nur durch Wasserflächen (Ärmelkanal) oder einen Korridor dritter Länder (Schweiz, Österreich) getrennt sind, erweitert sich durch den Wegfall der Grenzen im Zuge der Integration der Einzugsraum um das jeweils angrenzende Gebiet; Gebiete, die bis dahin innerhalb der Mitgliedsstaaten Randgebiete waren, wie z. B. das Elsaß in Frankreich oder Baden in der Bundesrepublik, können als Übergangsgebiete eine besondere Bedeutung erfahren. Jedoch gelten auf beiden Seiten der nationalstaatlichen Grenzen auch nach dem Wegfall der Handelshemmnisse noch völlig unterschiedliche Standortbedingungen durch die unterschiedliche Steuer-, Verkehrs- oder Subventionspolitik der Mitgliedstaaten, zu denen sie gehören. Eine zunehmende Bedeutung haben inzwischen auch die Auflagen im Zuge des Umweltschutzes erreicht, die in den einzelnen Mitgliedsstaaten sehr unterschiedliche Anforderungen

stellen.[23] Dadurch können erhebliche Wettbewerbsvor- bzw. nachteile gegenüber der jeweils benachbarten Grenzregion entstehen, die nicht mehr durch Außenhandelsbeschränkungen kompensiert werden können. Solange nicht in den übrigen Bereichen der Wirtschaftspolitik eine Angleichung der rechtlichen Bestimmungen erreicht werden kann, können deshalb in einzelnen Grenzgebieten entlang der Binnengrenzen die insgesamt positiven Auswirkungen, die für die Wirtschaft dieser Regionen erwartet werden, durch Verluste, die durch die Abwanderung von Industrien in die attraktiveren Grenzgebiete des Nachbarlandes entstehen, aufgezehrt bzw. sogar übertroffen werden.

2. Bei den *Randgebieten* der Gemeinschaft tritt an die Stelle der einzelstaatlichen Außenhandelsbeschränkungen der gemeinschaftliche Außenschutz. Je nach dem Protektionsgrad, den die Mitgliedsstaaten vorher ihrer Wirtschaft gewährten, kann die neue Regelung stärkere oder schwächere Handelsbeschränkungen gegenüber Drittländern enthalten, so daß nur in Ländern, die vor ihrem Beitritt zur Gemeinschaft einen niedrigeren Außenhandelsschutz gegenüber Drittländern gewährten, eine für die Randgebiete nachteilige Verlagerung der Handelsströme in Richtung auf die Partnerländer erwartet werden muß. Aber auch, wenn sich die Handelsbeschränkungen gegenüber Drittländern nicht erhöhten, evtl. sogar verringerten, ist es nicht ausgeschlossen, daß die vergleichbare Attraktivität des Handels mit den Gemeinschaftsländern so groß ist, daß die Randgebiete in ihrer Entwicklung zurückbleiben. In Randgebieten der Gemeinschaft, die entlang den Landgrenzen zu Drittländern liegen, vor allem entlang des »Eisernen Vorhangs«, dürften sich die negativen Effekte der Randlage im Zuge der Integration verschärfen. Etwas differenzierter muß die Lage im Falle der Seegrenzen gesehen werden, die erheblich länger sind als die Landgrenzen der Gemeinschaft (die Grenzen nach Österreich und der Schweiz haben – im Verhältnis der Bundesrepublik zu Italien – eher den Charakter eines Korridors, so daß hier keine für die Randlage typischen Effekte zu erwarten sind), da die Wirtschaft dieser Regionen zu einem erheblichen Teil von der Seeschiffahrt abhängig ist, die die Möglichkeit bietet, am internationalen Handel teilzunehmen und Industrien anzusiedeln, die mit importierten Rohstoffen oder Vorfabrikaten arbeiten und/oder einen hohen Exportanteil haben. Hier besteht ein starkes Konkurrenzverhältnis zwischen den einzelnen Standorten über die Grenzen der Mit-

23 Vgl. hierzu den Beitrag von H. Bungarten: Umweltpolitische Aspekte einer europäischen Integration.

gliedsstaaten hinweg, so daß hier ähnliche Aussagen über die Beeinflussung der regionalen Standortvorteile durch nationale Intervention gemacht werden können, wie im Falle der Regionen entlang der Binnengrenzen der Gemeinschaft. Insgesamt kann erwartet werden, daß die Gesamtheit der Küstenregionen, soweit sie nicht verstärkt am Binnenhandel partizipieren, als Randgebiete gewisse Nachteile durch die Integration in Kauf nehmen müssen; nimmt man jedoch Wachstumsimpulse durch die Integration für die Gesamtwirtschaft an, so ergeben sich stimulierende Wirkungen auf den Handel mit Drittländern, so daß die negativen Effekte der Integration in diesen Randgebieten evtl. aufgefangen werden können. Innerhalb der Gruppe der Küstenregionen dürfte es jedoch Verschiebungen zugunsten derjenigen Regionen geben, die am nächsten zur Kernregion der Gemeinschaft liegen; hiervon profitieren am meisten die Küstenregionen ohne großes nationalstaatliches Hinterland durch eine Ausweitung ihres Transithandels (Belgien, Niederlande). Benachteiligt sind dagegen diejenigen Küstenregionen, die zwar günstig zu den nationalen Zentren, nicht jedoch zur Kernregion der Gemeinschaft liegen (dies dürfte z. B. für die britischen und deutschen Häfen gelten).

Beide Arten von Gebieten stellen für die europäische Regionalpolitik besondere Anforderungen, nicht allein wegen ihrer allgemeinen regionalpolitischen Problematik, sondern weil sie durch die Integration unmittelbar betroffen sind.

6. *Die Entwicklung der regionalpolitischen Konzeption der Gemeinschaft*

Der *Vertrag zur Gründung der Europäischen Wirtschaftsgemeinschaft* (EWGV) vom 25. 3. 1957[24] enthält bereits in seiner Präambel explizit die Forderung, »den Abstand zwischen einzelnen Gebieten und den Rückstand weniger begünstigter Gebiete zu verringern«, allerdings nicht als autonomes Ziel, sondern als Mittel, um die »Volkswirtschaft zu einigen und deren harmonische Entwicklung zu fördern«. Obwohl alle Ziele der Präambel mit Ausnahme des ersten (Zusammenschluß der europäischen Völker) und des letzten (Friede und Freiheit) materielle Inhalte haben, wird nur im

24 BGBl. 1957 Teil II, S. 766 ff.

46

Falle des Zieles des regionalen Ausgleiches der Aspekt der wirtschaftlichen Verteilung berührt. Sonst heißt es wesentlich vager, es seien die Sicherung des »wirtschaftlichen und sozialen Fortschritts« und die »stetige Besserung der Lebens- und Beschäftigungsbedingungen als wesentliches Ziel« anzustreben.

Bei der Darstellung der Aufgaben der Gemeinschaft in Artikel 2 EWGV werden die Anforderungen an die Regionalpolitik nur indirekt angesprochen. Eine besondere Nennung fehlt auch in Artikel 3, in dem die Tätigkeit der Gemeinschaft umrissen wird; einen eigenen Abschnitt, wie es ihn für die Landwirtschaft oder die Verkehrspolitik gibt, enthält der EWG-Vertrag für die Regionalpolitik auch nicht. In den einzelnen Teilabschnitten wird jedoch immer wieder der regionalpolitische Anspruch des Vertrages deutlich, indem Gebiete, die von »naturbedingten Unterschieden« gekennzeichnet sind, oder die »unterentwickelt« sind, eine besondere Berücksichtigung erfahren sollen.[25]

Ihre *ersten regionalpolitischen Vorstellungen*[26] *legte die Kommission* im Jahre 1965 vor,[27] die vor allem auf eine Förderung der am wenigsten

25 In Artikel 49 d (EWGV) wird gefordert, daß der Ministerrat Maßnahmen zu treffen hat, »um die Freizügigkeit der Arbeitnehmer herzustellen ..., insbesondere ... durch die Schaffung geeigneter Verfahren für die Zusammenführung und den Ausgleich von Angebot und Nachfrage auf dem Arbeitsmarkt zu Bedingungen, die die ernstliche Gefährdung der Lebenshaltung und des Beschäftigungsstandes in einzelnen Gebieten ... ausschließen«.
Im Abschnitt »Landwirtschaft« sind die »naturbedingten Unterschiede der verschiedenen landwirtschaftlichen Gebiete« zu berücksichtigen (Art. 39, (2) a). Sie werden jedoch nur zur Erklärung der besonderen Schutzbedürftigkeit der Landwirtschaft wegen der »besondere[n] Eigenart der landwirtschaftlichen Tätigkeit« herangezogen.
Der Abschnitt »Verkehr« enthält in Art. 80 (2) die Möglichkeit der Einräumung von Vergünstigungen für »unterentwickelte Gebiete«, bzw. in Art. 82 die Möglichkeit von Maßnahmen in der BRD, um die wirtschaftlichen Nachteile auszugleichen, die der Wirtschaft bestimmter von der Teilung Deutschlands betroffener Gebiete der BRD aus der Teilung Deutschlands entstehen. Darüber hinaus enthält der Art. 92 (2) und (3) Ausnahmebestimmungen für staatliche Beihilfen im Interesse der regionalen Entwicklung unter näher definierten Bedingungen. Schließlich enthält der Art. 226 noch Ausnahmebestimmungen für die Übergangszeit.
Der Vertrag enthält zudem eine Reihe von regionalpolitischen Geboten sowie Bestimmungen über die Sonderstellung Berlins (gemeinsame Erklärung) und Süditaliens (Protokoll).
26 Bereits im Jahre 1961 leitete die Kommission die Koordination mit einer Konferenz über Fragen der regionalen Wirtschaften ein. Vgl. auch Handwörterbuch für Raumforschung und Raumordnung, a. a. O., S. 2660.
27 Erste Mitteilung über die Regionalpolitik in der Gemeinschaft (P-44/65 vom 31. 5. 1965 bzw. Dok. II/SEK (65) 1170 endg. vom 11. 5. 1965). Sie basierte auf drei Sachverständigenberichten (Die Regionalpolitik in der Europäischen Wirtschafts-

entwickelten Gebiete unter Berücksichtigung einer Reihe von Nebenbedingungen abzielte, die entweder nur unklar formuliert waren (»Korrektur der übermäßigen Einkommensunterschiede«, »keine systematische Gleichmachung des Pro-Kopf-Einkommens«), oder aber mit dem Ziel des regionalen Ausgleichs nur schwer in Einklang zu bringen waren (»ohne Verminderung des Wachstums«).

Die hier genannten regionalpolitischen Ziele lassen sich wie folgt zusammenfassen:[28]

– »Die Regionalpolitik soll zu einer Korrektur der übermäßigen Einkommensunterschiede beitragen, ohne deshalb weder eine systematische Gleichmachung des regionalen Pro-Kopf-Einkommens noch eine Verminderung des Wachstums der hochentwickelten Gebiete anzustreben. Wenn auch jede Region einer Entwicklungspolitik bedarf, so muß doch in der gemeinschaftlichen Aktion ein Vorrang denjenigen eingeräumt werden, die den niedrigsten Lebensstandard aufweisen oder besondere Anpassungsschwierigkeiten kennen.«

– »Eine bessere räumliche Verteilung der wirtschaftlichen Tätigkeit, die gleichzeitige Eingliederung der bisher schlecht ausgelasteten Bevölkerungsteile in den Produktionsprozeß und die damit verbundene Verringerung der Kollektivlasten der zu großen Ballungen können einen nachhaltigen Beitrag zum allgemeinen wirtschaftlichen Wachstum leisten.«

– »Die Regionalpolitik muß bemüht sein, die vorhandenen und potentiellen Möglichkeiten der einzelnen Gebiete unter Berücksichtigung ihrer natürlichen Ausrichtung zu entwickeln; sie muß zu deren Spezialisierung auf Tätigkeiten, die wettbewerbsfähig sind, beitragen.«

– »In bestimmten Ausnahmefällen ist es denkbar, daß das Ziel der optimalen Verteilung der Produktionsfaktoren nicht ganz mit anderen Zielen vereinbar ist. In diesen Fällen muß der Vorrang solchen regionalpolitischen Maßnahmen gegeben werden, die am erfolgreichsten zur wirtschaftlichen Entwicklung des Landes und der Gemeinschaft beitragen; es müssen jedoch gleichzeitig die erforderlichen sozialen Maßnahmen ergriffen werden, um den Schwierigkeiten zu begegnen, die durch eine aus rein wirtschaftlichen Gesichtspunkten gerechtfertigte Aktion allein nicht gelöst werden können.«

gemeinschaft, Berichte ausgearbeitet von drei Sachverständigengruppen, Brüssel, Juli, 1964) über die
– Ziele und Methoden der Regionalpolitik,
– Strukturverbesserung in alten Industriegebieten,
– Maßnahmen der Regionalpolitik in den Mitgliedsstaaten.
28 Handwörterbuch für Raumforschung und Raumordnung, a.a.O., S. 2661 f.

Diese Vorstellungen gingen im wesentlichen in das *Erste Programm für mittelfristige Wirtschaftspolitik* ein, das vom Ministerrat 1967 angenommen wurde.[29] Der Abschnitt »Regionalpolitik« bildete einen Hauptteil dieses Programms.

Eine Aufwertung erhielt die Regionalpolitik durch die Einrichtung einer eigenen Generaldirektion Regionalpolitik anläßlich der Verschmelzung der Exekutivorgane der Europäischen Gemeinschaften 1967/68 (vorher war die Regionalpolitik von der Generaldirektion Wirtschaft und Finanzen betreut worden). Durch diese institutionelle Verankerung wurde die besondere Bedeutung dokumentiert, die von nun an diesem Bereich der Gemeinschaftspolitik zugedacht war.

Einen erheblichen Impuls bekam die Regionalpolitik durch ein dreifaches *Bekenntnis des Rates* zur Regionalpolitik im Frühjahr 1971.[30] Am 28. 2. 1971 erklärte der Rat, daß »eine ausgewogene Entwicklung der Gemeinschaft neben der Verantwortung der Mitgliedsstaaten eine Verantwortung der Gemeinschaft für eine Reihe regionaler Probleme von gemeinsamem Interesse« erfordere. Hierbei seien vorrangig zu behandeln:

- die Probleme im Zusammenhang mit dem erheblichen Rückstand bestimmter großer, wenig entwickelter Randgebiete;
- die Schwierigkeiten, die sich unmittelbar aus der Integration der Gemeinschaft ergeben können (z. B. in Grenzgebieten);
- die regionalen Auswirkungen der wichtigsten gemeinsamen Politiken, insbesondere der gemeinsamen Agrarpolitik, die mit einer Regionalpolitik abgestimmt werden müssen, welche ihrerseits darauf abzielt, wirtschaftlich gesunde Aktivitäten in den von der Entwicklung der Landwirtschaft betroffenen Regionen zu fördern;
- die Probleme, die sich aus Veränderungen ergeben, welche sich insbesondere als Folge der rückläufigen Entwicklung eines dominierenden

---

29 Das »Erste Programm für mittelfristige Wirtschaftspolitik« wurde am 11. 4. 1967 vom Ministerrat ratifiziert.
30 In der Zwischenzeit hatte sich die Kommission mit der Ausfüllung einer Regionalpolitik auseinandergesetzt und am 15. 10. 1969 einen »Vorschlag für eine Entscheidung des Rates über die Mittel eines Vorgehens der Gemeinschaft auf dem Gebiet regionaler Entwicklung sowie einer Aufzeichnung der Regionalpolitik in der Gemeinschaft« angenommen (KOM (69) 950 (mit Anlagen) vom 15. 10. 69). Ziel dieser Vorlage war es, die Notwendigkeit einer stärkeren Koordinierung der Regionalpolitik auf Gemeinschaftsebene darzulegen, während der Entscheidungsentwurf selbst mittels eines formellen Verfahrens den Weg für diese Koordinierung erschließen sollte. Dieser Entwurf schloß auch einen transnationalen Finanzausgleich ein. Vgl. auch: Aufzeichnung über die Regionalpolitik in der Gemeinschaft Bulletin der Europäischen Gemeinschaften, Sonderbeilage zu Heft 12, 1969.

Wirtschaftszweigs in bestimmten Gebieten spürbar auf das wirtschaftliche Potential dieser Gebiete auswirken«.[31]

Akzentuierter nahm der Rat in der Entschließung vom 22. März 1971 über die stufenweise Verwirklichung der Wirtschafts- und Währungsunion der Gemeinschaft[32] zur Bedeutung und zur Notwendigkeit einer Regionalpolitik der Gemeinschaft Stellung: er forderte die Beseitigung der »bestehenden strukturellen und regionalen Ungleichgewichte« und die Anwendung »struktureller und regionaler Maßnahmen«.[33]

Auch bei seiner Entschließung über die Neuausrichtung der gemeinsamen Agrarpolitik vom 25. 5. 1971 hielt es der Ministerrat in dem Kapitel über die konzentrierte Entwicklung der gemeinsamen Agrarpolitik und der Politik der Gemeinschaft in anderen Bereichen für »erforderlich, daß rasche Fortschritte in der Entwicklung der Politik der Gemeinschaft auf anderen Gebieten erzielt werden, und zwar insbesondere im Bereich der Wirtschafts- und Währungsunion, der Regionalpolitik und der Sozialpolitik. Diese Fortschritte würden in spürbarem Maße zur Verwirklichung der Reform der Landwirtschaft beitragen. Insbesondere kommt der Rat überein, daß die Mitgliedsstaaten und die Gemeinschaft ein System zur Förderung der Regionalentwicklung einführen, das die Schaffung von Arbeitsplätzen, vor allem in Gebieten mit einem starken Überhang an landwirtschaftlichen Arbeitskräften begünstigt«.[34]

---

31 Fünfter Gesamtbericht über die Tätigkeit der Gemeinschaft, 1971, S. 180.
32 ABl. Nr. C 28, vom 27. 3. 1971.
33 »Um ein befriedigendes Wirtschaftswachstum, Vollbeschäftigung und Stabilität innerhalb der Gemeinschaft gleichzeitig und gleichrangig zu gewährleisten, den bestehenden strukturellen und regionalen Ungleichgewichten abzuhelfen«, haben der Rat und die Vertreter der Regierungen der Mitgliedsstaaten »ihren politischen Willen bekundet, im Laufe der nächsten 10 Jahre eine Wirtschafts- und Währungsunion zu schaffen«, und insbesondere vorgesehen, daß die von ihm festgelegten Grundsätze auf die »strukturellen und regionalen Maßnahmen angewendet werden, die erforderlich sind, um auch im Rahmen einer Gemeinschaftspolitik, für die geeignete Mittel zur Verfügung stehen, zu einer ausgewogenen Entwicklung der Gemeinschaft beizutragen und insbesondere die wichtigsten Probleme zu lösen ...
Um durch Maßnahmen im regionalen und strukturellen Bereich die Spannungen zu verringern, die die endgültige Verwirklichung der Wirtschafts- und Währungsunion in Frage stellen könnten, wird der Rat auf Vorschlag der Kommission über die erforderlichen Maßnahmen ... befinden und hierbei die im Dritten Programm für die mittelfristige Wirtschaftspolitik enthaltenen Angaben berücksichtigen; dabei stattet er insbesondere die Gemeinschaft im Rahmen der geltenden Verträge mit den geeigneten Mitteln aus« (Fünfter Gesamtbericht über die Tätigkeit der Gemeinschaft 1971, S. 179 f.).
34 Ebenda.

Es dauerte ein weiteres Jahr[35] bis der Rat am 21. März 1972 die folgende Entschließung faßte:[36]

»Um unverzüglich die Maßnahmen im Regional- und Strukturbereich einzuleiten, die für die endgültige Verwirklichung der Wirtschafts- und Währungsunion notwendig sind, erklärt der Rat sich grundsätzlich damit einverstanden, daß

1. der EAGFL [Europäischer Ausrichtungs- und Garantiefonds für die Landwirtschaft; Anm. d. Verf.] ab 1972 für Maßnahmen der Regionalentwicklung benutzt werden kann;

2. ein Fonds für Regionalentwicklung geschaffen oder ein anderes System von für die Regionalentwicklung geeigneten Gemeinschaftsmitteln eingesetzt wird.

Der Rat bittet die Kommission, ihm Vorschläge gemäß III, 4 der Entschließung vom 22. März 1971 zu unterbreiten. Er faßt die erforderlichen Beschlüsse über die Vorschläge der Kommission vor dem 1. Oktober 1972«.

Durch diese Entschließung konkretisierten sich die Absichtserklärungen der Gemeinschaft in Richtung auf eine gemeinsame Regionalpolitik, obwohl es so aussah, als könnte auch hier – wie im Falle der Agrarpolitik – Einigung über das Instrumentarium herbeigeführt werden, bevor die Zielsetzung präzisiert sei, denn bis zu diesem Zeitpunkt bestand kein Konsens darüber, welche der bestehenden strukturellen und regionalen Ungleichgewichte abzubauen seien, ganz zu schweigen von der mangelnden Prioritätensetzung.

Ihren Höhepunkt (und gleichzeitig vorläufigen Abschluß) erreichte die Diskussion um die Regionalpolitik auf der Konferenz der Staats- bzw. Re-

---

35 Angesichts der grundsätzlichen und mehrfachen Zustimmung des Ministerrates zu einer europäischen Regionalpolitik im Frühjahr 1971 hatte die Kommission am 28. 5. 1971 Vorschläge für konkrete Maßnahmen zur Durchführung ihres Vorschlages vom Oktober 1969 vorgelegt (Vorschlag für die Entscheidung des Rates über die Mittel eines Vorgehens der Gemeinschaft auf dem Gebiet der regionalen Entwicklung sowie eine Aufzeichnung über die Regionalpolitik in der Gemeinschaft, (KOM (69) 950 (mit Anlagen) vom 15. 10. 69). Der Vorschlag betraf vor allem das erforderliche Instrumentarium für die Lösung der Probleme in jenen Regionen, in denen Arbeitsmöglichkeiten für aus der Landwirtschaft ausscheidende Arbeitskräfte oder Infrastruktureinrichtungen für Wirtschaftstätigkeiten geschaffen werden sollten.
Auch als die Vorschläge auf der Ratstagung am 20. 10. 71 wieder vorgelegt wurden, konnte keine Einigung erzielt werden. Unterschiedliche Meinungen bestanden insbesondere hinsichtlich
– der Aufgaben des einzurichtenden Ständigen Ausschusses für regionale Entwicklung und seine Stellung innerhalb der europäischen Organe sowie über
– den Umfang und die Zweckmäßigkeit der zu schaffenden Instrumente.
36 Sechster Gesamtbericht über die Tätigkeit der Gemeinschaften 1972, S. 128 ff.

gierungschefs, die vom 19. bis 21. Oktober 1972 in Paris stattfand *(Pariser Gipfel):* die Regionalpolitik wurde neben dem Ziel der Schaffung einer Wirtschafts- und Währungsunion als ein zur Stärkung der Gemeinschaft notwendiges Element herausgestellt. Die Mitgliedsstaaten und die Beitrittsstaaten der Gemeinschaft erklärten sich entschlossen, »die Gemeinschaft durch Schaffung einer Wirtschafts- und Währungsunion zu stärken, die Garant für Stabilität und Wachstum, Grundlage ihrer Solidarität sowie unerläßliche Voraussetzung für sozialen Fortschritt ist, und dabei regionalen Disparitäten abzuhelfen«. In Punkt 5 der Schlußerklärung heißt es[37]: »Die Staats- bzw. Regierungschefs messen dem Ziel, strukturelle und regionale Unausgewogenheiten, welche die Verwirklichung der Wirtschafts- und Währungsunion beeinträchtigen könnten, in der Gemeinschaft zu beheben, in hohem Maße Vorrang zu . . .

Die Staats- bzw. Regierungschefs fordern die Kommission auf, unverzüglich eine Analyse der Probleme, die sich im regionalen Bereich für die erweiterte Gemeinschaft ergeben, zu erarbeiten und zusammen mit geeigneten Vorschlägen als Bericht vorzulegen.

Sie verpflichten sich, jetzt bereits ihre jeweilige Regionalpolitik zu koordinieren. Von dem Wunsche getragen, ihre Bemühungen auf eine gemeinschaftliche Lösung der regionalen Probleme auszurichten, fordern sie die Gemeinschaftsorgane auf, bis zum 31. Dezember 1973 einen Fonds zur Regionalentwicklung einzurichten. Dieser wird von Beginn der zweiten Phase der Wirtschafts- und Währungsunion aus Eigeneinnahmen der Gemeinschaft finanziert. Seine mit nationalen Hilfsmaßnahmen koordinierte Inanspruchnahme soll ermöglichen, im Zuge der Verwirklichung der Wirtschafts- und Währungsunion die hauptsächlichsten regionalen Unausgewogenheiten in der erweiterten Gemeinschaft zu korrigieren, hier insbesondere solche, die sich aus überwiegend landwirtschaftlichem

37 Am 19. Juni hatte die Kommission auf Wunsch des Rates eine Mitteilung über ihren grundlegenden Vorschlag von 1969 (Bulletin der Europäischen Gemeinschaften Nr. 8/1972, Zweiter Teil, Ziffer 27, sowie ABl. Nr. C 94 vom 9. 9. 1972) sowie ihre Verordnungsvorschläge von 1971 vorgelegt. Diese Mitteilung enthielt die Vorstellungen der Kommission über die Bedeutung eines zu schaffenden Regionalfonds sowie einer ebenfalls zu schaffenden Gesellschaft für Regionalentwicklung. Ferner entwickelte die Kommission ihre Vorstellungen über einen einzurichtenden »Ausschuß für Regionalentwicklung« und seine Stellung innerhalb der Gemeinschaftsorgane. Am 25. 9. 1972 hatte der Ministerrat beschlossen, zunächst die Konferenz der Staats- bzw. Regierungschefs am 19. und 20. Oktober abzuwarten, obgleich er sich ja am 21. 3. 1972 verpflichtet hatte, die erforderlichen Beschlüsse über die Vorschläge der Kommission vor dem 1. 10. 1972 zu fassen. Zu der entsprechenden Diskussion im Europäischen Parlament (am 16. 3. 72 und am 20. 9. 72) und im Wirtschafts- und Sozialausschuß vgl. Sechster Gesamtbericht über die Tätigkeit der Europäischen Gemeinschaften 1972, S. 127 ff.

Charakter, industriellen Wandlungen und struktureller Unterbeschäftigung ergeben.«

Dies bedeutete eine nochmalige Bekräftigung des regionalpolitischen Anspruchs der Gemeinschaft, und zwar vor allem aus integrationspolitischen Erwägungen. Die Mitgliedsstaaten verpflichteten sich, binnen eines Jahres (bis Ende 1973) ein dreistufiges Programm zu realisieren, nämlich

1. eine unverzügliche Analyse ihrer regionalpolitischen Probleme zu erstellen,
2. ihre jeweilige Regionalpolitik zu koordinieren und
3. einen Fonds zur Regionalentwicklung zu errichten.

Schon wenige Monate später legte die Kommission ihre Analyse entsprechend den Beschlüssen der Gipfelkonferenz vor, »jedoch nicht die in der Schlußerklärung geforderten förmlichen Beschlüsse, sondern Leitlinien, nach denen sich diese Vorschläge richten sollten.«[38, 39] Interessant ist der Versuch,[40] die Notwendigkeit einer gemeinschaftlichen Regionalpolitik nicht aus einer integrationspolitischen Notwendigkeit, wie in der Gipfelkonferenz von Paris, herzuleiten, sondern die gesamte Problematik, angefangen bei der regional unterschiedlichen Verteilung des Wohlstandes, über die »materielle Armut unterprivilegierter Regionen« und die »zunehmende Verarmung der Umwelt in den Ballungsräumen« bis hin zur Erhaltung der Wettbewerbsfähigkeit und der Einbeziehung externer Effekte, aufzuzeigen.[41]

Die Vorschläge galten in erster Linie Gebieten mit

– überwiegend landwirtschaftlicher Struktur,
– industriellen Wandlungen und
– struktureller Unterbeschäftigung.[42]

---

38 Europäische Gemeinschaften, Kommission, Bericht über die regionalen Probleme in der erweiterten Gemeinschaft, KOM (73) 550 endg., Brüssel, den 3. Mai 1973; bereits 1971 hatte die Kommission einen Bericht über die Gemeinschaft der Sechs vorgelegt: Europäische Gemeinschaften, Kommission, Die regionale Entwicklung in der Gemeinschaft, Analytische Bilanz, Luxemburg: Amt für Veröffentlichungen der Europäischen Gemeinschaften, 1971.
39 Insbesondere Abschnitt V des Berichtes (Leitlinien für eine gemeinschaftliche Regionalpolitik).
40 Vgl. Abschnitt III des Berichtes (Die moralischen, umweltspezifischen und wirtschaftlichen Gründe für eine gemeinschaftliche Regionalpolitik).
41 Daneben werden auch – als integrationspolitischer Gesichtspunkt – die Erwartungen der Bevölkerung an die Gemeinschaft betont: »Das Versagen der Gemeinschaft, die Ressourcen der Gemeinschaft zu den Menschen zu bringen, würde die Begeisterung der Menschen für die Idee eines vereinten Europas zunichte machen«. (Bericht über die regionalen Probleme in der erweiterten Gemeinschaft . . ., a.a.O., S. 4).
42 Bericht über die regionalen Probleme in der erweiterten Gemeinschaft, a.a.O., S. 8.

Ein Anspruch auf völlige Beseitigung von regionalen Ungleichgewichten wurde jedoch nicht erhoben.[43] Für die gemeinsame Regionalpolitik entwarf die Kommission eine Reihe von Leitlinien, insbesondere:
- die gemeinschaftliche Regionalpolitik soll die nationale Regionalpolitik nicht ersetzen, sondern nur ergänzen,
- dafür ist eine enge Zusammenarbeit auf wirtschaftlichem, sozialem und kulturellem Gebiet erforderlich,
- die »übermäßige Ballung« wird als »soziales und wirtschaftliches« Problem angesehen, deshalb »sollte sich die Gemeinschaft neben der Unterstützung ärmerer Regionen . . . auf eine gemeinsame Politik zur Verringerung der Konzentration in Ballungsgebieten einigen«. Vorschläge hierzu sollen erst »zu gegebener Zeit« gemacht werden,
- die gemeinsame Regionalpolitik soll abgesichert werden durch eine »Koordinierung der verschiedenen Politiken sowie der Finanzierungsinstrumente«,
- die »echte Koordinierung«, die als »entscheidend« angesehen wird, soll institutionalisiert werden, und zwar durch einen »Ausschuß für regionale Entwicklung«,[44]
- der Europäische Ausgleichs- und Garantiefonds für die Landwirtschaft (EAGFL) soll »zur Schaffung von industriellen Arbeitsplätzen in vorrangig landwirtschaftlichen Gebieten« eingeschaltet werden.
- Als Instrumente sollen eingesetzt werden:
- ein zu schaffender »Fonds für die regionale Entwicklung«,[45]

43 »Es ist sicherlich nicht die Aufgabe der gemeinschaftlichen Regionalpolitik, als globales Korrekturinstrument zu wirken, um alle wirtschaftlichen Probleme zu lösen, die die Wachstumsrate eines Mitgliedsstaates beeinflussen können« (Bericht . . ., S. 8). »Vielmehr sollten stets nur die *hauptsächlichsten* Unterschiede in der Gemeinschaft verringert werden« (Bericht . . ., S. 11; Hervorhebung vom Verfasser).
44 Die Kommission maß dem Ausschuß, der die Zuständigkeit für alle größeren Förderungsmaßnahmen haben sollte, große Bedeutung bei, da er sich als Bindeglied zwischen Rat und Kommission (Vorsitz: Vertreter der Mitgliedsstaaten, Sekretariat: Kommission) in einer zentralen Position befände, und der – wie es im Bericht heißt – »den Rat und die Kommission bei der Prüfung und Koordinierung der nationalen regionalpolitischen Maßnahmen und Planungen sowie bei der Koordinierung von Maßnahmen und Planungen mit Interventionen des Fonds für regionale Entwicklung unterstützt«. (Bericht über die regionalen Probleme in der erweiterten Gemeinschaft, a.a.O., S. 15).
45 Der zu schaffende Fonds sollte in erster Linie Zuschüsse und Zinsverbilligung von Darlehen gewähren, und zwar für Vorhaben in
- Industrie,
- Dienstleistungstätigkeiten und
- Infrastruktur,
»die von besonders regionaler Bedeutung sind und sich direkt produktionsfördernd

54

– eine »Gesellschaft für regionale Entwicklung«,
– die Einführung eines europäischen Bürgschaftssystems für Darlehen«.
– Der Fonds soll nach dem Dringlichkeitsprinzip aktiv werden, unabhängig von einem »juste retour«. Ein Teil der Mittel soll zur »unmittelbaren Finanzierung« für Vorhaben vorbehalten sein, »die besonders schwer zu lösende Probleme oder die Randgebiete betreffen«.

Im Juli und August 1973 legte die Kommission endlich ihre Vorschläge für die Errichtung eines Europäischen Fonds für regionale Entwicklung einschließlich der Förderkriterien und einem Verzeichnis der zu fördernden Gebiete vor,[46] die sich weitgehend an den Bericht vom Mai desselben Jahres anschlossen. Der finanzielle Umfang sollte für das erste Jahr (1974) 500 Mio. RE, für das zweite Jahr 750 Mio. RE und für das dritte Jahr 1 000 Mio. RE betragen, insgesamt 2 250 Mio. RE für den Zeitraum 1974–76. Bekanntlich konnte über diese Vorschläge keine Einigung erzielt und der auf der Gipfelkonferenz gesetzte Termin (31. 12. 1973) nicht eingehalten werden. Vor allem die Auseinandersetzungen um die Höhe der bereitzustellenden Mittel sowie um ihre Verteilung auf die Mitgliedsstaaten bestimmten die Diskussion. Die Argumentation zur Rechtfertigung von Ansprüchen an die gemeinsame Regionalpolitik bediente sich in zunehmendem Maße nicht-regionalpolitischer Begründungen, wie dies vor allem im Falle Großbritanniens sichtbar wurde; die Regionalpolitik wurde vielfach als Ausgleich für alle Nachteile, die der Gemeinschaft zugeschrieben wurden, angesehen.[47, 48]

auswirken sollen« (Bericht über die regionalen Probleme in der erweiterten Gemeinschaft, a.a.O., S. 14).

46 – Vorschlag für eine Verordnung des Rates über die Errichtung eines Europäischen Fonds für regionale Entwicklung, Brüssel, den 25. 7. 73 (KOM (73) 1170 endg.).
   – Entwurf eines Beschlusses des Rates über die Einsetzung eines Ausschusses für Regionalpolitik, Brüssel, den 25. 7. 73 (KOM (73) 1171 endg.).
   – Vorschlag für eine Verordnung des Rates über das Verzeichnis der Gebiete und Gebietsteile gemäß Verordnung (EWG) des Rates über die Errichtung eines Europäischen Fonds für regionale Entwicklung, Brüssel, den 10. Oktober 1973, (KOM (73) 1751).

47 Die Grundsatzdebatte über die Schaffung eines Regionalfonds wurde vom Ministerrat mehrfach verschoben. Nachdem der Regionalfonds bei der Tagung der Haushaltsminister der Mitgliedsstaaten am 10. 12. 1973 ohne Mittelansatz geblieben war, konnten auch die Außenminister am 18. 12. 1973 keine Einigung über die Datierung des Regionalfonds erzielen; die Entscheidung wurde auf 1974 verschoben. Die Diskussion stagnierte auch im Frühjahr 1974 angesichts der Regierungsneubildungen in Großbritannien, Frankreich und der Bundesrepublik sowie auf Grund der stark inflationären Entwicklung und einer erheblichen konjunkturellen Abschwächung in allen Ländern der Gemeinschaft. Die Positionen verhärteten sich, nachdem die potentiellen »Geber« geringe Zahlungsbereitschaft zeigten, die potentiellen »Nehmer« dagegen Forderungen anmeldeten, die noch über die

7. Der Europäische Fonds für regionale Entwicklung

Nachdem sich die Regierungschefs im Dezember 1974 in den grundsätzlichen Fragen geeinigt hatten, kam es endlich am 18. 3. 1975 zur *Errichtung eines Europäischen Fonds für regionale Entwicklung*[49] rückwirkend ab 1. 1. 1975, »durch den die wichtigsten regionalen Ungleichgewichte in der Gemeinschaft korrigiert werden sollen, die insbesondere auf eine vorwiegend landwirtschaftliche Struktur, industrielle Wandlungen und strukturbedingte Unterbeschäftigung zurückzuführen sind.« Die Mitgliedsstaaten erhalten *auf Antrag Finanzzuweisungen* des Fonds im Rahmen einer Ausstattung von 300 Mio. RE im ersten Jahr (1975) und je 500 Mio. RE in den beiden folgenden Jahren, davon 150 Mio. RE aus den nicht verwendeten Mitteln des Europäischen Ausgleichs- und Garantiefonds für die Landwirtschaft (EAGFL), Abteilung Ausrichtung, die für Maßnahmen zur Entwicklung von Agrargebieten, die mit Vorrang zu fördern sind, bestimmt waren.[50]

Vorschläge der Kommission hinausgingen. Inhaltlich zeichnete sich eine Tendenz zur verstärkten Setzung von Schwerpunkten ab. Die Kommission wurde aufgefordert, ihre Vorschläge zu überprüfen. Sie erklärte am 4. 3. 1973 ihre grundsätzliche Bereitschaft; neue Vorschläge sollten jedoch erst vorgelegt werden, wenn Aussichten auf die Aufnahme erfolgversprechender Verhandlungen bestünden.

48 Hier drängen sich Parallelen zur Agrarpolitik auf. Bei der Gründung der Gemeinschaft war die finanzielle Ausgestaltung der gemeinsamen Agrarpolitik nicht zuletzt mit Rücksicht auf die mehr landwirtschaftlich strukturierten Mitgliedsstaaten vorgenommen worden, um sie dafür zu entschädigen, daß die hauptsächlichen Vorteile eines gemeinsamen größeren Marktes vor allem den stärker industrialisierten und exportorientierten Mitgliedsstaaten zufließen würden. Diese, d. h. vor allem die Bundesrepublik, waren deshalb bereit, die Rolle der Nettozahler der Agrarpolitik zu übernehmen. Wie die Erfahrung gezeigt hat, haben die erheblichen Transfers (vor allem im Zuge der gemeinsamen Markt- und Preispolitik) nicht ausgereicht, um die erforderliche Strukturanpassung in der Landwirtschaft zu gewährleisten. Wie ungeeignet solche an einem ›juste retour‹ orientierten Ansätze sind, zeigt das Beispiel Italiens, das, auf Grund seiner stark landwirtschaftlich geprägten Struktur der potentiell größte Empfänger, einer der Hauptnettozahler der gemeinsamen Agrarpolitik wurde.

49 Verordnung (EWG) Nr. 724/75 des Rates vom 18. 3. 1975 über die Errichtung eines Europäischen Fonds für regionale Entwicklung, ABl. Nr. L 73 vom 21. 3. 1975.

50 Im Zusammenhang mit dem »Vorschlag einer Verordnung (EWG) des Rates über die Finanzierung von Vorhaben durch den Europäischen Ausrichtungs- und Garantiefonds für die Landwirtschaft, Abteilung Ausrichtung, im Rahmen von Maßnahmen zur Entwicklung von Agrargebieten, die mit Vorrang zu fördern sind« (ABl. Nr. C 90 vom 11. 9. 1971) wurden in den Jahren 1973 bis 1975 jeweils 50 Mill. RE zurückgestellt. Die Übertragung dieser Mittel auf den Fonds für regionale Entwicklung wurde am Tage der Errichtung des Fonds beschlossen (Verordnung (EWG) Nr. 725/75 des Rates vom 18. 3. 1975 über die Zuweisung eines Betrages von 150 Mill. RE aus den zurückgestellten Mitteln der Abteilung Ausrichtung des Europäischen Ausgleichs- und Garantiefonds für die Landwirtschaft an den Europäischen Fonds für regionale Entwicklung, ABl. Nr. L 73 vom 21. 3. 1975).

Im Gegensatz zu den Vorschlägen der Kommission, wie sie noch 1973 vorgelegt worden waren, wurde ein *festes Aufteilungsschema* festgelegt, wonach Belgien 1,5%, Dänemark 1,3%, Frankreich 15,0%, Irland 6,0%, Italien 40,0%, Luxemburg 0,1%, Niederlande 1,7%, die Bundesrepublik 6,4% und das Vereinigte Königreich 28,0% erhalten; Irland erhält darüber hinaus 6,0 Mio. RE, die von den Quoten der anderen Mitgliedsstaaten mit Ausnahme Italiens in Abzug zu bringen sind.

Gefördert werden sollen nur Gebiete und Gebietsteile, »die in Anwendung der Beihilferegelung mit regionaler Zweckbestimmung der Mitgliedsstaaten von diesen als Fördergebiete ausgewiesen werden«, und zwar »in erster Linie für Investitionen in Gebietsteilen, denen auf einzelstaatlicher Ebene Vorrang eingeräumt wird. Dabei sind die auf Gemeinschaftsebene maßgeblichen Grundsätze für die Koordinierung der Beihilfen mit regionaler Zweckbestimmung zu berücksichtigen«. Die Projekte, die bei einer Förderschwelle von jeweils über 50 000 RE sowohl aus dem Bereich von Industrie, Handel und Dienstleistungen (»wirtschaftlich gesunde« Betriebe), als auch aus dem Infrastrukturbereich (nur im Zusammenhang mit der Förderung der genannten Betriebe oder der Entwicklung der »Landwirtschaft in Berggebieten und in bestimmten landwirtschaftlich benachteiligten Gebieten«)[51] stammen können, werden mit 20% der Investitionskosten (jedoch weniger als der Hälfte der gesamten öffentlichen Beihilfen) gefördert. Bei Infrastrukturprojekten beträgt der Anteil sogar 30% der Ausgaben der öffentlichen Hand, bei Investitionskosten von 10 Mio. RE und mehr 10% bis 30%; die Beteiligung der Gemeinschaft kann auch in Form von Zinsvergünstigungen (von 3%punkten) erfolgen. Schließlich wird gefordert, daß sich die Projekte »in ein regionales Entwicklungsprojekt einfügen [müssen], dessen Durchführung geeignet ist, zur Verringerung der wichtigsten regionalen Ungleichgewichte in der Gemeinschaft, die die Verwirklichung der Wirtschafts- und Währungsunion beeinträchtigen können, beizutragen.« Die Anträge werden von den Mitgliedsstaaten gestellt und von der Kommission, bei Investitionen von mehr als 10 Mio. RE nach Anhörung des Ausschusses für Regionalpolitik,[52] beschieden; die Auszahlung erfolgt nach Vorlage vierteljährlicher Übersichten.

51 In Anlehnung an die Bestimmungen der »Richtlinie (75/268/EWG) des Rates vom 28. 4. 1975 über die Landwirtschaft in den Berggebieten und in bestimmten benachteiligten Gebieten« (ABl. Nr. L 128 vom 19. 5. 1975), die die Möglichkeiten für eine nationale Förderung für bestimmte, in den Durchführungsrichtlinien dieser Richtlinie genau bezeichneten, Gebiete regelt (Richtlinien 75/269/EWG bis 75/276/EWG, alle ABl. Nr. L 128 vom 19. 5. 1975).

52 Der Ausschuß für Regionalpolitik, der sich aus je zwei Vertretern der Mitgliedsstaaten und der Kommission zusammensetzt, »hat die Aufgabe, auf Ersuchen

Gegenüber den ursprünglichen Vorschlägen der Kommission[53] und des Europäischen Parlaments[54] bedeutet die neue Regelung neben der zeitlichen Verschiebung um ein Jahr und dem provisorischen Charakter der Regelung[55] sowie der erheblichen Verringerung des Umfanges des Programmes eine Abkehr vom Prinzip der Einheitlichkeit, da bei der Beurteilung der Förderungswürdigkeit der einzelnen Projekte durch das gewählte Antragsverfahren die nationalen Präferenzen, nicht jedoch die für die gesamte Gemeinschaft verbindlichen Kriterien bestimmend sind. Dies wird durch die Einführung nationaler Quoten unterstrichen, die in den früheren Entwürfen nicht vorgesehen waren. Hauptnutznießer dieser Regelung sind Irland, Italien und das Vereinigte Königreich, auf die allein 74% der Fördermittel entfallen (nach Abzug der Sonderzuweisung von 6 Mio. RE für Irland), während Frankreich und vor allem die Bundesrepublik den größten Teil des Programmes über den Gemeinschaftshaushalt zu finanzieren haben. Durch die festen Anteile sind zwar erhebliche Nettotransfers zugunsten der »ärmeren« Mitgliedsstaaten gewährleistet, der Kommission sind jedoch die Möglichkeiten genommen, einen Einfluß auf die regionale Verteilung der

des Rates oder der Kommission oder von sich aus Fragen der regionalen Entwicklung und die im Hinblick auf ihre Lage erzielten oder notwendigen Fortschritte sowie die regionalpolitischen Maßnahmen zu prüfen, die erforderlich sind, um die Verwirklichung der regionalpolitischen Ziele der Gemeinschaft zu fördern.« (Beschluß des Rates (75/185/EWG) vom 18. 3. 1975 über die Einsetzung eines Ausschusses für die Regionalpolitik, ABl. Nr. L 73 vom 21. 3. 1975).

53 Insbesondere die Vorschläge der Kommission für die Errichtung eines Europäischen Fonds für regionale Entwicklung von 1973.

54 Dies kommt in den Stellungnahmen und Entschließungen des Europäischen Parlaments vom 12./13. 3. 1975 deutlich zum Ausdruck, in denen die Mittelaufteilung auf die Staaten anstatt die Regionen und der Charakter eines Subventionsmechanismus des neuen Fonds für die Haushalte der Mitgliedsstaaten scharf kritisiert wird. Das Parlament unterstrich, daß die vorherige Aufteilung der Mittel des Fonds nicht den Erfordernissen einer echten Regionalpolitik der Gemeinschaft entspräche, die den Bedürfnissen der am stärksten benachteiligten Gebiete Rechnung tragen soll (Vgl. die Stellungnahmen vom 12. 3. 1975 des Europäischen Parlaments zu den geänderten Vorschlägen für (I) eine Verordnung über die Errichtung eines Europäischen Fonds für regionale Entwicklung, (II) einen Beschluß über die Einsetzung eines Ausschusses für Regionalpolitik und (III) eine Haushaltsordnung zur Ergänzung der Haushaltsordnung vom 25. 4. 1973 für den Gesamthaushaltsplan der Europäischen Gemeinschaften; Stellungnahme des Europäischen Parlaments zu der Verordnung ... über die Zuweisung eines Betrages von 150 Mill. Rechnungseinheiten aus den zurückgestellten Mitteln ...; Entschließung des Europäischen Parlaments über die Regionalpolitik bezüglich der Regionen beiderseits der Binnengrenzen vom 13. 3. 1975; alle ABl. Nr. C 76 vom 7. 4. 1975).

55 Der Fonds für regionale Entwicklung wurde erst versuchsweise für einen Zeitraum von drei Jahren (1975–1977) errichtet.

Förderung auf die einzelnen Regionen innerhalb der Mitgliedsstaaten zu nehmen.

Das Problem der unmittelbar durch die Integration betroffenen Gebiete entlang der Binnen- und Außengrenzen der Gemeinschaft wird in der vorliegenden Regelung dagegen ebensowenig angesprochen, wie die Frage der Handhabung des Fonds im Falle der Erweiterung der Gemeinschaft, die durch den Antrag Griechenlands auf Vollmitgliedschaft immer noch aktuell ist. Lediglich in der Frage der Einbeziehung der französischen Überseedepartements konnte eine (positive) Einigung erzielt werden.[56]

Zur *Koordinierung der nationalen Regionalpolitiken* hat die Kommission Anfang März 1975 ihre Vorstellungen vorgelegt, die für den Zeitraum bis Ende 1977 Spitzensätze der nationalen Förderung in Grönland, Irland, Nordirland, West-Berlin und Süditalien zulassen und im übrigen drei Kategorien von Förderregionen mit Investitionsbeihilfen von 20%, 25% und 30% des Gesamtinvestitionsaufwandes vorsehen.[57]

Daß eine Regelung, wie die jetzt erreichte, überhaupt zustande kommen konnte, dürfte zu einem wesentlichen Teil den Auseinandersetzungen um den Verbleib Großbritanniens in der Gemeinschaft zuzuschreiben sein, da erst die Forderung dieses Mitglieds zum Beschluß über die Einsetzung des Fonds geführt hat. Ein Ausscheiden Großbritanniens hätte deshalb nicht nur das Gewicht der Regionalpolitik als Gemeinschaftsinstrument überhaupt verringert, sondern auch zu deutlichen Verschiebungen in der regionalpolitischen Zielsetzung geführt, da Regionalpolitik in den übrigen Mitgliedsstaaten vor allem als Politik für den unterentwickelten ländlichen Raum (und deshalb als Sonderfall der Agrarpolitik) betrachtet wird, während die regionale Wirtschaftspolitik Großbritanniens, wo die durchschnittliche Arbeitsproduktivität der Landwirtschaft etwa der der Industrie entspricht, vor allem auf Beseitigung der industriellen Anpassungsschwierigkeiten in den entsprechenden Regionen angelegt ist. Durch den für den Fonds gefundenen

---

56 Gleichzeitig mit der Errichtung des Fonds wurde auch die Einbeziehung der französischen Überseedepartements in die Förderung des Fonds einbezogen (Beschluß des Rates (75/186/EWG) vom 18. 3. 1975 über die Anwendung der Verordnung (EWG) Nr. 724/75 über die Errichtung eines Europäischen Fonds für regionale Entwicklung auf die französischen Departements, ABl. Nr. L 73 vom 21. 3. 1975). Dies steht im Widerspruch zu der früher vertretenen Auffassung der Kommission, die es für »unzweckmäßig« hielt, »die französischen überseeischen Departements im Zusammenhang mit dem Europäischen Fonds für regionale Entwicklung zu berücksichtigen.« (Antwort der Kommission vom 7. 11. 1974 auf die Anfrage des Abgeordneten Giraud vom 10. 9. 1974 über die Einbeziehung der französischen Überseedepartements in den Regionalfonds, ABl. Nr. C 156 vom 10. 12. 1974).

57 Nachrichten für den Außenhandel vom 3. 3. 1975.

Kompromiß wurde verhindert, daß sich die Gemeinschaft am Streit über die Regionalpolitik noch weiter auseinanderentwickelt, es erscheint jedoch wenig wahrscheinlich, daß die gefundene Lösung ausreicht, die interregionalen Disparitäten in der Gemeinschaft merklich abzubauen.

Über die *Tätigkeit des Fonds* auf die regionale Entwicklung in der Gemeinschaft läßt sich erst wenig sagen, da er seine Tätigkeit gerade erst aufgenommen hat. Dem Europäischen Fonds für regionale Entwicklung standen für das Jahr 1975 Verpflichtungsermächtigungen in Höhe von 300 Mio. RE zur Verfügung, dieser Spielraum wurde völlig ausgeschöpft, indem für insgesamt 1 183 Investitionsvorhaben mit einer Investitionssumme von insgesamt 2 426,4 Mio. RE Beteiligungen des Fonds in Höhe von 299,8 Mio. RE festgelegt wurden; sie verteilen sich auf die drei nach der Fondsverordnung festgelegten Kategorien von Investitionen wie folgt:[58]

– 119,8 Mio. RE zur Finanzierung von 445 Vorhaben im Industrie-, Handwerks- oder Dienstleistungsbereich mit einer Investitionssumme von 1 400,9 Mio. RE;
– 165,3 Mio. RE zur Finanzierung von 632 Infrastrukturvorhaben, die unmittelbar mit dem Ausbau gewerblicher Betriebe und des Fremdenverkehrs zusammenhängen und für die Investitionen in Höhe von 962,9 Mio. RE getätigt werden,
– 14,7 Mio. RE zur Finanzierung von 106 ländlichen Infrastrukturvorhaben in Gebieten mit Berglandwirtschaft und bestimmten anderen benachteiligten Gebieten mit einer Investitionssumme von 62,6 Mio. RE.

Detaillierte Angaben über die regionale Verteilung innerhalb der betroffenen Staaten stehen noch aus, ebenso läßt sich noch nicht abschätzen, ob durch die Fondsmittel zusätzliche nationale Förderungen in den Problemgebieten induziert wurden. Es bleibt deshalb abzuwarten, ob der Einsatz der Mittel den regionalpolitischen Zielsetzungen immer entsprechen wird, da die Gefahr besteht, daß sich vor allem in Zeiten wie der jüngsten Rezession – wirtschaftliche Stagnation bei hohen Arbeitslosen- und Inflationsraten – kurzfristige konjunkturpolitische Überlegungen eher durchsetzen, als eine langfristige Politik zur Förderung der in der wirtschaftlichen Entwicklung am weitesten zurückliegenden Gebiete in der Gemeinschaft. Da in einer solchen Situation der wirtschaftspolitische Handlungsspielraum der nationalen Regierungen infolge des Zurückbleibens der Steuereinnahmen hinter den Erwartungen geringer wird, müssen Versuche erwartet werden, die gemeinschaftliche Regionalpolitik nicht als zusätzliche Förderung, son-

---

58 Neunter Gesamtbericht über die Tätigkeit der Europäischen Gemeinschaften 1975, Brüssel-Luxemburg: Amt für Veröffentlichungen, 1976, S. 122 ff.

dern als Ersatz zu betrachten. In diesem Falle würde nur eine Subventionierung der nationalen Haushalte durch den Fonds erreicht werden, ohne daß die EG-Förderregionen einen zusätzlichen Nutzen im Sinne der gemeinschaftlichen Regionalpolitik hätten. Auf der anderen Seite könnten jedoch die in den Problemgebieten stets besonders spürbaren Konjunkturausschläge zu einer Verbesserung des regionalpolitischen Problembewußtseins führen. Dies gilt jedoch nur für den industriellen Sektor, während im landwirtschaftlichen Bereich die strukturellen Anpassungsprobleme im konjunkturellen Abschwung vor allem durch einen Rückgang der Abwanderung aus der Landwirtschaft sichtbar werden.

Die Gefahr, daß die besser strukturierten Mitgliedsländer auf Grund ihrer höheren Absorptionskapazität den schlechter strukturierten Mitgliedsländern Fördermittel »entziehen«, wurde durch die Einführung der nationalen Quoten verhindert, allerdings ist zu erwarten, daß die besser strukturierten Länder ihre nationalen Quoten eher ausschöpfen.

8. *Alternative Gestaltungsmöglichkeiten für die europäische Regionalpolitik*

Wie eingangs gezeigt wurde, muß Regionalpolitik durchaus nicht so eng ausgelegt werden, wie es in den letzten Beschlüssen oder in den Forderungen der Mitgliedsstaaten bei der Diskussion um die Errichtung des Fonds geschehen ist. Diese Diskussion hat sich in einem solchen Ausmaße mit den Fragen der Dotierung des Fonds und der Verteilung der Mittel beschäftigt, daß ihr der spezifisch regionalpolitische Charakter schließlich fast völlig abhanden kam. Um noch einmal zu rekapitulieren: In dem Vertrag von Rom zur Gründung der Europäischen Gemeinschaft wurde in der Präambel eine »harmonische Entwicklung«, »wirtschaftlicher und sozialer Fortschritt« und die »stetige Besserung der Lebens- und Beschäftigungsbedingungen« gefordert. Dies kann nicht anders verstanden werden, als daß diese Ziele für alle Einwohner der Gemeinschaft Gültigkeit haben und die Politik der Gemeinschaft darauf abzielen soll, dieses Ziel zu erreichen. Wie weiter ausgeführt wurde, lassen sich außer ethischen und politischen Gründen für eine aktive Regionalpolitik auch erhebliche wirtschaftlich-technische Gründe für eine Annäherung der Produktions- und Lebensbedingungen in den einzelnen Gebieten der Gemeinschaft anführen.

Die Versuche, die Förderung auf die wichtigsten Rückstandsregionen zu konzentrieren und gleichzeitig die Vorteile der Gemeinschaft in allen Gebieten zu demonstrieren, mußten natürlich an der Unvereinbarkeit dieser Zielsetzungen und ihrer mangelnden Konsistenz scheitern, sie boten darüber hinaus Angriffsfläche genug, um das Zustandekommen des Fonds fast zu vereiteln; weder konnten sie die potentiellen »Nehmer« befriedigen, da sie einen erheblich größeren (»gerechten«) Anteil als Ausgleich forderten, noch konnten die »Geber« durch Einschluß ihrer eigenen Problemregionen beeindruckt werden. Ob sich diese Entwicklung bei einer größeren Konsistenz der Kommissionsvorschläge hätte verhindern lassen, ist jedoch nicht sicher. Da die derzeitige Regelung des Fonds nicht als eine auf Dauer zufriedenstellende Lösung betrachtet werden kann, erscheint es nützlich, die grundlegende Problematik noch einmal an Hand der Vorschläge der Kommission von 1973 darzustellen. Für den zu schaffenden Regionalfonds sollten *fünf Kriterien* maßgeblich sein (sie sind im Prinzip in der in Artikel 1 der neuen Regelung genannten Begründung noch immer enthalten):

– Bruttoinlandsprodukt pro Einwohner unter dem Durchschnitt der Gemeinschaft,
– starke Abhängigkeit der Beschäftigungslage von der Landwirtschaft,
– starke Abhängigkeit der Beschäftigungslage von im Rückgang befindlichen Industriezweigen,
– erhebliche und langanhaltende Arbeitslosigkeit,
– starker negativer Wanderungssaldo.

Die Anlegung dieser Kriterien läßt auf die folgenden *konkreten Zielvorstellungen* schließen:

– Anhebung des Bruttoinlandsprodukts pro Kopf in den Rückstandsregionen,
– Verringerung der Abhängigkeit der Beschäftigung von der Landwirtschaft,
– Verringerung der Abhängigkeit der Beschäftigung von im Rückgang befindlichen Industriezweigen,
– allgemeine Vollbeschäftigung und
– Verringerung der Wanderungstätigkeit.

Diese Ziele werden um diejenigen der regionalpolitisch wichtigen Aktionsprogramme der Agrarpolitik ergänzt:[59]

– Erhebliche Reduzierung der Anzahl der in der Landwirtschaft Beschäftigten,

---

59 Eine ausführliche Darstellung der regionalpolitischen Ziele der Agrarpolitik findet sich in dem Beitrag von W. von Urff: Regionale Auswirkungen der gemeinsamen Agrarpolitik.

– Aufrechterhaltung einer Mindestbevölkerungsdichte und Vermeiden unerwünschter Entleerungseffekte,
– Verminderung der landwirtschaftlich genutzten Fläche,
– Erhaltung der Kulturlandschaft und Aufrechterhalten einer entsprechenden Landbewirtschaftung.

Zu diesen Zielen könnte man noch vier weitere addieren, die sich – in mehr oder weniger allgemeiner Form – in den Verlautbarungen der Gemeinschaft finden, und die bis auf das letzte nicht unbedingt europaspezifisch sind, jedoch den Zielkatalog vervollständigen:

– Vermeidung des Überschreitens des Verdichtungsoptimums.
– Vermeidung einer übermäßigen Umweltbelastung,
– Optimaler Einsatz der finanziellen Mittel und
– Werbewirkung für den Gedanken der europäischen Einheit durch (möglichst breit gefächerte) regionalpolitische Aktionen.

Zusammen betrachtet ergibt sich etwa das folgende *Leitbild:*

In einer Gemeinschaft, in der die Bevölkerungsverteilung weitgehend dem heutigen Stand entspricht (vielleicht etwas weniger Wanderarbeiter), wird überall nur noch ein geringer Teil des Sozialprodukts in der Landwirtschaft erstellt, die auch nur noch einen ebenfalls geringen Teil der Bevölkerung beschäftigt. Die Arbeitsproduktivität in der Landwirtschaft und in den übrigen Wirtschaftsbereichen sind gleich; das gleiche gilt für die Arbeitsproduktivität in den einzelnen Regionen. Es herrscht Vollbeschäftigung.

In den Verdichtungsräumen besteht keine unvertretbare Ballung, die Umweltbelastung ist vertretbar. Es gibt keine besonderen Industrien im Rückgang.

In ländlichen Gebieten, in denen die natürlichen Bedingungen nicht für eine langfristig rentable Landbewirtschaftung ausreichen, wird zur Aufrechterhaltung einer Mindestbevölkerungsdichte und zur Erhaltung der Kulturlandschaft an die Landwirte eine Bewirtschaftungsbeihilfe gezahlt. In ähnlichen Gebieten, die erholungsmäßig weniger attraktiv sind, wird dagegen die Landwirtschaft bzw. die Besiedlung aufgegeben.

Die Erreichung dieses idealistischen Leitbildes würde schon auf einzelstaatlicher Ebene eine völlige Umstrukturierung der Wirtschaft und einen entsprechend großen Mitteleinsatz erfordern, sie stellt für die Gemeinschaft einen geradezu utopischen Endzustand dar. Da auch bei einem wesentlich stärkeren regionalpolitischen Engagement der Mitgliedsstaaten nur Teilziele erreicht werden können, enthalten die von der Kommission vorgeschlagenen Ziele und Maßnahmen einen großen Spielraum für die zu wählenden Gestaltungsmöglichkeiten. Die Bestimmungen über den Fonds für regionale Entwicklung enthalten dagegen keine Präzisierung der Ziele, insbesondere durch den Wegfall eines Verzeichnisses von vorrangig zu fördernden besonders rückständigen Regionen (ein solches Verzeichnis besteht nur für die in Verbindung mit der »Bergbauern-Richtlinie«[60] zu fördernden Infrastrukturmaßnahmen).

Zwischen den aufgeführten 12 Einzelzielen besteht, abgesehen von dem generellen Ziel der Beschränkung der finanziellen Mittel, eine überraschend große Anzahl von *Kollisionsmöglichkeiten*. So steht z. B. die Verminderung der Abhängigkeit der Anzahl der in der Landwirtschaft oder in Industrien im Rückgang Beschäftigten im Gegensatz zu den Zielen der Verminderung der Zahl der Arbeitslosen oder der Verminderung der Wanderung. Erst wenn entsprechende alternative Beschäftigungsmöglichkeiten innerhalb der Region geschaffen werden, kann die sektorale Mobilität der Arbeitskräfte ohne gleichzeitige räumliche Mobilität erreicht werden. Aber auch in diesem Falle werden sich kleinräumige Kontraktionen, d. h. intraregionale Wanderungen, nicht immer vermeiden lassen, da – vor allem bei ungünstiger, topographisch bedingter Verkehrslage – alternative Beschäftigungsmöglichkeiten nur schwerpunktmäßig geschaffen werden können, wenn in den Mittel- und Unterzentren zentralörtliche Einrichtungen angeboten werden sollen; auch sonst wird sich der Wechsel von der Landwirtschaft in andere Wirtschaftsbereiche für die Beschäftigten kaum ohne erhöhte Pendlertätigkeit erreichen lassen.

Kleinräumig dürfte aber auch die Aufrechterhaltung einer Mindestbevölkerung aus dem genannten Grunde in vielen Fällen nicht möglich sein. Hier ergeben sich unmittelbare Kollisionsmöglichkeiten zum Ziel der Erhaltung der Kulturlandschaft, die wegen der angestrebten Verminderung der landwirtschaftlich genutzten Fläche[51] ohnehin in Frage gestellt ist. Wenn nämlich eine gewisse kleinräumige Mindestbevölkerungsdichte nicht mehr gewährleistet ist, kann die soziale Attraktivität eines Ortes (Einkaufs- oder Unterhaltungsmöglichkeiten, Kirche, Postamt etc.) so weit herabsinken, daß die Landwirtschaft, und damit die Besiedlung völlig aufgegeben wird, obwohl die ökonomischen Bedingungen (Landausstattung, Arrondierung der Feldstücke) sonst ausreichen würden.

60 Richtlinie (75/268/EWG) des Rates vom 28. 4. 1975 über die Landwirtschaft in den Berggebieten und in bestimmten benachteiligten Gebieten, a.a.O.
61 Die Verminderung der landwirtschaftlich genutzten Fläche kann nur sehr bedingt als regionalpolitisches Ziel genannt werden. Sie hat ihren Ursprung vor allem in dem Bemühen, die Überschüsse in der landwirtschaftlichen Produktion, die wegen des niedrigeren Weltmarktpreisniveaus nicht außerhalb des gemeinsamen Marktes bzw. nur mit Zuschüssen, abgesetzt werden können, zu verhindern und dient der Wiederherstellung des Marktgleichgewichtes. Da es sich meist um marginale Böden handelt, die extensiv genutzt werden, ergeben sich nur geringe Freisetzungseffekte für die Zahl der in der Landwirtschaft Beschäftigten.

Auf der anderen Seite können industrielle Rückstandsregionen eine übermäßige Verdichtung aufweisen (z. B. Neapel oder Glasgow), so daß die Schaffung von zusätzlichen Arbeitsplätzen hier evtl. zu einer zusätzlichen Umweltbelastung führen würde. Dieses Problem kann vor allem dann auftauchen, wenn innerhalb von großen Förderregionen nicht differenziert wird und Fördermittel, die zur Schaffung von Beschäftigungsmöglichkeiten für aus der Landwirtschaft ausscheidende Arbeitskräfte bestimmt sind, von den stärker industrialisierten Zentren dieser Rückstandsregionen absorbiert werden, obwohl dort das Verdichtungsoptimum vielleicht schon überschritten ist.

Überhaupt stellt das *Fehlen von konkreten Vorstellungen* über eine optimale Bevölkerungsverteilung im Raum eine der Hauptschwächen aller regionalpolitischen Konzeptionen dar. Vor allem über die Möglichkeiten der Erhaltung einer Mindestbevölkerung in landwirtschaftlich strukturierten Gebieten herrschen häufig falsche Vorstellungen. Soll z. B. eine Mindestbevölkerungsdichte von 100 Einwohnern pro Quadratkilometer in rein landwirtschaftlich strukturierten Gebieten mit hohen Anteilen von Öd- und Unland, Wald und sonstigen landwirtschaftlich nicht nutzbaren Flächen aufrechterhalten werden, so würde ein Arbeitskräftebesatz wie er sonst allenfalls bei Sonderkulturen anzutreffen ist, erforderlich sein. Geht man dagegen von einem Arbeitskräftebesatz aus, wie er für Gebiete mit einer extensiven Landwirtschaft vertretbar ist, so ergibt sich einschließlich der Beschäftigten in den erforderlichen komplementären (Dienstleistungs-)Bereichen die minimale Bevölkerungsdichte von nur vier Einwohnern je Quadratkilometer.[62]

62 Eine Mindestbevölkerung von 100 Einwohnern je Quadratkilometern wird nur in wenigen deutschen Landkreisen unterschritten und wird häufig als Grenzwert für die Aufrechterhaltung einer Mindestausstattung an Infrastruktureinrichtungen genannt. In rein landwirtschaftlichen Gebieten mit einer durchschnittlichen Alters- und Erwerbsstruktur kann davon ausgegangen werden, daß 50% der Bevölkerung Erwerbspersonen sind, davon jeweils die Hälfte in der Landwirtschaft und in den übrigen Bereichen. Da es sich um landwirtschaftliche Problemgebiete handelt, müssen etwa 50% der Fläche für Öd- und Unland, Wald und stillgelegte Flächen veranschlagt werden (Es wird davon ausgegangen, daß von der Forstwirtschaft keine besonderen Beschäftigungswirkungen ausgehen). Als Ergebnis erhalten wir den extrem hohen Arbeitskräftebesatz von 50 Arbeitskräften (AK) je 100 ha landwirtschaftlicher Nutzfläche (LN). Bei einem Arbeitskräftebesatz von 1,5 AK je Betrieb (Familienbetrieb) ergibt sich deshalb eine durchschnittliche Betriebsgröße von nur 3 ha. Soll von den 5 Mill. ha LN, deren Stillegung die Kommission fordert, nur ein Fünftel (1 Mill. ha) als Kulturlandschaft erhalten bleiben, und die genannte Mindestbevölkerung unter diesen Bedingungen aufrechterhalten werden, so wären in der Gemeinschaft über 330 000 landwirtschaftliche Betriebe mit 500 000 Arbeitskräften, ebensoviele Familienangehörige sowie eine weitere Million von indirekt Abhängigen, insgesamt also zwei Millionen Menschen im Rahmen der Programme zur Erhaltung der Kulturlandschaft und der Bevölkerungsdichte direkt

Dies bedeutet, daß in landwirtschaftlich strukturierten Rückstandsgebieten die Aufrechterhaltung einer Mindestbevölkerung nur möglich ist, wenn der weitaus überwiegende Teil der Erwerbsbevölkerung außerhalb der Landwirtschaft in den Mittel-, bzw. Unterzentren beschäftigt werden kann. Kleinräumige Kontraktionen sind deshalb nicht vermeidbar, die Vermeidung von Wanderungen von Arbeitskräften in größerem Ausmaß ist dagegen zielkonform mit der Erhaltung der Mindestbevölkerungsdichte in größeren Problemgebieten.

In Gebieten, die dagegen durch einen hohen Anteil von Industrien im Rückstand gekennzeichnet sind, besteht das Problem darin, den strukturellen Wandel und die Ansiedlung neuer Industrien den örtlichen Bedingungen anzupassen, so daß keine weiteren Wanderungen ausgelöst oder die Grenze der Umweltbelastbarkeit überschritten wird.

Die Heranziehung der Regionalpolitik zur Werbung für den Gedanken der europäischen Einheit dürfte schließlich leicht zu ausgesprochenen Fehlentwicklungen führen, wenn Demonstrationseffekte auf breiter (regional verstreuter) Basis erzielt werden sollen. Die Förderung nach dem »Gießkannenprinzip«, auf die ein solches Vorgehen hinausläuft, gewährleistet weder den optimalen Einsatz der Mittel, noch die Erreichung anderer Einzelziele. Dagegen besteht die Gefahr, daß Projekte in sonst nicht vorrangig zu fördernden Gebieten (z. B. in Mitgliedstaaten, die die finanzielle Kraft haben, solche Projekte in eigener Regie durchzuführen) zu Lasten der besonders förderungswürdigen Gebiete finanziert werden.

9. *Mittelfristige Handlungsnotwendigkeiten zur weiteren Integration*

Die derzeitig gültige Regelung der europäischen Regionalpolitik – Koordination der nationalen Maßnahmen und Finanzierung ausgewählter Projekte aus dem Fonds für regionale Entwicklung bei nationalen Quoten – dürfte

oder indirekt zu fördern. Dieses Zahlenbeispiel macht deutlich, warum sich ein solches Programm nur auf einen geringen Teil der stillzulegenden Flächen erstrecken kann. Erst bei einer Relation von 2 AK/100 ha LN, wie sie in Gebieten mit einer extensiven Landwirtschaft – und um eine solche dürfte es sich ja hier handeln – vertretbar ist, würden sich die Kosten der Aufrechterhaltung der Landbewirtschaftung in vertretbaren Grenzen halten, der Beitrag zur Aufrechterhaltung einer Mindestbevölkerung wäre jedoch in diesem Fall bei 4 Einwohnern je km² (einschließlich aller direkt und indirekt Abhängigen) marginal.

wegen der unterschiedlichen Wirtschaftskraft der einzelnen Mitgliedsstaaten und der geringen finanziellen Ausstattung des Fonds für einen spürbaren Abbau der regionalen Disparitäten in der Gemeinschaft nicht ausreichen, sie stellt jedoch angesichts der Widerstände, die allein zur Erreichung dieser Lösung zu überwinden waren, einen Fortschritt dar, obwohl ihr Zustandekommen weniger der Einsicht in regionalpolitische Notwendigkeiten, als der britischen Forderung nach einem Ausgleich für die erwarteten Nachteile der Übernahme der gemeinsamen Agrarpolitik (und wohl nicht zuletzt auch der Gefahr des Ausscheidens Großbritanniens aus der Gemeinschaft) zu verdanken ist.

Grundsätzlich sollte Regionalpolitik als Politik für die Verteilung der wirtschaftlichen Kräfte im Raum betrachtet werden und Einigkeit über die *Funktionen der einzelnen Räume* in der Gemeinschaft hergestellt werden. Soweit Gebiete überhaupt gemeinschaftlich gefördert werden sollen (es können auch ganze Staaten sein), sollten Grad und Art der Strukturprobleme berücksichtigt werden, indem eine nach dem Grad der Probleme abgestufte und nach Maßnahmen differenzierte Förderung eingesetzt wird, damit z. B. Verdichtungsprobleme innerhalb von Fördergebieten nicht weiter verschärft werden und Wachstumsinseln innerhalb der Fördergebiete nicht die gesamte Förderung absorbieren können.

Regionalpolitik sollte auch weiterhin – wie bereits beschlossen – als *Gemeinschaftsaufgabe* betrachtet werden, jedoch nur dann gemeinschaftlich durchgeführt werden, wenn regionale Auswirkungen unmittelbar durch die Integration hervorgerufen werden (Regionen entlang der Binnengrenzen und in Randlage), oder aber, wenn regionale Förderungsmaßnahmen von den Mitgliedsstaaten nicht aus eigener Kraft finanziert werden können. In allen übrigen Fällen können regionalpolitische Maßnahmen in nationaler Verantwortung durchgeführt werden. Über die erforderliche Abstimmung der nationalen Regionalpolitiken hinaus ist es notwendig, den gesamten Bereich der Wirtschaftspolitik auf seine regionalpolitischen Implikationen hin zu überprüfen und zwischen den Staaten abzustimmen, da auch auf den ersten Blick »raumneutral« erscheinende Politikbereiche raumdifferenzierend wirken.

Ein *Quotensystem*, wie es für den Versuchszeitraum praktiziert werden soll, erscheint nur bedingt sinnvoll: zwar werden erhebliche Nettotransfers in die weniger entwickelten Mitgliedsstaaten garantiert, so daß nicht befürchtet werden muß, daß diese auf Grund ihres vergleichbar geringeren Akquisitionspotentials einen nur geringen Anteil an den Fördermitteln erhalten; es ist jedoch zu befürchten, daß der Einsatz der Mittel innerhalb der Empfängerstaaten nicht immer nach dem Prinzip der Bedürftigkeit (oder des Entwicklungspotentials) erfolgt, sondern daß diese Mittel durch ihre Freisetzungseffekte zur Finanzierung der nationalen Konjunkturpolitik herangezogen werden.

Es wäre nur konsequent, in einem nächsten Schritt völlig zum *Prinzip der Nettotransfers* überzugehen, das nur im Falle der unmittelbar von der Integration betroffenen Gebiete durchbrochen werden sollte (leider werden diese Gebiete in der derzeitigen Regelung nicht angesprochen). Den nationalen Quoten wäre eine *flexiblere Lösung* vorzuziehen, um zu verhindern, daß die Quoten unabhängig von der wirtschaftlichen Entwicklung der Mitgliedsländer festgeschrieben werden; gleichzeitig sollte der gemeinsamen Regionalpolitik der Charakter der Subventionierung der Haushalte weniger entwickelter Mitgliedstaaten genommen werden. Die Aufstellung eines *Gebietsverzeichnisses* von zu fördernden Regionen, auf die in der derzeitigen Regelung verzichtet wurde, erscheint deshalb dringend erforderlich. Im Gegensatz zu den Vorschlägen der Kommission von 1973 sollten jedoch statt der unübersichtlichen Zusammenfassung von Gebieten unterschiedlicher Verwaltungsebenen größere Verwaltungseinheiten (Provinzen, Departements, Planungsregionen) nach einheitlichen Kriterien (vgl. die Kommissionsvorschläge von 1973) als Förderregionen ausgewählt werden, innerhalb derer nach dem Grad und der Ausprägung der regionalen Probleme zu differenzieren wäre, so daß die Herausbildung oder Verschärfung von intraregionalen Disparitäten vermieden werden kann.

Neben dem Auswahlverfahren und der Abgrenzung der Regionen wirft auch das *Antragsverfahren* besondere Probleme auf: Ein direktes Antragsrecht der Regionen stellt theoretisch die einfachste Lösung dar, scheitert jedoch an den mangelnden politischen Artikulationsmöglichkeiten der einzelnen Regionen, insbesondere in den Mitgliedsstaaten mit einem zentralistischen Aufbau; auch dürfte die damit verbundene doppelte regionalpolitische Kompetenzverlagerung in den Mitgliedsstaaten (einerseits an die Regionen, andererseits an die EG-Organe) auf politischen Widerstand stoßen. Ein Initiativrecht der nationalen Regierungen (bzw. die indirekte Antragsstellung der Regionen) bietet sich hier deshalb an, obwohl, vor allem in Ländern mit einem hohen Anteil von Förderregionen, die vorrangige Förderung der am schlechtesten strukturierten Regionen nicht mehr durch die Gemeinschaft gewährleistet werden kann.[63]

63 Im Augenblick umfassen die Entwicklungsgebiete der Mitgliedsstaaten der Europäischen Gemeinschaft den größten Teil Italiens, den gesamten Westen und Südwesten Frankreichs, Irland, das Vereinigte Königreich bis auf die Midlands, East Anglia und den Südosten, Grönland, den größten Teil Jütlands und einige Inseln in Dänemark, den Norden und Osten der Bundesrepublik, den Nordosten der

In der Frage der *zeitlichen Reihenfolge* schließlich kann in der Regionalpolitik nicht auf die Verwirklichung der Wirtschafts- und Währungsunion
gewartet werden, da sich bekanntlich regionale Disparitäten im Zuge einer
Währungsunion verschärfen, besonders, wenn der Abstand zwischen den
Regionen sehr groß ist, deshalb findet sich in der Literatur immer wieder
der Vorschlag, Länder mit einem großen regionalen Entwicklungsgefälle
in Währungszonen aufzuspalten. Das Beispiel der gemeinsamen Agrarpolitik hat außerdem gezeigt, wie problematisch es ist, für Gebiete mit stark
unterschiedlichen Entwicklungsniveaus einheitliche Preise einzuführen. Der
Angleichung der regionalen Wirtschaftsentwicklung kommt deshalb im Hinblick auf die angestrebte Wirtschafts- und Währungsunion eine zentrale
Stellung zu, die zu berücksichtigen das Anliegen der gemeinsamen Regionalpolitik sein muß.

Niederlande sowie Gebiete in Streulage in der Bundesrepublik, in den Niederlande,
Belgien und Frankreich, insbesondere entlang den Binnengrenzen (Ardennen, Eifel/
Hunsrück, Lothringen/Saar/Pfalz und Elsaß). Vgl. die entsprechende Karte in:
Eine neue Regionalpolitik für Europa, Europäische Dokumentation 1975/3, Brüssel:
Kommission der Europäischen Gemeinschaften [1975], Seite 8/9.

Dieter Biehl

Ursachen interregionaler Einkommensunterschiede und Ansatzpunkte für eine potentialorientierte Regionalpolitik in der Europäischen Gemeinschaft

I. *Regionalpolitik als verteilungsorientierte Allokationspolitik*

1. Alle größeren Volkswirtschaften und damit auch die Weltwirtschaft insgesamt weisen eine ungleichmäßige räumliche Verteilung ökonomischer Aktivitäten auf, weil es keinen natürlicherweise »homogenen« Raum im ökonomischen Sinne gibt und weil jede private Wirtschaftstätigkeit in entwickelteren Gesellschaften auf allgemeine oder spezifische Vorleistungen des öffentlichen Sektors angewiesen ist. Mit dieser ungleichmäßigen räumlichen Verteilung wirtschaftlicher Aktivitäten geht auch eine unterschiedliche interregionale Einkommensverteilung einher. Während historisch gesehen wohl zunächst die interpersonelle, später dann die funktionelle Einkommensverteilung gesellschaftlich zunehmend als korrekturbedürftig empfunden wurden, ist insbesondere seit dem zweiten Weltkrieg auch die interregionale Verteilung zum Anlaß genommen worden, staatliche Interventionen zu fordern. Die so begründeten Maßnahmen können unter dem Begriff der »Regionalpolitik« im weiteren Sinne subsumiert werden.

2. Die Grundzielsetzungen dieser Regionalpolitik lauten, daß die Einheitlichkeit der Lebensverhältnisse gewährleistet werden müsse (so etwa im Grundgesetz der Bundesrepublik Deutschland), oder – wie in der Präambel der römischen Verträge – daß der Abstand zwischen den einzelnen Gebieten der Gemeinschaft und der Rückstand weniger begünstigter Gebiete zu verringern sei. Von diesen Zielsetzungen her gesehen sind die für die jeweilige Analyse und für die Durchführung der politischen Maßnahmen gewählten Regionen im Grunde genommen nur »Instrumente«; nach wie vor geht es darum, als zu groß empfundene Einkommensunterschiede zwischen Personen und Personengruppen zu verringern. Der Unterschied zur herkömmlichen Verteilungspolitik liegt im wesentlichen darin, daß die zu begünstigenden Personen oder Personengruppen nicht mehr unmittelbar nach personenbezogenen Kriterien ausgewählt werden, sondern dadurch indirekt

ermittelt werden, daß sie zur Wohn- oder Wirtschaftsbevölkerung eines in zweckmäßiger Weise abgegrenzten Gebietes gehören, das an bestimmten Indikatorwerten gemessen »schlecht« dasteht. Auch die öffentlichen Leistungen werden nicht unmittelbar an die Benachteiligten gezahlt, wie Maßnahmen wie Investitionsprämien an Unternehmen oder Infrastrukturbeihilfen an Gemeinden zeigen.

3. Diese Eigenart des indirekten Zugriffs und die Möglichkeit, nicht nur Zahlungen an Benachteiligte leisten zu müssen, eröffnet auf dem Gebiet der Regionalpolitik die Chance, mehr Verteilungsgerechtigkeit durch eine bessere Allokation der Ressourcen anzustreben. Auch wenn die Regionalpolitik vom Ziel der Verteilungsgerechtigkeit her begründet wird, kann sie sich dann effizienzsteigernder und damit wachstumsfördernder Instrumente bedienen. Damit wird es möglich, den bekannten Zielkonflikt zwischen Verteilungsgerechtigkeit und Effizienz oder Wachstum zu minimieren. Werden beispielsweise Ressourcen für regionalpolitische Zwecke aus solchen Regionen abgezogen, die wegen ihrer übermäßigen Verdichtung zwar noch bei Rechnung zu privaten, nicht aber mehr zu gesellschaftlichen (sozialen) Kosten und Erträgen hohe positive Wachstumsraten haben, und werden diese Ressourcen in den Fördergebieten effizient eingesetzt, dann wird dadurch die gesamtwirtschaftliche Wohlfahrt und das richtig bewertete Wachstum gesteigert und nicht vermindert. In dem Maße, wie dieses klassische Argument negativer externer Effekte für die überverdichteten Regionen zutrifft und die Maßnahmen sich in diesem Rahmen halten, ist Regionalpolitik trotz ihrer offenkundigen Verteilungsorientierung effizienzsteigernde Allokationspolitik. Erst wenn die Umverteilung von Ressourcen über diesen Rahmen hinausgeht, wird mehr interregionale Verteilungsgerechtigkeit mit weniger gesamtwirtschaftlichem Wachstum bezahlt.

4. Das Argument, jede regionalpolitisch motivierte Umlenkung von Ressourcen aus »reicheren« in »ärmere« Gebiete senke das gesamtwirtschaftliche Wachstum, übersieht auch folgende Zusammenhänge:

(a) Die aus reicheren in ärmere Regionen umverteilten Steuereinnahmen stammen nicht nur aus der wirtschaftlichen Aktivität der zahlenden Regionen. Steuerbemessungsgrundlage etwa für Einkommen- und Körperschaftsteuern, die üblicherweise nach dem Unternehmensprinzip sowie nach dem Prinzip der Besteuerung am Unternehmenssitz (Wohnsitz-Prinzip) erhoben werden, ist vielmehr das »Welteinkommen« oder der »Weltgewinn«. In dem Maße, wie ein Unternehmen also nicht nur in der Sitzregion wirtschaftlich tätig ist, gehen in die Steuerbemessungsgrundlage daher auch die Erträge aus anderen inländischen und ausländischen Regionen ein; der am Unternehmenssitz ausgewiesene steuerpflichtige Gewinn ist also entsprechend höher. Der gleiche Effekt, allerdings beschränkt auf die zu einer nationalen Volkswirtschaft gehörigen Regionen, zeigt sich bei den Lohnsteuern – hier wird im allgemeinen nach dem Kassenprinzip, d. h. der Belegenheit der auszahlenden Kasse verfahren – und bei den Umsatzsteuern; auch diese werden am Unternehmenssitz abgeführt.

Da große Steuerzahler häufig ihren Sitz in wirtschaftsstarken und wachstumskräftigen Regionen haben, fallen dort auch die entsprechend überhöhten Steuereinnahmen an. Der Umstand, daß etwa über den Finanzausgleich ein Teil dieser Steuereinnahmen bei den übergeordneten zentralen Haushalten mittelbar oder unmittelbar an andere Regionen weitergeleitet wird, um dort für regionalpolitische Ausgaben verwendet zu werden, bedeutet also noch nicht, daß hier reiche Regionen arme Regionen alimentieren. Erst wenn dieser »umgekehrte« Finanzausgleich rückgängig gemacht wird, d. h. also die in der Sitzregion angefallenen Steuereinnahmen um diejenigen Anteile bereinigt sind, die auf die wirtschaftliche Aktivität anderer Regionen zurückzuführen sind, zeigt sich, inwieweit eine reiche Region tatsächlich einen Teil ihres selbst erwirtschafteten Steueraufkommens an ärmere Regionen abtritt.[1]

(b) Auch die öffentlichen Ausgaben, insbesondere Infrastrukturinvestitionen, konzentrieren sich schwerpunktmäßig auf die stark verdichteten Gebiete. Dies gilt nicht etwa nur deswegen, weil reichere Regionen in der Lage sind, mehr auszugeben, sondern weil zusätzlich auch die übergeordneten Gebietskörperschaften (Land/Provinz oder zentrale Regierung) ihre Ausgaben ebenfalls in der Regel auf solche Gebiete konzentrieren. Ein Grund dafür ist, daß sich hier relativ schnell wachstumsbedingte Engpässe ergeben und die öffentlichen Entscheidungsträger sich deshalb richtig zu verhalten glauben, wenn sie einem »offenkundigen Bedarf« Rechnung tragen. Auch das große Wählerpotential dieser Region dürfte dabei eine Rolle spielen.

1 In der Bundesrepublik Deutschland ist im Verhältnis der einzelnen Bundesländer zueinander dieser Forderung bereits weitgehend durch Finanzausgleichsregelungen und die Vorschriften über die Steuerzerlegung Rechnung getragen. Für kleinräumigere Regionenabgrenzungen kommt es jedoch noch nicht zu solchen Korrekturen. Außerdem gelten diese Aussagen hier für die Gesamtheit der Regionen der EG-Mitgliedstaaten, für die es m. W. keine vergleichbaren Regelungen gibt.

Da Infrastruktureinrichtungen einen wichtigen Teil des Gesamtkapitalbestands einer Region darstellen, schlagen sich regionale Ausstattungsunterschiede in entsprechenden Produktivitäts- und damit Einkommensunterschieden nieder. Solche infrastrukturbedingten Einkommensunterschiede können dann aber ebensowenig wie agglomerationsbedingte als Ergebnis eines *Markt*prozesses bezeichnet werden, der die Ressourcen zu denjenigen Einsatzorten bringt, wo sie die höchsten Erträge erzielen. Im Gegensatz zu der Behauptung, ein bestehendes interregionales Einkommensgefälle sei das Ergebnis eines *Marktversagens* in bezug auf die räumliche Allokation der Ressourcen, liegt hier ein *Politikversagen* vor: In dem Maße, wie die Infrastrukturausstattung der reicheren Regionen trotz erheblicher Infrastrukturrückstände in übrigen Gebieten weiter verbessert wurde, werden diese Gebiete auf Kosten der übrigen begünstigt. Wenn durch den dadurch erreichten Produktivitätsvorsprung dann ein höheres Wachstum in den begünstigten Gebieten zustande kommt und weitere zusätzliche private Ressourcen aus den anderen Gebieten dorthin abgezogen werden, entsteht so ein Wachstumsprozeß, der nur auf den ersten Blick marktwirtschaftlich »selbsttragend« ist.

II. *Zur Bewertung und Messung interregionaler Einkommensunterschiede*

5. Versucht man, interregionale Einkommensunterschiede mit Hilfe der von der Statistik bereitgestellten Zahlen zu messen, so erfaßt man damit im allgemeinen nur Geldeinkommen. Diese stellen jedoch nur einen Teil des realen Gesamteinkommens dar. Zu diesem Gesamteinkommen gehören auch nicht-pekuniäre Vorteile wie Freizeit, Nutzung von Natur und Landschaft (frische Luft, sauberes Wasser, kein Lärm), aber auch die Nachteile, die aus Überlastung der natürlichen Faktoren und beispielsweise aus der nicht berücksichtigten Abschreibung bestimmter Ressourcen (z. B. Humankapital, Bodenschätze) resultieren.
Die Bewertung solcher nicht-pekuniärer Einkommenselemente ist schwierig, da es hierfür keine Geldzahlungen gibt, die Anhaltspunkte für einen Wertansatz liefern könnten. Solche Einkommenselemente könnten mit Hilfe sogenannter sozialer Indikatoren gemessen werden, die im Grunde genommen politisch gesetzte Größen sein müssen, auch wenn sie sich im Laufe der Zeit als Konsens zwischen gesellschaftlichen Gruppen ergeben. Da auch

die Systeme der volkswirtschaftlichen Gesamtrechnungen zu einem nicht unwesentlichen Teil auf Konventionen und mehr oder weniger strittigen Zurechnungsregeln beruhen, sollte auch langfristig eine Einigung über die Bewertung solcher nicht-pekuniärer Einkommenselemente möglich sein.

6. Sowohl bei den pekuniären als auch bei den nicht-pekuniären Einkommenselementen kommt es auf den Nettoeffekt an. Ist etwa die Steuerbelastung einer Region A höher als in B, muß dies noch nicht bedeuten, daß unter sonst gleichen Umständen das Einkommen in A niedriger ist als in B, da die Steuerbelastung gegen die zugeflossenen öffentlichen Ausgaben aufgerechnet werden muß. Ähnlich kann sich etwa für Bewohner einer dichtbesiedelten und hochindustrialisierten Region ein negatives nicht-pekuniäres Nettoeinkommen ergeben, wenn die Umweltbelastung ein unzumutbares Ausmaß annimmt und sich selbst bei Aufrechnung gegen positive nicht-pekuniäre Einzelelemente ein negativer Saldo ergibt. Da sich das Gesamteinkommen aus pekuniären und nicht-pekuniären Elementen zusammensetzt, muß ein solches negatives nicht-pekuniäres Einkommen gegen den pekuniären Einkommensbestandteil saldiert werden; insgesamt ergäbe sich im letzteren Falle daraus eine Verminderung des geldwerten Einkommens.[2] Generell kann davon ausgegangen werden, daß das zu dem pekuniären Einkommen hinzuzurechnende nicht-pekuniäre umso niedriger ist, je stärker eine Region agglomeriert ist. Während also eine weniger verdichtete Region zu ihrem pekuniären Einkommen ein relativ hohes nicht-pekuniäres Einkommen haben kann, nimmt dieser nicht-pekuniäre Einkommensteil mit zunehmender Verdichtung ab, so daß auch die Summe aus beiden Einkommenselementen in verdichteten Regionen vergleichsweise niedriger ist. Das bedeutet aber auch, daß die auf der Basis etwa der Volkswirtschaftlichen Gesamtrechnung berechneten Einkommenszuwachsraten in den Verdichtungsräumen bei richtiger Bewertung niedriger sind, als es die Statistik ausweist. Das schließt die Vorstellung eines »optimalen« Verdichtungsgrades ein.

7. Es ist wichtig, sich bei allen regionalpolitischen Überlegungen dieser Zusammenhänge bewußt zu sein, da die Statistiken bisher nur das in übli-

---

2 Dieser Grundgedanke liegt beispielsweise auch dem von den amerikanischen Wirtschaftswissenschaftlern Nordhaus und Tobin vertretenen MEW-Konzept (»Measure of Economic Welfare«; Maß für wirtschaftliche Wohlfahrt) zugrunde. Vgl. William Nordhaus and James Tobin, Is Growth Obsolete?, National Bureau of Economic Research, General Series 96, New York 1972.

cher Weise berechnete Sozialprodukt oder Regionaleinkommen ausweisen. Zudem werden regionalisierte Einkommenszahlen nicht einmal in allen EG-Staaten von der offiziellen Statistik laufend geliefert; wo sie zur Verfügung stehen, sind sie häufig nur bedingt vergleichbar.[3] Das hängt u. a. damit zusammen, daß mindestens zwei Konzepte unterschieden werden müssen, nach denen regionale (oder nationale) Einkommenszahlen berechnet werden können: Das »Inlandskonzept« und das »Inländerkonzept«. Jedes Konzept beantwortet die Frage nach dem regionalen Einkommen aus einem anderen Blickwinkel:

- Das nach dem *Inlandskonzept* berechnete Bruttoinlandsprodukt geht von dem Wert der Güter und Leistungen und damit den Löhnen, Mieten, Zinsen und Pachten aus, die in einer Region im Zusammenhang mit den dort ausgeübten wirtschaftlichen Aktivitäten entstanden sind, unabhängig davon, wiviel davon in andere Regionen exportiert oder was an Faktoreinkommen aus anderen Regionen importiert wird; es beantwortet also die Frage nach der regionalen Wirtschaftskraft oder Produktionsleistung, wie sie den in der Region eingesetzten Faktoren zugeschrieben werden kann (Produktionsortprinzip).

- Das *Inländerkonzept* dagegen beantwortet die Frage nach dem Einkommen, das in einer Region den dort ansässigen Faktorbesitzern zufließt, und zwar sowohl aus der Eigenproduktion der Region selbst als auch aus dem Export von Faktorleistungen; an andere Regionen gezahlte Faktorvergütungen werden abgezogen (Wohnortprinzip).

Während auf nationaler Ebene in den meisten Ländern Angaben für beide Konzepte regelmäßig von der amtlichen Statistik berechnet werden, fehlen auf regionaler Ebene meist Berechnungen nach dem Inländerkonzept;[4] auch die sehr erwünschte Berechnung von Werten für das Nettoinlandsprodukt zu Faktorkosten gibt es nur in wenigen Ländern.

3 Vgl. z. B. Dieter Biehl, Eibe Hußmann, Sebastian Schnyder, »Zur regionalen Einkommensverteilung in der Europäischen Wirtschaftsgemeinschaft« Die Weltwirtschaft, Heft 1, 1972, S. 64 ff.
4 Für die Bundesrepublik Deutschland sind beispielsweise erstmalig 1974 amtliche Zahlen nach beiden Konzepten veröffentlicht worden. Vgl. Entstehung, Verteilung und Verwendung des Sozialprodukts in den Ländern, Standardtabellen 1960–1970, Volkswirtschaftliche Gesamtrechnung der Länder, Heft 5, Stuttgart 1975.

III. *Zum Befund: Die Größenordnung des interregionalen Einkommens-gefälles in der Europäischen Wirtschaftsgemeinschaft*

8. Eine im Jahre 1971 durchgeführte Analyse der regionalen Pro-Kopf-Einkommensunterschiede und ihrer Ursachen ergab für jeden einzelnen der sechs alten Mitgliedstaaten folgendes Einkommensgefälle, wenn man dieses an der Spannweite zwischen höchstem und niedrigstem Einkommen mißt:[5]

– Italien weist das relativ stärkste regionale Einkommensgefälle auf; das durchschnittliche Bruttoinlandsprodukt zu Marktpreisen je Einwohner liegt 1968 in der Region Lombardei mit 1 280 000 Lire dreimal so hoch wie in der Region Kalabrien mit 430 000.

– Geht man für die Bundesrepublk von einer regionalen Gliederung nach Regierungsbezirken (soweit vorhanden) aus,[6] so erreicht der Stadtstaat Hamburg das höchste Bruttoinlandsprodukt zu Marktpreisen je Kopf; dort wird 1966 ein 2,7mal so hohes Einkommen (13 930 DM) ausgewiesen wie im Regierungsbezirk Trier (5 200 DM). Läßt man die Stadtstaaten (Hamburg, Bremen, West-Berlin) außer Betracht, reduziert sich das Verhältnis zwischen der reichsten Region (Regierungsbezirk Köln mit 9 580 DM) und dem Regierungsbezirk Trier (5 200 DM) auf 1,8 : 1.

– In Frankreich entfallen 1967, gemessen am »direkten Einkommen« der privaten Haushalte (dies entspricht im wesentlichen dem verfügbaren Einkommen zuzüglich Steuern), auf einen Einwohner der Region Paris 12 550 ffrs. und in der Region Midi-Pyrénées 7 080 (Verhältnis 1,8 : 1).

– Die belgische Provinz Brabant hat 1966 ein Bruttoinlandsprodukt zu Faktorkosten in Höhe von 105 000 bfrs. je Einwohner und damit das 1,7-fache des Einkommens der Provinz Limburg (63 000); Zuid-Holland erreicht 1965, gemessen am Bruttosozialprodukt zu Marktpreisen mit 5 500 hfl. je Kopf das 1,5-fache des Wertes für die Provinz Drenthe (3 700).

5 Vgl. Dieter Biehl, Eibe Hußmann, Sebastian Schnyder, »Zur regionalen Einkommensverteilung in der Europäischen Wirtschaftsgemeinschaft«, a.a.O. Dieser Quelle sind auch die anschließend wiedergegebenen Angaben (Ziff. 8–10) entnommen. Da diese Untersuchung noch vor der Erweiterung der Gemeinschaft abgeschlossen wurde (1971), war sie auf die sechs alten EG-Staaten beschränkt worden. Siehe dazu auch Kommission der Europäischen Gemeinschaften (Hrsg.), Die regionale Entwicklung in der Gemeinschaft, Analytische Bilanz, Brüssel 1971, sowie dieselbe, Bericht über die regionalen Probleme in der erweiterten Gemeinschaft, Dokument KOM (73) vom 3. Mai 1973.
6 Würde man kleinräumigere Regionen (etwa die Kreise) wählen, erhielte man verständlicherweise stärkere Einkommensunterschiede.

Wenn auch diese Zahlen aus mehreren Gründen[7] nur ein zum Teil ver-
zerrtes und ungefähres Bild der tatsächlichen Einkommensunterschiede geben, so sind ihre Unterschiede doch so groß, daß sie politisch relevant werden und das zunehmende öffentliche Interesse verständlich erscheinen lassen.

9. Versucht man mit Hilfe einiger Umrechnungen diese Daten auch international vergleichbar zu machen und rechnet man sie beispielsweise auf der
Basis der Preise von 1969 und der Wechselkurse vom Dezember 1971 um,
so steht Hamburg mit rd. 4 800 US $ pro Kopf an der Spitze, gefolgt von
der – als Flächenregion im Vergleich zur enger abgegrenzten Stadtregion
Hamburg besser abgegrenzten – »région de programme« Paris mit rd.
3 700 US $, während das Pro-Kopf-Einkommen in der einkommens-
schwächsten Region Kalabrien nur rd. 760 US $ beträgt. Das Verhältnis
zwischen der reichsten und der ärmsten Region in den sechs alten EWG-
Ländern stellt sich damit auf 6,3 : 1 für Hamburg-Kalabrien und 4,9 :1 für
Paris-Kalabrien.
Diese Relationen werden aussagekräftiger, wenn man sie mit den Pro-
Kopf-Einkommensunterschieden vergleicht, die etwa zwischen der Gruppe
der Industrieländer und der Gruppe der lateinamerikanischen Entwicklungsländer (1968 etwa 5,3 :1) oder zwischen der Gruppe der Industrieländer
und der Gruppe der vorderasiatischen Entwicklungsländer (1968 etwa 6,0 :
1) bestehen. Selbst das Verhältnis zwischen den Industrieländern einerseits

---

7 Es muß über die im vorhergehenden bereits erwähnten Gründe hinaus auch
vermutet werden, daß die Realeinkommensunterschiede zwischen den Regionen
desselben Landes niedriger sind, als die hier ausgewiesenen Nominalwerte dies
zeigen. Das hängt nicht nur damit zusammen, daß in der Regel in den ärmeren
Regionen eine Reihe von Gütern und Dienstleistungen niedrigere Preise als in
den Verdichtungsräumen aufweisen (z. B. Mieten), sondern insbesondere auch damit,
daß Zahlen nach dem Inlandskonzept (z. B. Bruttoinlandsproduktwerte) im allgemeinen eine größere Spannweite aufweisen als Zahlen nach dem Inländerkonzept
(z. B. das »direkte« Einkommen in Frankreich). Darauf deutet z. B. ein Vergleich
der 1974 zum erstenmal für die Bundesländer gleichzeitig berechneten Zahlen
für das Bruttoinlandsprodukt und das verfügbare Einkommen der privaten Haushalte je Einwohner hin. Danach beträgt die Relation beispielsweise 1970 bei den
Bruttoinlandsproduktwerten je Einwohner rd. 2:1, beim verfügbaren Einkommen
je Einwohner dagegen nur 1,4:1. Dabei muß allerdings berücksichtigt werden,
daß in den Volkseinkommenswerten die indirekten Steuern nicht mehr enthalten
sind, die wegen ihrer ungleichmäßigen Verteilung die Bruttoinlandsproduktwerte
verzerren (insbesondere für Hamburg). Das in dem Regionalbericht der Europäischen Gemeinschaften 1973 enthaltene Material für Großbritannien zeigt, daß
die Streuung des privat verfügbaren Einkommens sogar nur etwa halb so groß
ist wie die des Bruttoinlandsprodukts je Einwohner. Vgl. *Bericht über die regionalen Probleme in der erweiterten Gemeinschaft*, a.a.O., S. 55 f.

und allen Entwicklungsländern andererseits (soweit dafür Zahlen vorhanden sind) beträgt 1968 nur etwa 11 : 1.

IV. *Ursachenanalyse interregionaler Einkommensunterschiede: Regionale Ressourcenausstattung und relative Wettbewerbsfähigkeit*

10. Das Einkommen einer Region wird durch zwei Ursachenfaktoren bestimmt:
- durch ihre Ressourcenausstattung und
- durch die relative Wettbewerbsfähigkeit der Güter und Dienstleistungen, die mit Hilfe dieser Ressourcen erzeugt werden.

Der Begriff »Ressourcen« kann mit den üblichen drei Kategorien von Produktionsfaktoren Boden, Arbeit und Kapital stichwortmäßig charakterisiert werden; er muß jedoch weit interpretiert werden. So gehören etwa zur Ressourcenkategorie »Boden« nicht etwa nur die bloße Fläche, die verschiedenen Bodenkategorien oder Rohstoffe, sondern auch geographische Lage, Klima, Topographie, Wasser und Luft. In bezug auf »Arbeit« ist zwischen der noch nicht qualifizierten Arbeit (»natürlicher Arbeit«) und den verschiedenen Formen des Humankapitals zu unterscheiden, so daß Personen oder Personengruppen sich je nach ihrer Bildungsqualifikation als unterschiedliche Kombinationen von natürlicher Arbeit und Humankapital auffassen lassen. »Kapital« schließlich umfaßt dann als Sammelbegriff auch bei nur grober Untergliederung Humankapital, privates Sachkapital und öffentliches Infrastrukturkapital.

Eine Region kann von daher gesehen als umso »reicher« eingestuft werden, je größer ihr Ressourcenbestand je Einwohner und/oder je Fläche ist. Ein Blick auf die Wirklichkeit zeigt nun aber, daß keineswegs alle Regionen ihre Ressourcen in gleichem Maße nutzen, so daß der jeweilige Ressourcenbestand nicht so sehr ein Indikator für das *aktuelle,* als vielmehr für das *potentielle* Einkommen oder *Entwicklungspotential* darstellt.

11. Die einzelnen Ressourcenkategorien bestimmen aber in unterschiedlichem Maße das regionale Entwicklungspotential:[8]

---

8 Vgl. zum Folgenden Dieter Biehl et al., *Bestimmungsgründe des regionalen Entwicklungspotentials*, Kieler Studie 133, Kiel 1975, S. 14 ff.

– Je mobiler eine Ressource ist, desto geringer sind die Kosten, die aufgewendet werden müssen, um sie zu einem Standortwechsel zu veranlassen. Kapital in der Form von privaten Ersparnissen und hochqualifizierten Arbeitskräften beispielsweise reagiert dementsprechend schon bei vergleichsweise geringen Lohn- und Zinsunterschieden durch Abwanderung und Zuwanderung; es kann daher auch gegen entsprechende Zahlungen praktisch in jede Region gelenkt werden. Damit aber ist der Potentialcharakter solcher Ressourcen für eine einzelne Region niedrig; nur vergleichsweise immobile Ressourcen, für die die Kosten der Ortsveränderung hoch sind und die dadurch regional gebunden sind, können als Determinanten des regionalen Entwicklungspotentials betrachtet werden.

– Eine Ressource hat weiter umso mehr Potentialcharakter, je unteilbarer sie ist. So sind z. B. die geographische Lage oder das Klima eines Gebietes stark unteilbare Produktionsfaktoren, die solange zusätzliche Faktorleistungen abgeben können, als ihre Kapazität noch nicht – etwa durch zu starke Besiedlung und Besetzung mit umweltverbrauchenden wirtschaftlichen Aktivitäten – überlastet ist. Als Kriterium für den Grad der Potentialfaktoreigenschaft können die »Separationskosten« betrachtet werden, d. h. diejenigen Kosten, die anfallen, wenn eine vorhandene Kapazität geteilt oder erweitert werden soll. Zu niedrigen Kosten beliebig teilbare Faktoren wie etwa private Ersparnisse haben daran gemessen wenig Potentialcharakter.

– Ressourcen haben einen umso stärkeren Potentialcharakter, je geringer ihre produktspezifische Spezialisierung oder je größer ihre »Polyvalenz« ist. So ist z. B. eine wegen Erschöpfung der Lagerstätten stillgelegte Kohlenzeche wenig alternativ einsetzbar, während etwa ein Straßennetz stärker polyvalent ist, da es sowohl für den Transport sehr verschiedenartiger Güter als etwa auch für die Ortsveränderung unterschiedlich qualifizierter Arbeitskräfte gleich gut geeignet ist. Änderungen in der Produktionsstruktur werden durch stark polyvalente Ressourcen begünstigt. Indikator für den Polyvalenzgrad sind die Spezialisierungs- oder Umstellungskosten, d. h. diejenigen Kosten, die anfallen, wenn eine gewünschte Spezialisierung bewirkt oder eine vorhandene geändert werden soll.

– Der Potentialcharakter ist umso höher, je weniger eine Ressourcenkategorie durch eine andere ersetzt (»substituiert«) werden kann oder – was dasselbe bedeutet – je »limitationaler« sie ist. Soll beispielsweise der Vorteil, den Regionen mit guten schiffbaren natürlichen Wasserwegen haben, in anderen Regionen, in denen sie fehlen, durch Infrastrukturinvestitionen in Form von Kanälen, Schienenwegen oder Straßen kompensiert werden, so kann das je nach Topographie erhebliche Kosten verursachen.[9]

12. Der Potentialcharakter einer regionalen Ressourcenausstattung ist also umso größer,
– je größer ihre Immobilität,
– je größer ihre Unteilbarkeit,
– je größer ihre Polyvalenz und
– je größer ihre Limitationalität ist.

Um das regionale Entwicklungspotential zu bestimmen, genügt es daher, sich auf die Analyse solcher Ressourcen zu beschränken, die einen vergleichsweise hohen Potentialcharakter haben. Diese Ressourcen können dann als »Engpaßfaktoren« betrachtet werden, die das erreichbare regionale Einkommen limitieren. Das Einkommen ist dabei nach dem Inlandskonzept definiert, d. h. als dasjenige Regionalprodukt, das mit Hilfe der regional verfügbaren Engpaßfaktoren erzeugt werden kann.

Unter gegebenen Rahmenbedingungen, insbesondere gegebenen Faktorpreisen, kann dann ermittelt werden, ob das tatsächliche (aktuelle) Regionalprodukt mit dem potentiellen übereinstimmt. Zwei Fälle sind dabei zu unterscheiden:
– Das aktuelle Regionalprodukt ist gleich groß oder größer als das potentielle. Das bedeutet, daß die regionale Engpaßfaktorausstattung voll genutzt oder überausgelastet ist. Soll das Einkommen in dieser Region weiter steigen, muß dann die regionale Ausstattung mit den Engpaßfaktoren verbessert werden.
– Das aktuelle Regionalprodukt ist kleiner als das potentielle. Die Engpaßfaktoren sind jetzt unterausgelastet; es fehlt an relativ mobilen, teilbaren, spezialisierten und substitutiven Produktionsfaktoren. Im allgemeinen werden dies privates Investitionskapital und Humankapital (im weitesten Sinne: also einschließlich unternehmerischer Fähigkeiten, qualifizierter Arbeitskräfte und technischem Wissen) sein.

13. Erhebliche Unterschiede in der Ausstattung mit Engpaßfaktoren und stark unausgeschöpfte Entwicklungspotentiale kommen in marktwirtschaftlich orientierten Mischsystemen, wie sie auch für die Mitgliedstaaten der

9 Polyvalenz und Substitutionalität dürfen nicht verwechselt werden: Der erste Begriff stellt auf die Kosten ab, die entstehen, wenn der gleiche Produktionsfaktor für die Erzeugung einer zunehmenden Zahl unterschiedlicher Güter eingesetzt werden soll; der zweite Begriff geht von der Frage aus, zu welchen Kosten bei der Produktion des gleichen Gutes ein Faktor durch einen anderen ersetzt werden kann.

Europäischen Gemeinschaft charakteristisch sind, nicht zufällig zustande; sie lassen sich, wie bereits erwähnt (vgl. Ziff. 4), vielmehr auf Entscheidungen wirtschaftspolitischer Instanzen oder von Marktparteien zurückführen:

- Werden beispielsweise die öffentlichen Infrastrukturinvestitionen nur nach dem Bedarfsprinzip, nicht aber auch nach dem Entwicklungsprinzip im Raume verteilt, so konzentrieren sie sich auf die wirtschaftlichen Verdichtungsräume und begünstigen damit diese gegenüber den anderen, weniger entwickelten Regionen. Da die Infrastruktur in erheblichem Maße Engpaßfaktorcharakter hat, werden dadurch in der begünstigten Region zusätzliche Vorleistungen für private Aktivitäten erbracht, welche die Rentabilität des eingesetzten privaten Kapitals in diesen Räumen im Vergleich zu den anderen Regionen erhöhen. Stellt man bei einer ex-post-Analyse dann fest, daß die privaten Aktivitäten in Räumen mit hoher Verdichtung, hohem Pro-Kopf-Einkommen und anhaltender Zuwanderung konzentriert sind, während gleichzeitig andere Räume von Abwanderung bedroht sind und im Einkommensniveau erheblich niedriger liegen, so wird man leicht zu der Schlußfolgerung verleitet, der Marktmechanismus habe eine Fehlallokation der Produktivkräfte im Raum bewirkt. Die Tatsache, daß dabei die staatliche Infrastrukturpolitik eine wichtige Rolle gespielt hat, wird meist übersehen.

- Zu einer Unterauslastung der vorhandenen regionalen Engpaßfaktorausstattung beispielsweise mit privatem Kapital und qualifizierten Arbeitskräften kann es kommen, wenn in einer Region an der Produktivität gemessen zu hohe Löhne gezahlt werden. Ursache dafür wird häufig sein, daß einmal die Gewerkschaften sich bei ihren Lohnforderungen an den Verhältnissen in besser mit Ressourcen ausgestatteten und wachstumskräftigeren Regionen orientieren und zum anderen die Unternehmen befürchten, daß bei einem zu großen Lohngefälle, auch wenn es produktivitätsgerecht wäre, qualifizierte Arbeitskräfte abwandern. Weist eine Region dadurch eine schlechtere Produktivitäts/Reallohn-Relation auf als die anderen, gehen die Unternehmergewinne zurück und privates Kapital wandert ab oder wird nicht mehr in ausreichendem Umfang importiert. Das aber bedeutet, daß in einer solchen Region mehr alte Arbeitsplätze wegfallen und weniger neue entstehen, als zur Vollbeschäftigung der regional verfügbaren (d. h. vergleichsweise immobileren) Arbeitskräfte erforderlich ist.

14. Wegen der bestehenden weltwirtschaftlichen Verflechtungen stellen die Mitgliedsländer der Gemeinschaft, insbesondere aber ihre Regionen, keine autarken, sondern »offene« Wirtschaften dar. Damit aber sieht sich

einerseits jede einzelne Region einer praktisch unbegrenzten Weltnachfrage gegenüber und muß andererseits damit rechnen, daß die Preiselastizität dieser Weltnachfrage nach ihren regionalen Produkten verhältnismäßig hoch ist. Ist das Engpaßfaktorenpotential einer Region unterausgelastet, so liegt das dann nicht daran, daß die Gesamtnachfrage zu gering wäre, sondern daran, daß diese Region auf dem Weltmarkt nicht wettbewerbsfähig genug ist. Die von der Region angebotenen Güter und Leistungen sind dann bei den gegebenen Preisen und Wechselkursen im Verhältnis zu konkurrierenden Angeboten aus anderen Regionen zu teuer; und/oder die Angebotspalette dieser Region ist der Struktur der Weltnachfrage nicht angepaßt; es werden zuwenig von denjenigen Produkten angeboten, die auf dem Weltmarkt bei steigendem Einkommen zunehmend nachgefragt werden (Güter mit hoher Einkommenselastizität der Nachfrage).

Interregionale Auslastungsgradunterschiede können also auch auf Unterschiede in der relativen Wettbewerbsfähigkeit der regionalen Faktorausstattung zurückgeführt werden. Als Indikator für die relative regionale Wettbewerbsfähigkeit kann die bereits erwähnte Relation zwischen Produktivität[10] und Reallohn oder ihr Kehrwert, der »Effizienzlohn«,[11] betrachtet werden: Je höher bei marktdeterminierten Preisen und gegebenem Reallohn die Produktivität, desto höher die Gewinne und damit die Anreize, in der betreffenden Region die Produktion auszuweiten und neue und besser bezahlte Arbeitsplätze zu schaffen. Bleibt dagegen eine Region im Wettbewerb zurück, so läßt sich dies im allgemeinen darauf zurückführen, daß ihre Reallöhne stärker steigen als die Produktivität und sie sich dadurch aus dem interregionalen Wettbewerb selbst »auspreist«.

V. Zur Messung der regionalen Engpaßfaktorausstattung und des regionalen Entwicklungspotentials

15. Überprüft man anhand der oben (Ziff. 10 f.) erläuterten Kriterien verschiedene Ressourcenkategorien auf ihre Engpaßfaktoreigenschaften, so lassen sich neben den naturräumlichen Faktoren insbesondere die *wirtschaftsgeographische Lage*, die *Agglomeration*, die *Wirtschaftsstruktur* und

---

10 Vgl. Herbert Giersch, »Beschäftigungspolitik ohne Geldillusion«, *Die Weltwirtschaft*, Heft 2/1972, S. 128 f.

11 Dieser Begriff geht nach Kaldor auf Keynes zurück. Vgl. Nicholas Kaldor, »The Case for Regional Policies«, *Scottish Journal of Political Economy*, 1970, S. 342 f.

die *Infrastruktur* als Engpaßfaktoren betrachten.[12] Unter dem Blickwinkel der Regionalpolitik erscheint es zweckmäßig, die vor allem langfristig bedeutsamen naturräumlichen Faktoren hier unberücksichtigt zu lassen und die Analyse auf die erwähnten vier Engpaßfaktoren zu beschränken, die durch Maßnahmen der jeweiligen Bereichspolitiken besser beeinflußbar sind.

V.1. *Lage und Agglomeration als Determinanten des regionalen Entwicklungspotentials*

16. Lage und Agglomeration gemeinsam als Engpaßfaktoren zu behandeln, läßt sich damit begründen, daß beide Faktoren die Kommunikationskosten – im weitesten Sinne verstanden – determinieren. Der Lagevorteil zentraler Regionen liegt darin begründet, daß sie ihre Absatz- und Beschaffungsmärkte mit einem Minimum an Transportkosten erreichen können, während die Transportkosten für periphere Regionen ein Maximum darstellen. Im Unterschied zu den lage- und entfernungsbedingten externen Kommunikationskosten kann die Agglomeration als eine Gruppe von Einflußfaktoren verstanden werden, welche die internen Kommunikationskosten minimiert: Je größer die Agglomeration, desto größer die positiven privatwirtschaftlichen externen Effekte (z. B. große und gut strukturierte Absatz- und Beschaffungsmärkte und Ausbildungsstätten, Fühlungsvorteile wegen der Konzentration von Unternehmen, Haushalten und Behörden). Da zentrale Regionen häufig gleichzeitig auch stärker agglomeriert sind, haben sie aus dieser Sicht gleichsam doppelte Standortvorteile gegenüber peripheren, weniger verdichteten Gebieten. Es kann daher vermutet werden, daß das Regionalprodukt je Kopf umso niedriger ist, je weiter eine Region von den Kerngebieten wirtschaftlicher Aktivität entfernt und je geringer sie verdichtet ist.

17. Eine einfache statistische Prüfung dieser Hypothese zeigt in der Tat signifikante Zusammenhänge.[13] Geht man von den einkommensstärksten, großflächigen und hochverdichteten Gebieten im Zentrum der EWG, dem Rhein-/Ruhrraum aus und wählt man Köln/Düsseldorf als geographischen Meßpunkt, so läßt sich das interregionale Einkommensgefälle in Abhängigkeit von der Luftlinienentfernung einer Region zu diesem Zentrum aufzei-

---

12 Vgl. Dieter Biehl et al., Bestimmungsgründe des regionalen Entwicklungspotentials, a.a.O., S. 31 ff.
13 Eine umfassendere quantitative Analyse für Regionen in der Bundesrepublik wird z. Z. am Institut für Weltwirtschaft durchgeführt.

gen (vgl. dazu Schaubild 1). Das Bestimmtheitsmaß der Regressionsfunktion beträgt 0,71 R². Wird diese Regressionsfunktion durch die Variable Bevölkerungsdichte (Wohnbevölkerung je qkm) erweitert, steigt die Gesamterklärung auf 0,81 R²; d. h. 81 vH der beobachteten Gesamtstreuung der Pro-Kopf-Einkommen lassen sich durch die beiden Faktoren »Lage« und »Agglomeration« erklären.

Von einem differenzierteren Indikator für die Agglomeration können wahrscheinlich noch bessere Erklärungen erwartet werden. Benutzt man zur Beschreibung des Verdichtungsgrades einen Siedlungsstrukturindex, der auf den Bevölkerungsanteilen von 12 Gemeindegrößenklassen aufbaut, so erklärt dieser Indikator in der Bundesrepublik für die geförderten Teilräume der Raumordnungs-Gebietseinheiten bis zu 73 vH der gesamten Streuung.[14]

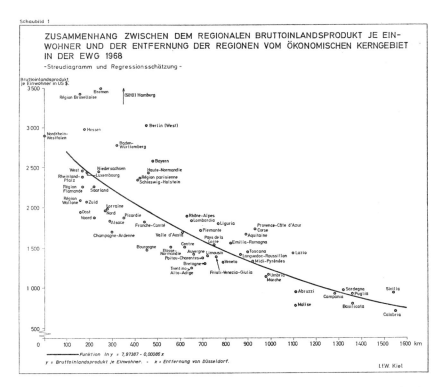

Schaubild 1

ZUSAMMENHANG ZWISCHEN DEM REGIONALEN BRUTTOINLANDSPRODUKT JE EIN-WOHNER UND DER ENTFERNUNG DER REGIONEN VOM ÖKONOMISCHEN KERNGEBIET IN DER EWG 1968

- Streudiagramm und Regressionsschätzung -

Funktion $\ln y = 7,97387 - 0,00086\,x$
y = Bruttoinlandsprodukt je Einwohner. - x = Entfernung von Düsseldorf.

I.f.W. Kiel

---

14 Vgl. Dieter Biehl, Eibe Hußmann, Sebastian Schnyder, »Bestimmungsgründe des regionalen Entwicklungspotentials – Infrastruktur, Wirtschaftsstruktur und Agglomeration«, *Die Weltwirtschaft*, 1974, Heft 1, S. 123.

Es kann also davon ausgegangen werden, daß – zu privaten Kosten und Erträgen gerechnet, wie dies dem Ansatz der Volkswirtschaftlichen Gesamtrechnung entspricht – periphere und wenig verdichtete Regionen ein niedrigeres Lagepotential und ein niedrigeres Agglomerationspotential aufweisen, zentrale und hoch verdichtete Regionen dagegen ein höheres.[15]

V.2. Wirtschaftsstruktur und sektoraler Strukturwandel als Determinanten des regionalen Entwicklungspotentials

18. Auch die Wirtschaftsstruktur einer Region kann als ein Engpaßfaktor aufgefaßt werden, wenn man davon ausgeht, daß sie Umfang und Differenzierung des regionalen Güterangebots bestimmt. Wenn Regionen sich als offene Wirtschaften einer praktisch unbegrenzten Weltnachfrage gegenübersehen, kann die Tatsache, daß es nicht allen Regionen gelingt, sich in gleicher Weise mittel- und langfristig an die Veränderungen dieser Weltnachfrage anzupassen, auch darauf zurückgeführt werden, daß die jeweilige regionale Wirtschaftsstruktur eine Anpassung erleichtert oder erschwert. Ganz offenkundig ist dies im Falle sogenannter monostrukturierter Regionen, in denen eine einzelne Branche oder eine kleine Gruppe von Branchen die regionale Entwicklung maßgeblich bestimmen.

19. In welcher Weise sich die sektorale Wirtschaftsstruktur von National- und Regionalwirtschaften mit steigendem Pro-Kopf-Einkommen im Zusammenspiel von Angebot und Nachfrage für den Durchschnitt aller Länder und Regionen verändert, zeigen internationale und interregionale Querschnittsanalysen. Danach ergibt sich folgendes Bild (vgl. Schaubilder 2 a und 2 b):
- Der Anteil des Primärsektors (Landwirtschaft) geht mit steigendem Pro-Kopf-Einkommen degressiv zurück;
- der Anteil des Sekundärsektors (Industrie bzw. warenproduzierendes Gewerbe) steigt zunächst bis zu einem Wert zwischen 2 000 und 3 000 US-$ pro Kopf an und fällt dann wieder ab;
- der Anteil des tertiären Sektors am gesamten Regionalprodukt dagegen fällt bis ebenfalls 2 000 bis 3 000 US $ und steigt dann wieder an.

---

15 Von den Korrekturüberlegungen, wie sie aus der Diskrepanz zwischen privaten und sozialen Kosten folgen, wird hier abgesehen.

20. Den Verschiebungen in der intersektoralen Struktur entsprechen auch intrasektorale (d. h. Branchen-) Strukturänderungen. Man kann sich daher vereinfacht alle Branchen oder Güter auf einer Skala angeordnet denken, die von den relativ arbeitsintensiven bis zu den relativ kapitalintensiven reicht. Ein Land oder eine Region hat dann bei denjenigen Produktionen komparative Kostenvorteile und ist damit international wettbewerbsfähig, bei denen in diesem Land relativ reichlich vorhandene Produktionsfaktoren am stärksten eingesetzt werden, also in den Ländern mit einem relativen Überschuß an Arbeit relativ *arbeitsintensiv* und in den Ländern mit einem relativen Überschuß an Kapital relativ *kapitalintensiv* produziert wird. Voraussetzung ist, daß die Faktorpreisrelationen der relativen Knappheit der Ressourcen entsprechen.

Dieses vereinfachte Konzept zur Erklärung der internationalen Arbeitsteilung und des weltwirtschaftlichen Strukturwandels, das nach seinen Autoren

Schaubild 2a

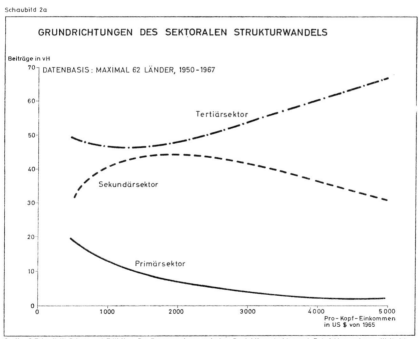

Quelle: G. Fels, K.-W. Schatz und F. Wolter, Der Zusammenhang zwischen Produktionsstruktur und Entwicklungsniveau, Weltwirtschaftliches Archiv, Bd. 106 (1971), Heft 2, S. 240-278.

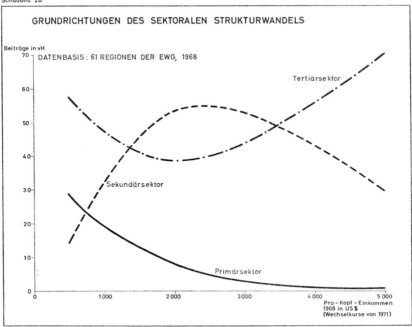

GRUNDRICHTUNGEN DES SEKTORALEN STRUKTURWANDELS

Beiträge in vH

DATENBASIS: 61 REGIONEN DER EWG, 1968

Tertiärsektor

Sekundärsektor

Primärsektor

Pro-Kopf-Einkommen
1968 in US $
(Wechselkurse von 1971)

Quelle: D.Biehl, E.Hußmann, S.Schnyder, Zur regionalen Einkommensverteilung in der Europäischen Wirtschaftsgemeinschaft, Die Welt-wirtschaft, Heft 1/1972, S. 64-78.

als »Heckscher-Ohlin«-Konzept[16] bezeichnet wird, erfaßt jedoch nur einen Teil des Gesamtphänomens. Eine eingehendere Analyse zeigt, daß die traditionellen Produktionsfaktoren Arbeit und Kapital differenzierter untergliedert werden müssen, und daß auch die naturräumlichen Faktoren (»Boden«) mitberücksichtigt werden müssen. Geht man von der oben (Ziff. 10) erläuterten differenzierteren Ressourcenklassifikation aus, dann lassen sich fünf Güterkategorien unterscheiden:[17]

16 Vgl. E. Heckscher, »The Effects of Foreign Trade on the Distribution of Income«, *Economisk Tidskrift,* 21 (1919), S. 497 ff.; B. Ohlin, *Interregional and International Trade,* Cambride/Mass. 1933.
17 Diese Gliederung lehnt sich an diejenige von Seev Hirsch an, der die bodenintensiven als »Ricardo-Güter«, die ausbildungs- und forschungsintensiven als »Neue-Produkt-Zyklen-Güter« bezeichnet und die üblicherweise als »Heckscher-Ohlin-Güter« benannten in zwei Untergruppen teilt: Eine erste Gruppe, die er »arbeitsintensive reife Produkt-Zyklen-Güter« nennt und die im wesentlichen mit den traditionellen arbeitsintensiven gleichgesetzt werden können (z. B. Textilien, Leder-

- die ausbildungs- und forschungsintensiven (humankapitalintensiven),
- die infrastrukturintensiven,
- die maschinenintensiven,
- die bodenintensiven und
- die arbeitsintensiven Güter.

Der Strukturwandel sowie die internationale und interregionale Arbeitsteilung sind dann dadurch charakterisierbar, daß vor allem die arbeitsintensiven und die bodenintensiven Güter im Entwicklungsprozeß in dem Maße von den höher entwickelten an die weniger entwickelten Volkswirtschaften und Regionen abgegeben werden, wie Arbeit und Boden wegen zunehmender Knappheit teurer werden.[18] Die maschinenintensiven Güter bilden eine Übergangszone der Eignung für hochentwickelte und weniger entwickelte Gebiete, während die infrastrukturintensiven und vor allem die humankapitalintensiven weitgehend höher entwickelten Volkswirtschaften und Regionen vorbehalten sind.

Dabei spielt der »Lebens«- oder »Produktions-Zyklus« eines Gutes eine wichtige Rolle: Die Entwicklung eines neuen Produkts erfordert zunächst insbesondere einen vergleichsweise hohen Forschungs- und Infrastruktureinsatz; arbeitsintensive Güter erreichen früher, andere später die Reifephase, in der das organisatorisch-technische Wissen und die dafür benötigten Maschinen und Anlagen international und interregional »handelbar« und damit leicht transferierbar werden. Dies gilt auch für maschinenintensive Güter, für die ebenfalls nach der erforderlichen Ausreifungsperiode eine leicht transferierbare Technologie zur Verfügung steht. Zu jedem Zeitpunkt gibt es also neben den beiden Güterkategorien mit ausgereifter arbeits-

produkte, einfache Metallerzeugnisse), und eine zweite Gruppe, die »kapitalintensive reife Produkt-Zyklen-Güter« heißen. Letztere sind im wesentlichen solche Güter, die in unserem Sinne »maschinenintensiv« sind, d. h. auf ausgereiften, international leicht handelbaren und selbst in Entwicklungsländern ohne zu große Anforderungen an berufliche Qualifikationen verwertbaren Technologien beruhen. Die Kategorie der infrastrukturintensiven Güter kommt bei Hirsch nicht vor. Vgl. Seev Hirsch, »Hypotheses Regarding Trade Between Developing and Industrial Countries«, in: Herbert Giersch, (Hrsg.), *The International Division of Labour – Problems and Perspectives*, Kiel 1974, S. 66–79.

18 Dabei ist zu berücksichtigen, daß die bodenintensiven Güter keineswegs etwa nur Agrarerzeugnisse umfassen. Agrarerzeugnisse können teilweise mit so stark alternativen Faktorkombinationen herstellbar sein (z. B. Getreide), daß sie in hochentwickelten Ländern (z. B. USA) stark kapitalintensiv (hoher Einsatz von Maschinen, Saatgut- und Pflanzenschutzmitteln, Ausbildungs- und Infrastrukturkapital), in den Entwicklungsländern dagegen bodenintensiv sind. Man spricht dann von »reversiblen Faktorintensitäten«. Andere bodenintensive Güter sind so stark standortgebunden, daß ihre Produktion praktisch überhaupt nicht verlagerungsfähig ist (z. B. Kohle und Erdöl).

oder maschinenintensiver Technologie (Gütern in der Endphase des Produktzyklus) auch solche, die sich in der Frühphase des Zyklus befinden oder selbst nach Ausreifung einen vergleichsweise hohen Einsatz von Infrastruktur- und Humankapital erfordern.[19]

21. Geht man von den im vorhergehenden erläuterten Zusammenhängen aus, kann auch von der jeweiligen Wirtschaftsstruktur auf das dieser Struktur mittelfristig zurechenbare potentielle Einkommen geschlossen werden. Für die Raumordnungsregionen und die Arbeitsmarktregionen der Bundesrepublik läßt sich dies bestätigen. Eine entsprechende Regressionsfunktion erklärt die beobachteten Einkommensunterschiede zu 69 und 71 Prozent.[20]

V.3. Die Infrastrukturausstattung als Determinante des regionalen Entwicklungspotentials

22. Die These, daß öffentliche Infrastrukturinvestitionen genauso wie andere Investitionen die Produktivität einer Volks- oder Regionalwirtschaft erhöhen, ist nicht neu; es kann daher hier darauf verzichtet werden, dies im einzelnen zu begründen. Es gibt jedoch bisher nur wenig Versuche, die Bedeutung der Infrastruktur als Produktionsfaktor zu quantifizieren. Ein solcher Versuch zeigt, daß sich die vermuteten Zusammenhänge für die Regionen in der Bundesrepublik regressionsanalytisch nachweisen lassen. Für sieben Infrastrukturkategorien (Straßen, Eisenbahnen, Elektrizitätsversorgung, Gasversorgung, Wohnungsinfrastruktur, Bildungswesen, Gesundheitswesen) ergab sich z. B. mit Hilfe einer multiplen Regressionsfunktion ein Bestimmtheitsmaß von 95 vH für die nichtgeförderten Teile der Raumordnungs-Gebietseinheiten in der BRD 1966, wenn man die regionalpolitisch geförderten Regionen aus der Schätzung herausläßt.[21] Auch für eine Aufteilung der Bundesrepublik in 178 Arbeitsmarktregionen zeigen sich – wenn auch etwas schwächer – die gleichen Zusammenhänge.[22]

19 Vgl. auch Seev Hirsch, a.a.O.
20 Vgl. Dieter Biehl et al., *Bestimmungsgründe des regionalen Entwicklungspotentials*, Kieler Studie 133, a.a.O., S. 136 und 182.
21 Bei dieser Funktion waren allerdings die Regressionskoeffizienten der einzelnen Infrastrukturkategorien nicht gesichert. Schätzungen von Einzelfunktionen für jede der sieben Kategorien zeigten jedoch gesichertere, wenn auch etwas weniger erklärungskräftige Zusammenhänge. Die Bestimmtheitsmaße liegen dabei zwischen 62% für das Gesundheitswesen und 89% für das Ausbildungswesen. Vgl. Dieter Biehl et al., *Bestimmungsgründe des regionalen Entwicklungspotentials*, Kieler Studie 133, a.a.O., S. 182.
22 Vgl. ebenda, S. 135 f.

23. Mit Hilfe dieser als »Quasi-Produktionsfunktionen« bezeichenbaren Regressionsfunktionen ist es möglich, z. B. das einer Arbeitsmarktregion in der Bundesrepublik auf Grund ihrer Infrastrukturausstattung jeweils erreichbare potentielle Regionalprodukt zuzuordnen. Ein maximales Einkommen zeigt dabei die Region Essen mit rd. 10 900 DM, während der Raum Lüchow-Dannenberg mit rd. 4 600 DM das niedrigste Einkommen aufweist. Die dahinterstehende unterschiedliche Ausstattung mit Infrastruktur wird deutlicher an einem Vergleich der physischen Infrastrukturkapazitätsindikatoren (z. B. Straßenkilometer je Fläche und je Kopf, Zahl der Ausbildungsplätze je Fläche und je Kopf etc.). Die Ausstattungsunterschiede liegen, wenn der Bundesdurchschnitt gleich 100 gesetzt wird, für alle sieben Kategorien zusammengenommen zwischen 346 und 56. Die stärkste Spannweite weist dabei das Gesundheitswesen mit 656 zu 2, die geringste Spannweite die Straßeninfrastruktur mit 202 zu 60 auf.

VI. *Ansatzpunkte und Schlußfolgerungen für die Regionalpolitik in der Europäischen Gemeinschaft*

24. Die im vorhergehenden angestellten Analysen und Überlegungen zeigen, daß über alle Regionen der Gemeinschaft hinweg ein erhebliches Einkommensgefälle besteht, und daß dieses Gefälle einerseits auf die jeweilige regionale Ressourcenausstattung in Form der relevanten Engpaßfaktoren und andererseits auf die Produktivitäts/Reallohn-Relation als Determinante der relativen Auslastung oder der relativen Wettbewerbsfähigkeit des durch die Engpaßfaktorausstattung bestimmten regionalen Entwicklungspotentials zurückgeführt werden kann. Da es – vereinfacht – als Ziel der Regionalpolitik bezeichnet werden kann, das interregionale Einkommensgefälle auf ein tolerierbares Maß abzubauen, ergeben sich aus dieser Analyse zwei Ansatzpunkte für die Regionalpolitik:
– die Produktivitäts/Reallohn-Relation und
– die Ausstattung mit Engpaßfaktoren.

25. Formal könnte die Produktivitäts/Reallohn-Relation sowohl dadurch verbessert werden, daß die Produktivität erhöht, als auch dadurch, daß die mit hohen Reallöhnen verbundene Arbeitskostenbelastung gesenkt wird. Eine an der Reallohnkomponente ansetzende Strategie müßte dann etwa im

Falle einkommensschwacher Regionen Lohnsubventionen zahlen und diese durch eine Lohnbesteuerung in einkommensstarken Gebieten finanzieren. Wird dagegen an der Produktivitätskomponente angesetzt, müßten Maßnahmen ergriffen werden, die zusätzliche mobile Ressourcen in die einkommensschwächeren Regionen attrahieren und so die Produktivität je Arbeitsplatz erhöhen; in einkommensstärkeren und überausgelasteten Regionen wäre entsprechend der Einsatz dieser komplementären Ressourcen zu verteuern.

Eine nähere Prüfung beider Strategien zeigt jedoch, daß sie nicht gleichwertig sind:

- Die erste Strategie kompensiert durch den Steuer/Subventionsmechanismus in bezug auf den Faktor Arbeit lediglich die negativen Konsequenzen überhöhter Reallöhne, während die zweite Strategie an den Ursachenfaktoren für die regionalen Produktivitätsunterschiede ansetzt: daran nämlich, daß bestimmte mobile, teilbare, spezialisierte und substitutive Ressourcen (wie beispielsweise privates Investitionskapital und Humankapital) zur Auslastung der Engpaßfaktoren fehlen.

- Die erste Strategie ist im Kern auf das Gerechtigkeitsziel ausgerichtet; sie ermöglicht es schlechter mit Ressourcen ausgestatteten Regionen nach dem Prinzip »gleicher Lohn für gleiche Arbeit« ihren Arbeitskräften die gleichen Reallöhne zu gewähren, die besser ausgestattete Regionen auf Grund ihrer höheren Produktivität zahlen können, und beschneidet gleichzeitig in den letzteren die Möglichkeit, die höhere Produktivität dazu zu verwenden, höhere Löhne zu zahlen. Demgegenüber ist die zweite Strategie allokations- und wachstumsorientiert: Indem sie den Einsatz zusätzlicher Ressourcen in den schlechter ausgestatteten Gebieten fördert, führt sie eine Umverteilung der Ressourcen herbei, die tendenziell auch die gesamtwirtschaftliche Wachstumsrate erhöht. Werden nämlich Ressourcen aus bereits überoptimal verdichteten Regionen, in denen sie zwar noch bei Bewertung zu privaten, nicht aber auch zu volkswirtschaftlichen Kosten und Erträgen effizient eingesetzt sind, in weniger verdichtete umgelenkt, steigt das gesamtwirtschaftliche Wachstum.

- Eine Strategie der pauschalen und laufenden Lohnsubventionierung in Fördergebieten vermindert die Anreize für Produktivitätssteigerungen relativ zu anderen Regionen, weil überdurchschnittliche Produktivitätssteigerungen ja zur Folge hätten, daß die Lohnsubventionen gekürzt würden. Eine Förderung pro rata der jeweils vorgenommenen Investitionen schafft dagegen Anreize für relative Produktivitätssteigerungen, weil diese Investitionen sonst nach Auslaufen des Subventionseffekts nicht mehr rentabel wären und damit Verluste bringen würden.

– Antizipieren die Gewerkschaften in den Fördergebieten die Effekte der Lohnsubventionen, indem sie ihre Lohnforderungen entsprechend erhöhen, kommt es bei unveränderter Produktivität zu keiner Verbesserung der relativen Wettbewerbsposition. Diese Verbesserung tritt dagegen bei der zweiten Strategie auch unter dieser Bedingung immer noch eher ein, weil die Begünstigung neuer Investitionen neue Arbeitsplätze mit entsprechend höherer Produktivität fördert.

– Da der weltwirtschaftliche Strukturwandel im Entwicklungsprozeß durch eine zunehmende Kapitalintensivierung gekennzeichnet ist, die erste Strategie aber den Einsatz des Faktors Arbeit und damit arbeitsintensive Produktionen begünstigt und so überkommene Produktionsstrukturen konserviert, bremst sie auch den erforderlichen regionalen und weltwirtschaftlichen Strukturwandel. Die zweite Strategie dagegen begünstigt die Kapitalintensivierung und Neuinvestitionen und fördert so den Strukturwandel.

– Die zweite Strategie setzt nicht an einem Faktor – der Arbeit –, sondern an den komplementären Ressourcen und damit an mehreren Punkten gleichzeitig an. Sie entspricht damit auch der differenzierten ökonomischen Ursachenanalyse besser, als sie in denjenigen Regionen, in denen z. B. privates Investitionskapital und Humankapital fehlen, gezielt für diese zu attrahierenden Ressourcen Anreize schafft. Zu dem adäquaten Maßnahmenbündel müßten dementsprechend nicht nur Investitionsprämien gehören, sondern beispielsweise auch Ausbildungs- und Umschulungsprämien, Mobilitätsbeihilfen, Förderung von Betriebsumstellungen, Subventionierung der Einführung neuer Technologien, u. ä. mehr.

26. Mit dieser an der Produktivitätskomponente ansetzenden Anreizpolitik ist es grundsätzlich möglich, die mobilen Ressourcen so umzuverteilen, daß die Auslastungsgradunterschiede der regionalen Engpaßfaktorausstattungen vermindert werden und in allen Regionen, bei denen das tatsächliche Einkommen deswegen unter dem potentiellen liegt, eine Einkommenssteigerung eintritt. Diese regionale Einkommensverbesserung ist, wie erwähnt, jedoch nur dann auch mit einer gesamtwirtschaftlichen Einkommenssteigerung verbunden, wenn – zu volkswirtschaftlichen Kosten und Erträgen gerechnet – die Einkommensminderung in der ressourcenabgebenden Region geringer ist als der Einkommensgewinn in der attrahierenden Region. Das erfordert, daß die entsprechenden Maßnahmen in der Weise ausgestaltet und durchgeführt werden, daß tatsächlich ein Ressourcentransfer aus einkommensstarken und überverdichteten in einkommensschwache und

weniger verdichtete Regionen zustandekommt.[23] Werden jedoch, wie gegenwärtig in der Bundesrepublik, einerseits über die Gemeinschaftsaufgabe »Verbesserung der regionalen Wirtschaftsstruktur« Anreize für die Zuwanderung mobiler Ressourcen in die Fördergebiete gewährt, andererseits aber gleichzeitig Investitionen in den Ballungsräumen (z. B. für den Personennahverkehr, Ausbau des Straßennetzes, der Bildungseinrichtungen) ebenfalls massiv subventioniert, besteht die Gefahr, daß die zu attrahierenden Ressourcen nicht aus den Ballungsräumen, sondern aus nichtbegünstigten Nachbarregionen der Fördergebiete abgezogen werden.

27. Die konsequenteste Lösung besteht daher darin, die regionalpolitischen Fördermaßnahmen aus einer speziellen Besteuerung der Ballungsräume zu finanzieren. Vom Prinzip her müßte eine solche *Agglomerationssteuer* auf die regionale Wertschöpfung abstellen und progressiv gestaltet sein, d. h. ab einem bestimmten Verdichtungsgrad mit zunehmender Verdichtung steigende Steuersätze aufweisen. Das würde bedeuten, daß auch »arme«, aber hochverdichtete Regionen besteuert würden. Da aber ihre Wertschöpfung geringer wäre als in hochverdichteten »reichen« Regionen, wäre ihre Steuerbelastung entsprechend niedriger.

Eine Agglomerationssteuer kann aber auch als faktorspezifische Steuer, etwa als Lohnsummensteuer und/oder als Bodenwertsteuer ausgestaltet werden. Als Lohnsummensteuer würde sie den Einsatz des Faktors Arbeit in den Ballungsräumen verteuern, damit die Nachfrage nach Arbeitskräften dort senken und die relativ arbeitsintensiveren Produktionen zu einer stärkeren Verlagerung in die weniger oder nicht besteuerten Regionen veranlassen. In Form der Bodenwertsteuer würden insbesondere flächenintensive Produktionen in Verdichtungsräumen verteuert und dadurch zur Abwanderung veranlaßt.[24]

Eine Agglomerationssteuer wäre insbesondere auch besser als die gegenwärtige Finanzierung des EG-Regionalfonds geeignet, zur Verwirklichung der

23 Mit »weniger verdichtet« sind hier auch Regionen gemeint, die unteroptimal verdichtet sind. Es ist allerdings zu berücksichtigen, daß eine Umlenkung von Ressourcen in weit unterhalb des Optimums liegenden Regionen eine so niedrige Produktivität haben können, daß gesamtwirtschaftlich kein Nettogewinn mehr erzielt wird. Deshalb sollte eine bestimmte Agglomerationsschwelle nicht unterschritten werden.

24 Wird – wie in der Bundesrepublik – auf eine Besteuerung der Ballungsräume verzichtet und lediglich aus allgemeinen Steuermitteln Subventionen gezahlt, tritt der angestrebte Erfolg nur ein, wenn diese Steuermittel tatsächlich von den einkommensstarken und hochverdichteten Regionen aufgebracht werden (vgl. Ziff. 4 (a)). Der Besteuerungseffekt besteht dann in einer anteiligen Kürzung der dort sonst finanzierbaren Ausgaben.

regionalpolitischen Ziele beizutragen. Die Finanzierung über Zölle und die Mehrwertsteuer wirkt nämlich regressiv; d. h. es muß befürchtet werden, daß die Verbraucher in den einkommensschwachen Fördergebieten ihre Förderung über diese Steuern zu einem erheblichen Teil selbst bezahlen. Dies wäre bei der vorgeschlagenen Agglomerationssteuer nicht der Fall. Sie hat darüber hinaus den Vorteil, daß sie nicht nur am Einkommen ansetzt, sondern durch den Bezug auf den Agglomerationsgrad auch die Abweichungen zwischen privaten und sozialen Kosten berücksichtigt und so einer allgemeinen wohlfahrtstheoretischen Forderung entspricht.

28. Auch wenn es gelingt, in den als förderungsbedürftig eingestuften Regionen mit Hilfe öffentlicher Subventionen die bestehende Unterauslastung zu beseitigen und das tatsächliche Einkommen auf das potentielle anzuheben, ist zu erwarten, daß bei einem Teil dieser Regionen das jetzt höhere Einkommen immer noch unter dem politisch gesetzten Schwellenwert liegt. Das wird stets dann der Fall sein, wenn die Ausstattung mit den Engpaßfaktoren zu schlecht ist. Da die Engpaßfaktoren aber das erreichbare Regionalprodukt limitieren, kann für diese Regionen eine dauerhafte Einkommenserhöhung nur dadurch erzielt werden, daß auch die Ausstattung mit diesen Ressourcen verbessert wird. Das gleiche gilt für diejenigen einkommensschwachen Regionen, die auch vorher schon trotz voller Auslastung oder sogar Überauslastung[25] ihrer Engpaßfaktoren ein zu niedriges Einkommen aufweisen.

Für alle diese Regionen kann eine institutionelle Regionalpolitik nur dann ihre Ziele verwirklichen, wenn sie auch die Rolle eines regionalen Koordinators für die übrigen Bereichspolitiken (z. B. Verkehrspolitik, Energiepolitik, Bildungspolitik, Gesundheitspolitik) übernimmt, die im Rahmen ihrer Fachplanungen über die öffentlichen Infrastrukturinvestitionen entscheiden. Führen diese Entscheidungen wie bisher dazu, daß die öffentlichen Investitionen nach dem Bedarfsprinzip, nicht aber nach dem Entwicklungsprinzip räumlich verteilt werden, wird es auch weiterhin dabei bleiben, daß arme Regionen arm bleiben, weil ihnen von den jeweils übergeordneten Gebietskörperschaften z. B. eine bessere Infrastrukturausstattung verwehrt wird. Auch hier gilt allerdings, daß die Fördergebiete eine bestimmte minimale Ausstattung mit den übrigen natürlichen Ressourcen und einem bestimmten Agglomerationsgrad nicht unterschreiten dürfen,

---

25 Wie die Ergebnisse für die Bundesrepublik zeigen, sind keineswegs stets die einkommensschwachen Regionen unterausgelastet und die einkommensstarken überausgelastet. Vgl. Dieter Biehl et al., Bestimmungsgründe des regionalen Entwicklungspotentials, Kieler Studie 133, a.a.O., S. 187 ff.

wenn auch das gesamtwirtschaftliche Wachstum – zu gesellschaftlichen Kosten und Erträgen bewertet – steigen soll.

29. Grundlage jeder regionalpolitischen Förderung in der Gemeinschaft sollten regionale Entwicklungspläne sein, die unter maßgeblicher Beteiligung regionaler Entscheidungsinstanzen ausgearbeitet werden. Entsprechend den im Vorhergehenden angestellten Überlegungen müßten diese Entwicklungspläne von einer am Entwicklungsstand der Fördergebiete orientierten differenzierten Ursachenanalyse ausgehen und eine Strategie einschließen, die auf die jeweiligen regionalspezifischen Faktorausstattungen und Auslastungsgrade abstellt. Entsprechend der förderativen Grundstruktur der Gemeinschaft sollten aus Gemeinschaftsmitteln nur Zuschüsse für die Entwicklung besonders benachteiligter, insbesondere peripherer Regionen gegeben werden, die möglichst nach gemeinschaftlich beschlossenen Kriterien in allen Mitgliedstaaten ausgewählt werden. Diese Gemeinschaftsmittel müßten den ausgewählten Fördergebieten auch tatsächlich über die nationale Finanzierung hinaus zusätzlich zufließen. Bloße Finanztransfers zwischen den Staatshaushalten der Mitgliedstaaten, die lediglich nationale Mittel ersetzen, sind – auch wenn sie formal über den Regionalfond geleitet werden – kaum dazu geeignet, die bestehenden gravierenden Einkommensgefälle zwischen den wirtschaftsstarken und den am stärksten benachteiligten Regionen abzubauen; sie würden eine allokations- und potentialorientierte Regionalpolitik de facto verhindern und sie zu einer bloßen Sozialtransfer-Politik degradieren.

30. An den zur Ursachenanalyse angestellten Überlegungen ist deutlich geworden, daß die Regionalpolitik nicht als eine isolierte Bereichspolitik gesehen werden darf; sie ist vielmehr in den ökonomischen Zusammenhang und in den Gesamtzusammenhang der europäischen Integration einzubetten. Das bedeutet einmal, daß sie mit den übrigen Integrationszielsetzungen kompatibel sein muß, und zum anderen, daß sich ihre Aufgabe erheblich erleichtert, wenn ein kompatibler und konsistenter Gesamtrahmen vorhanden ist oder geschaffen werden kann. Elemente dieses Gesamtrahmens sind:

(a) *Die allgemeine Wirtschafts- und Währungspolitik*

In dem Maße, wie die Gemeinschaft und die Mitgliedstaaten eine liberale Wirtschafts- und Handelspolitik betreiben und durch ausreichend flexible Wechselkurse aktiv zur Korrektur unter- und überbewerteter Wechselkurse beitragen, fördern sie den wachstumsbedingten Strukturwandel und begünstigen damit auch die Integration der bisher einkommensschwachen Regionen in die weltwirtschaftliche Arbeitsteilung. Das gilt nicht nur für einkommensschwache Regionen innerhalb der Gemeinschaft, sondern auch für die Entwicklungsländer. Durch zunehmende Importe boden-, arbeits- und maschinenintensiver Erzeugnisse zu günstigen Preisen aus den einkommensschwachen Gebieten, die von den entwickelteren Regionen durch den Export kapitalintensiverer Erzeugnisse und Dienstleistungen bezahlt werden, kann einmal auch der Inflation besser gewehrt und zum anderen den Erwartungen in bezug auf weiter steigende Realeinkommen bei mehr »qualitativem« Wachstum in allen Regionen besser Rechnung getragen werden.

Ein zweckmäßiger Weg zur Währungsintegration in der Gemeinschaft bestünde darin, anstelle der im Werner-Plan vorgeschlagenen Fixierung von Paritäten mit späterer Einführung einer Einheitswährung eine europäische Geldeinheit als Parallelwährung zusätzlich zu den weiterbestehenden und durch flexible Kurse verbundenen nationalen Währungen einzuführen. Damit könnten die Nachteile, die bei den gegenwärtig großen strukturellen Unterschieden durch zementierte Paritäten entstünden, vermieden und dennoch die Vorteile, die in einer gemeinschaftlichen Geldeinheit liegen, weitgehend genutzt werden.[26] Unter der Werner-Plan-Strategie müßte dagegen erwartet werden, daß sich das interregionale Einkommensgefälle verschärft, weil es wegen der irreversibel fixierten Paritäten nicht mehr möglich wäre, etwa durch eine Abwertung einer nationalen Währung die Exportpreise eines Landes in ausländischer Währung gerechnet zu senken. Zahlungsbilanzprobleme würden sich dann in Regionalprobleme verwandeln.

(b) *Die Steuerpolitik*

Die derzeitigen Regelungen über die Besteuerungsrechte des Wohnsitzlandes und des Quellenlandes sollten in der Weise geändert werden, daß innerhalb der Gemeinschaft dem Quellenland ein stärkeres Besteuerungsrecht eingeräumt wird. Dadurch würde vermieden, daß den Fisci der reicheren Mitgliedstaaten, die im allgemeinen Kapitalexportländer sind, Steuereinnahmen aus Auslandsinvestitionen ihrer Steuerpflichtigen zufließen, die nur deswegen anfallen, weil der Quellenstaat auf seine Besteuerung

---

26 Siehe dazu z. B. Roland Vaubel, »Plans for a European Parallel Currency and SDR Reform: The Choice of Value – Maintenance Provisions and ›Gresham's Law‹«, Weltwirtschaftliches Archiv, Bd. 110 (1974), S. 194–228; Study Group on Economic and Monetary Union, European Economic Integration and Monetary Unification, Doc. II/520/1/73, Brüssel, 1973; Dieter Biehl, Fritz Franzmeyer, Eckart Scharrer, Gutachten zur Übergangsphase der Wirtschafts- und Währungsunion, Europäisches Bildungswerk, Bonn 1973.

verzichtet oder sie reduziert. Da der Quellenstaat einen erheblichen Teil der Engpaßfaktorausstattung bereitstellt, die Vorbedingung für die Produktivität und Rentabilität der betreffenden Investitionen sind, steht ihm auch eher als dem Wohnsitzstaat das Aufkommen aus der Besteuerung der mit diesen Investitionen erzielten Erträge zu.[27]

Durch eine entsprechende Regelung würde sich das Volumen des offenen Finanzausgleichs zwischen den Mitgliedstaaten, der mit einer gemeinschaftlichen Regionalpolitik und der Errichtung eines Regionalfonds notwendigerweise verbunden ist, reduzieren lassen, weil den im Rahmen des Regionalfonds empfangsberechtigten Ländern schon auf dem Wege über die verstärkte Quellenlandbesteuerung zusätzlich Mittel zuflössen. Auch psychologisch hätte eine solche Lösung den Vorteil, daß nicht einerseits bei den zahlenden Ländern der Eindruck entsteht, sie würden gezwungen, auf ihnen zustehende »eigene« Mittel zu verzichten, und andererseits die empfangenden Länder sich zu Almosenempfängern degradiert fühlen. Wie im Falle der oben erläuterten regionalen Problematik (vgl. Ziff. 4) gilt auch hier, daß erst dann ein echter Finanzausgleich vorliegt, wenn tatsächlich aus eigener Wertschöpfung erzielte Steuereinnahmen umverteilt werden.

(c) *Der förderative Grundrahmen*

Zu den entscheidenden Rahmenbedingungen für eine erfolgreiche Regionalpolitik in der Gemeinschaft und für die weitere europäische Integration überhaupt gehört schließlich, daß dem demokratischen und föderativen Prinzip Rechnung getragen wird. Das bedeutet, daß das gegenwärtig vorhandene Übergewicht von Ministerrat und Kommission abgebaut und einem direkt gewählten Europäischen Parlament entsprechende Befugnisse eingeräumt werden.[28] Um den föderativen Charakter der Europäischen Gemeinschaften zu unterstreichen, sollte gleichzeitig eine zweite Kammer, ein »Europäischer Senat«, geschaffen werden, in der die Regionen, Provinzen oder Länder der Mitgliedstaaten unabhängig von ihrer Bevölkerungsgröße mit

27 Diese Auffassung weicht von derjenigen des 1962 von der EWG eingesetzten Steuer- und Finanzausschusses ab, der eine Verstärkung der Besteuerung nach dem Wohnsitzlandprinzip empfahl, Vgl. dazu ausführlicher Dieter Biehl, Ausfuhrland-Prinzip, Einfuhrland-Prinzip und Gemeinsamer-Markt-Prinzip, ein Beitrag zu einer Theorie der Steuerharmonisierung, Köln 1969, S. 289 ff.
28 Dieser seit Jahren von den Befürwortern der politischen Integration immer wieder vorgebrachten Forderung ist zuletzt, nachdem sie auch im Tindemans-Bericht ausdrücklich aufgenommen worden war, auf der Sitzung des Europäischen Rates in Rom am 2. Dezember 1975 durch den Beschluß entsprochen worden. Direktwahlen zum Europäischen Parlament für 1978 vorzubereiten.

einer gleichen Zahl von Repräsentanten vertreten sein sollten.[29] Dieser zweiten Kammer wären insbesondere Mitwirkungsrechte auf dem Gebiet der Regionalpolitik einzuräumen, damit vermieden wird, daß die proportional zur Bevölkerungszahl gewählten Abgeordneten des Europäischen Parlaments die Interessen der bevölkerungsstarken Verdichtungsräume zu stark zur Geltung bringen. Die Mitwirkungsrechte des Senats müßten sich insbesondere auf alle regionalpolitisch relevanten Entscheidungen erstrecken, also beispielsweise auf die vorgeschlagene Agglomerationsbesteuerung, auf die Grundsätze und Kriterien für die gemeinschaftliche Regionalförderung sowie auf die Koordinierung der regionalen und nationalen Entwicklungspläne.

29 Vgl. dazu auch Herbert Giersch, »The Case for a Regional Policy«, in: European Economic Integration and Monetary Unification, a.a.O., S. 72.

Winfried von Urff

Regionale Auswirkungen der gemeinsamen Agrarpolitik*

1. *Vorbemerkung*

Eine Untersuchung der regionalen Auswirkungen der Agrarpolitik unter dem Gesichtspunkt integrationspolitischer Möglichkeiten oder Notwendigkeiten führt zu einer gegenüber anderen Politiken mit regionalen Implikationen abweichenden Fragestellung. Für die meisten raumwirtschaftlich relevanten Politiken gilt, daß sie bisher überwiegend, wenn nicht gar ausschließlich im nationalen Kompetenzbereich verblieben sind, so daß für sie die Frage lautet, welches Maß an Integration erreicht werden muß, um sich abzeichnende Fehlentwicklungen zu verhindern und welche Konsequenzen dies für die Kompetenzverteilung zwischen der Gemeinschaft und den Mitgliedsstaaten hat. Im Falle der Agrarpolitik liegt bereits eine gemeinsame Sektorpolitik mit weitgehender Kompetenzverlagerung auf die Organe der Gemeinschaft vor, so daß für diesen Bereich die Frage zu stellen ist, wie sich diese gemeinsame Politik in regionaler Hinsicht auswirkt, was letztlich auf die Frage hinausläuft, ob die bisherige inhaltliche Ausgestaltung dieser Politik den regionalpolitischen Zielen der Gemeinschaft, soweit sich diese präzisieren lassen,[1] entspricht und ob die derzeitige Kompetenzverteilung eine gewisse Gewähr dafür bietet, daß die institutionellen Voraussetzungen für regionalpolitisch zielkonforme Entscheidungen gegeben sind.

Die beiden zuletzt genannten Fragestellungen sind – obwohl in der Praxis eng miteinander verzahnt – gedanklich voneinander zu trennen. Für den Fall, daß die regionalen Auswirkungen der bisher verfolgten Agrarpolitik unbefriedigend sind, wäre durchaus der Fall denkbar, daß im Rahmen der bestehenden Institutionen und ohne Änderung der Kompetenzverteilung eine inhaltliche Ausgestaltung der Agrarpolitik gefunden werden kann, die regionalpolitischen Belangen stärker Rechnung trägt. Es könnte

---

* Das Manuskript wurde im August 1975 abgeschlossen. Die jüngste Entwicklung konnte deshalb nicht immer berücksichtigt werden.
1 Vgl. hierzu den Beitrag von W.-P. Zingel: Grundsätzliche Fragen einer europäischen Regionalpolitik.

aber auch der Fall eintreten, daß eine Untersuchung zu dem Ergebnis gelangt, daß regionale Fehlentwicklungen darauf zurückzuführen sind, daß die in nationaler Kompetenz verbliebenen Bereiche der Agrarpolitik ausgenutzt werden, um die Auswirkungen einer gemeinsamen Agrarpolitik teilweise zu kompensieren. Ist dies der Fall, so müßte die Frage nach einer Neuabgrenzung der Kompetenzen gestellt werden, wobei die Antwort sowohl in einer weiteren Verlagerung von Kompetenzen auf die Gemeinschaft, als auch in einer Rückverlagerung auf die Mitgliedsstaaten liegen kann.

Die folgende Analyse erstreckt sich sowohl auf die Markt- und Preispolitik als auch auf die Agrarstrukturpolitik. Obwohl ihre regionalen Auswirkungen vielleicht weniger ins Auge fallen, wird mit der Markt- und Preispolitik begonnen, da sie lange Zeit das Kernstück der gemeinsamen Agrarpolitik bildete und hier, wenn vielleicht auch nur vordergründig, ein Integrationsgrad erreicht worden war, der über denjenigen anderer gemeinsamer Politiken hinausging.

Die regionalen Auswirkungen einer gemeinsamen Sektorpolitik in einer mehrere Mitgliedsstaaten umfassenden Gemeinschaft lassen sich auf zwei Ebenen untersuchen:

1. auf der Ebene der Mitgliedsstaaten,
2. auf der Ebene der Regionen innerhalb der Mitgliedsstaaten.

In vielen Darstellungen wird auf eine getrennte Analyse dieser beiden Ebenen verzichtet, d. h. es werden Regionen ohne Berücksichtigung ihrer Zugehörigkeit zu Staaten miteinander verglichen. Eine solche Analyse ist begrifflich unscharf, da sie nicht erkennen läßt, welche Merkmale das Ergebnis der Zugehörigkeit zu unterschiedlichen nationalen Wirtschaftsräumen und welche auf die spezifisch regionale Komponente innerhalb der einzelnen Wirtschaftsräume zurückzuführen sind. Aus diesem Grunde wird in der folgenden Darstellung versucht, soweit sinnvoll und notwendig, zunächst die Einflüsse der gemeinsamen Agrarpolitik auf die Landwirtschaft der Mitgliedsstaaten herauszuarbeiten (wobei Regionen gewissermaßen im Sinne von Mitgliedsstaaten interpretiert werden) und sodann die regionalen Implikationen der gemeinsamen Agrarpolitik innerhalb der Mitgliedsstaaten zu analysieren.

2. Die räumlichen Auswirkungen der gemeinsamen Markt- und Preispolitik

2.1. Auswirkungen der gemeinsamen Markt- und Preispolitik auf die Agrarproduktion und das landwirtschaftliche Einkommen in den Mitgliedsstaaten

Sieht man von der bereits durch die Marktordnungen von 1962 erfolgten Einführung eines einheitlichen Instrumentariums auf den wichtigsten Agrarmärkten und der im Anschluß daran erfolgten Festlegung von Ober- und Untergrenzen für die nationalen Preisfestsetzungen ab, so beginnt das Wirksamwerden einer gemeinsamen landwirtschaftlichen Preispolitik mit dem Inkrafttreten der gemeinsamen Marktordnungspreise für Getreide am 1. 7. 1967. Der nach heftigen Kämpfen zustandegekommene Kompromiß über gemeinsame Getreidepreise bedeutete für die Bundesrepublik und (vor allem bei Brotgetreide) für Italien eine Preissenkung, deren Ausmaß etwa der Preisanhebung in Frankreich und den Niederlanden entsprach. Für Belgien traten nur geringfügige Änderungen ein. In Frankreich und in den Niederlanden bedeutete die Preisanhebung unter ceteris paribus-Bedingungen (gleiche Produktionsmengen) eine unmittelbare Steigerung des Sektoreinkommens, während in der Bundesrepublik und Italien unmittelbare Senkungen des Sektoreinkommens durch Ausgleichszahlungen der Gemeinschaft bzw. nationale Ausgleichszahlungen vermieden wurden.

Unterstellt man, daß Produktion und Angebot landwirtschaftlicher Erzeugnisse über die Allokation der Produktionsfaktoren (Erweiterungsinvestitionen oder Unterlassung von Ersatzinvestitionen, Beschleunigung oder Verzögerung in der Abwanderung von Arbeitskräften) unter ceteris paribus-Bedingungen positiv auf Preisänderungen reagieren, so dürfte mit der fühlbaren Preisanhebung in Frankreich und den Niederlanden ein expansiver Effekt verbunden gewesen sein, während andererseits in der Bundesrepublik und in Italien von den direkten Ausgleichszahlungen, die lediglich Einkommensverluste aus der Preissenkung verhindern sollten (wiederum unter ceteris paribus-Bedingungen), keine expansiven Effekte ausgegangen sein dürften. In der Tat reagierten die durch die Preisanhebung begünstigten Bauern Frankreichs und der Niederlande mit einer Ausdehnung ihrer Produktion.

Es erscheint einleuchtend, daß vor der Einführung eines einheitlichen Instrumentariums zur Ordnung der Agrarmärkte und vor der Einführung gemeinschaftlicher Preise jedes Land das System der Agrarpolitik entwikkelt hatte, das seinen natürlichen und wirtschaftlichen Bedingungen entsprach und mit Hilfe dieser Agrarpolitik ein Preisniveau durchsetzte, das sich in relativem Einklang mit anderen Politikbereichen und mit dem gesamtwirtschaftlichen Entwicklungsstand befand.[2] Daß mit der Vereinheitlichung der Agrarpreise bei den weiterhin unterschiedlichen Produktionsbedingungen und einem unterschiedlichen gesamtwirtschaftlichen Entwicklungsstand Belastungen und Entlastungen für die in nationaler Zuständigkeit verbliebenen Bereiche der Agrarpolitik verbunden waren, liegt auf der Hand. Die weitergehende These, die vorgezogene Integration der Agrarmärkte hätte infolgedessen zu einer zunehmenden Desintegration der übrigen Bereiche der Agrarpolitik, insbesondere der Struktur- und Sozialpolitik geführt,[3] läßt sich jedoch nicht ohne weiteres belegen. Zwar läßt sich für das frühere Hochpreisland Bundesrepublik ein verstärkter Einsatz sozialpolitischer Maßnahmen nachweisen, der sicher im Zusammenhang mit dem aus der Preissenkung resultierenden Druck zu sehen ist, jedoch scheint umgekehrt das frühere Niedrigpreisland Frankreich von der durch die Preisanhebung gebotenen Möglichkeit der Entlastung der Sozial- und Strukturausgaben keinen Gebrauch gemacht zu haben. Dies geht aus einer kürzlich veröffentlichten Untersuchung[4] hervor, nach der die gesamte finanzpolitische Agrarförderung in der Bundesrepublik Deutschland zwischen 1965 und 1974 real geringfügig abnahm (von 5,205 Mrd. DM auf 5,139 Mrd. DM mit der Kaufkraft von 1965), während sie in Frankreich auf etwa das Doppelte stieg (von 4,916 Mrd. FF auf 10,182 Mrd. FF mit der Kaufkraft von 1965), da dort nicht nur die sozialpolitischen Aufwendungen trotz ihres hohen Ausgangsniveaus weiter wuchsen (von 2,297 Mrd. FF auf 6,711 Mrd. FF) sondern daneben auch strukturpolitische Ausgaben, die bisher nur eine untergeordnete Rolle gespielt hatten, eine der Bundesrepublik vergleichbare Größenordnung erreichten.

Nach den Preisänderungen, die für Getreide und darauf basierende Veredlungserzeugnisse Mitte 1967, für die Mehrzahl der übrigen Erzeugnisse bis Ende 1968 zu einer Preisangleichung führten, sind seit 1969 Preisänderungen zu verzeichnen, durch die sich die nationalen Preise für die einer Marktordnung unterliegenden landwirtschaftlichen Erzeugnisse wieder auseinanderentwickeln. Da die Marktordnungspreise einschließlich der das

2 Vgl. hierzu, Schmitt, G.: Offene Fragen der europäischen Agrarpolitik, in: Agrarwirtschaft, Jg. 20 (1971), H. 1, S. 1–12.
3 Vgl. hierzu Schmitt, G., a.a.O.
4 Schmidt, P. und G. Schmitt: Die finanzpolitische Landwirtschaftsförderung in Frankreich und Deutschland, in: Agrarwirtschaft, Jg. 24 (1975), H. 5, S. 117–128.

Preisniveau effektiv absichernden Interventionspreise aus technischen Gründen in Rechnungseinheiten (RE) festgelegt werden, müßten die entsprechenden Preise in nationaler Währung bei einer Aufwertung vermindert, bei einer Abwertung erhöht werden, und zwar jeweils in dem Verhältnis, in dem sich der Wert der an eine Goldparität gebundenen Rechnungseinheit gegenüber der nationalen Währung bei einer Aufwertung vermindert, bei einer Abwertung erhöht.[5]

Bei der Abwertung des französischen Franc vom August 1969 und der Aufwertung der DM vom Oktober 1969 wurde beiden Ländern zugestanden, eine entsprechende Anpassung der Marktordnungspreise in nationaler Währung vorübergehend auszusetzen bzw. schrittweise über einen längeren Zeitraum verteilt vorzunehmen. Grundsätzlich wurde jedoch das gemeinsame Preisniveau wieder hergestellt (wobei der Bundesrepublik die Möglichkeit eines direkten Ausgleichs der entstehenden Einkommensverluste bis 1974 zugestanden wurde).[6]

Bei den durch schrittweise Anpassung oder durch Floaten in den folgenden Jahren vollzogenen Änderungen der Währungsparitäten wurde von diesem Prinzip abgewichen, indem die Mitgliedsstaaten ermächtigt wurden, den an die RE gebundenen Mechanismus innerhalb der Agrarmarktordnungen durch ein Grenzausgleichssystem außer Kraft zu setzen, das bei Abwertung bzw. bei Floaten mit abnehmender Tendenz die Form von Einfuhrerstattungen und Ausfuhrabgaben annimmt, bei Aufwertungen oder Floaten mit zunehmender Tendenz die Form von Einfuhrabgaben und Ausfuhrerstattungen. Da auf diese Weise bestimmte Relationen zwischen den nationalen Preisen für Agrarerzeugnisse festgeschrieben wurden, während sich die tatsächlichen Währungsparitäten ändern, kam es (auf der Grundlage der effektiven Wechselkurse) zu einer zunehmenden Differenzierung der Agrarpreise innerhalb der Gemeinschaft. Die Unterschiede in den Agrarpreisen hatten im Sommer 1974 einen Stand erreicht, der teilweise über denjenigen von 1967 hinausging.

Inzwischen ist – allerdings beschränkt auf den Kreis der Altmitglieder – wieder eine Annäherung der Agrarpreise eingetreten. Sie ist zum Teil darauf zurückzuführen, daß für die am stärksten mit abnehmender Tendenz floatende Währung, die italienische Lira, der repräsentative Umrechnungskurs für den Agrarbereich (sog. »Grüne Parität«) in mehreren Schrit-

---

5 Vgl. hierzu v. Urff, W.: Zur Funktion des Grenzausgleichs bei Wechselkursänderungen im System der EWG-Agrarmarktordnungen, in: Agrarwirtschaft, Jg. 23 (1974), H. 5, S. 161–171.
6 Für den Einkommensausgleich über die 3%ige Erhöhung der Mehrwertsteuer, später mehrfach verlängert.

ten der de facto-Abwertung angepaßt und die Agrarpreise in Inlandswährung entsprechend erhöht wurden. Ein zusätzlicher Effekt in der gleichen Richtung ging von der für das Wirtschaftsjahr 1975/76 erstmals differenzierten Anhebung der Agrarpreise aus, die für die Bundesrepublik einen Abschlag von 2,2%, für Italien einen Zuschlag von 3,0% gegenüber der gemeinschaftlichen Preisanhebungsrate erbrachte. (Im Falle Großbritanniens und Irlands wurden die Zuschläge von 2,5% bzw. 5,0% durch die zunehmend geringere Bewertung ihrer Währungen überkompensiert.) In Frankreich führte die im Frühjahr 1975 einsetzende Höherbewertung des Franc, die Anfang Juli mit der Rückkehr in den gemeinsamen Währungsblock zur alten Parität einen vorläufigen Abschluß fand, zu einem Abbau des Grenzausgleichs und damit zur Wiederannäherung der Agrarpreise an das Gemeinschaftsniveau.

Die Aufgabe des Prinzips gemeinsamer Agrarpreise durch Einführung des Grenzausgleichs ist wiederholt Gegenstand heftiger Kritik gewesen.[7] Hier interessieren vor allem die Auswirkungen dieser Politik auf die zwischenstaatliche Verteilung der Agrarproduktion innerhalb der Gemeinschaft (und damit auf den innergemeinschaftlichen Handel mit Agrarprodukten) im Hinblick auf die übergeordneten Zielsetzungen eines »harmonischen Wirtschaftswachstums« in den Ländern der Gemeinschaft und einer optimalen Allokation der Ressourcen, sowie im Hinblick auf die sektorale Zielsetzung der Sicherung angemessener Einkommen für die in der Landwirtschaft tätigen Arbeitskräfte.

Soweit durch Änderung der Währungsparitäten das Ergebnis vorangegangener unterschiedlicher Inflationsraten korrigiert werden soll, bedeutet ein Festhalten an den nominalen Agrarpreisen in Inlandswährung, wie es mit dem Grenzausgleich verbunden ist, in Abwertungsländern eine gegenüber dem Rest der Gemeinschaft stärkere Senkung der realen Agrarpreise, während in Aufwertungsländern die gegenüber den stärker inflationierenden Mitgliedsländern bereits eingetretene relative Verbesserung der realen Agrarpreise (die absolut durchaus eine Verschlechterung sein kann) dadurch konsolidiert wird. Wenn Frankreich und Italien ihre Währungen zunächst ohne Erhöhung der Preise für landwirtschaftliche Marktordnungserzeugnisse mit abwertenden Tendenzen floaten ließen, so muteten sie damit

---

7 Vgl. hierzu u. a. Willgerodt, H.: Der Gemeinsame Agrarmarkt der EWG, (Walter Eucken Institut, Vorträge und Aufsätze, 94) Tübingen 1974; v. Urff, W.: Das Problem der Rechnungseinheit in den gemeinsamen Agrarmarktordnungen beim derzeitigen Stand der wirtschafts- und währungspolitischen Integration in der EWG, in: Zeitschrift für die Gesamte Staatswissenschaft, 131. Band (1975), H. 1, S. 146-162, sowie die jeweils angegebene Literatur.

ihren Landwirten eine gegenüber den übrigen Gemeinschaftsländern stärkere Senkung der realen Agrarpreise zu. Für Italien bedeutete dies eine zweite Preissenkung nach derjenigen von 1967, während in Frankreich auf die damalige Preiserhöhung nunmehr eine Senkung folgte. Unterstellt man auch hier wieder eine normale Angebotsreaktion, so müßten davon produktionsdämpfende Wirkungen ausgegangen sein. In Italien ist es tatsächlich, zumindest bei einigen Produkten, zu einem fühlbaren Produktionsrückgang gekommen, durch den zunehmende Importe induziert wurden, während sich für Frankreich eine entsprechende Reaktion nicht nachweisen läßt.

Die Nichtanwendung der mit der RE verbundenen Spielregeln diente in den Abwertungsländern dem Zweck, den Effekt der Abwertung auf Produktion und Beschäftigung in den nichtlandwirtschaftlichen Bereichen nicht durch eine Erhöhung der Lebenshaltungskosten zu gefährden. Zwar hätte eine Erhöhung der Agrarpreise die tendenzielle Verlagerung der Agrarproduktion in die Länder mit stabilen Währungen und die damit verbundene Verschlechterung der Bilanz im Außenhandel mit Agrarerzeugnissen verhindert,[8] sie hätte auf der anderen Seite jedoch über steigende Lebenshaltungskosten zu einer Erhöhung des Lohnniveaus geführt, dessen Einfluß auf die Preise der nichtlandwirtschaftlichen Exportgüter dem Zweck der Aufwertung entgegengerichtet gewesen wäre. Der Gesamteffekt auf Wachstum, Beschäftigung und Außenhandel hängt demnach davon ab, ob die negativen direkten Auswirkungen einer Abwertung mit Grenzausgleich auf die Landwirtschaft durch die positiven indirekten Auswirkungen auf die nichtlandwirtschaftlichen Bereiche überkompensiert werden oder nicht.[9] Hält man Wechselkursänderungen oder flexible Wechselkurse für ein notwendiges Anpassungsinstrument während einer langen Übergangszeit zur Wirtschafts- und Währungsunion,[10] so ist das Festhalten an der landwirtschaftlichen RE in ihrer ursprünglichen Definition[11] und

---

8 Vgl. hierzu Rodemer, H.: Wechselkursänderungen und EWG-Agrarmarkt – Die Kontroverse um den Grenzausgleich (Kieler Diskussionsbeiträge Nr. 33) Institut für Weltwirtschaft, Kiel, Februar 1974.

9 Vgl. hierzu v. Urff, W.: Das Problem . . ., a.a.O.

10 Vgl. hierzu u. a. Cairncross, A., H. Giersch, A. Lamfalussy, G. Petrilli und P. Uri: Wirtschaftspolitik für Europa, München 1974; Willgerodt, H., A. Domsch, R. Hasse und V. Merx: Wege und Irrwege zur europäischen Währungsunion, Freiburg 1972; Bildungswerk Europäische Politik: Gutachten zur Übergangsphase der Wirtschafts- und Währungsunion (Berichterstatter D. Biehl, F. Franzmeyer und H.-E. Scharrer), Bonn, November 1973.

11 Die vorgeschlagene Neudefinition der RE als gewogenes Mittel aus den Währungen der Mitgliedsländer, umgerechnet zu jeweiligen Kursen, würde das System flexibler gestalten und wäre somit ein Schritt in die richtige Richtung.

die starre Anwendung der damit verbundenen Spielregeln sicher nicht geeignet, die notwendigen Anpassungsprozesse zu erleichtern.

Daß Paritätsänderungen bei vollem Grenzausgleich die Landwirtschaften der Aufwertungsländer tendenziell begünstigen und die der Abwertungsländer benachteiligen, dürfte kaum zweifelhaft sein.[12] Dies gilt zumindest für den Fall, daß Paritätsänderungen überwiegend der Korrektur vorangegangener unterschiedlicher Inflationsraten dienen. Ob sich entsprechende Verlagerungen im innergemeinschaftlichen Handel mit Agrarerzeugnissen tatsächlich nachweisen lassen, ist eine andere Frage.[13] Legt man als Referenzsystem die Preisbildung auf unbeeinflußten Außenhandelsmärkten zu Grunde, so würde umgekehrt die Anwendung der mit der RE ursprünglich verbundenen Spielregeln die Landwirtschaft der Aufwertungsländer tendenziell benachteiligen und die der Abwertungsländer begünstigen.[14]

Damit bedarf das Argument, der Grenzausgleich könne zwar in Aufwertungsländern aus Gründen der landwirtschaftlichen Einkommenspolitik, in Abwertungsländern aus konjunkturpolitischen Gründen unvermeidlich sein, eine optimale Allokation der Agrarproduktion setzte jedoch wechselkursbedingte Änderungen der landwirtschaftlichen Marktordnungspreise in voller Höhe voraus,[15] einer modifizierenden Ergänzung. Betrachtet man die optimale Allokation der Agrarproduktion allein unter dem Aspekt der kostengünstigsten Produktion, so sind in einer Zollunion (unter Zugrundelegung der effektiven Wechselkurse) einheitliche Preise dafür eine Voraussetzung (was selbstverständlich eine räumliche Differenzierung nach den Ablaufkosten einschließt). Die Höhe des Preisniveaus wird dabei durch den Außenschutz bestimmt. Treten zusätzlich währungsbedingte Änderungen ein, so sollten sie nicht einseitig zu Gunsten oder zu Lasten der Landwirtschaft des Landes gehen, das seine Parität ändert, sondern Rückwirkungen auf das Stützungsniveau der Gemeinschaft haben, die den Auswirkungen von

12 Vgl. hierzu Willgerodt, H., Der Gemeinsame Agrarmarkt . . ., a.a.O.,; v. Urff, W.; Das Problem . . ., a.a.O.

13 Eine vom Bundesministerium für Ernährung, Landwirtschaft und Forsten im Dezember 1974 vorgelegte Zusammenstellung, nach der die deutsche Ausfuhr von Agrarerzeugnissen mit vollem Grenzausgleich keineswegs stärker stieg als für Waren ohne Grenzausgleich, während sich die Einfuhren von Waren mit vollem Grenzausgleich und ohne Grenzausgleich etwa gleichmäßig entwickelten, kann nicht als stichhaltiges Gegenargument angesehen werden, da sie keine Aussage darüber enthält, wie sich die Warenströme ohne Grenzausgleich entwickelt hätten.

14 Zu diesem weniger häufig beschriebenen Effekt vgl. Willgerodt, H., Der Gemeinsame Agrarmarkt . . ., a.a.O. und v. Urff, W.: Das Problem . . ., a.a.O.

15 So etwa Tangermann, S., in verschiedenen Diskussionsbeiträgen und nicht veröffentlichten Papieren sowie Block, H.-J.: Grenzausgleich und Agrarmarkt – Ein Beitrag zur Kontroverse um die Wirkungen des Grenzausgleichs, in: Agrarwirtschaft, Jg. 24 (1975), H. 1, S. 1–10.

Preisänderungen auf unbeeinflußten Märkten tendenziell entsprechen (Niveausenkung bei Abwertung, Niveauerhöhung bei Aufwertung). Die Anpassung der Marktordnungspreise in der nationalen Währung des seine Parität ändernden Landes sollte dann in bezug auf das geänderte Niveau erfolgen. Die vorgeschlagene Neudefinition der RE als gewogener Durchschnitt der Währungen der Mitgliedsländer würde solche Niveauänderungen automatisch einschließen, wobei für den hier diskutierten Fall eine Gewichtung mit den Anteilen am innergemeinschaftlichen landwirtschaftlichen Handelsvolumen dem beabsichtigten Zweck am nächsten käme.

Das Ziel einer möglichst kostengünstigen Agrarproduktion innerhalb der Gemeinschaft kann jedoch mit anderen Zielen konfligieren. Auf den möglichen Konflikt mit nationalen Wachstums- und Beschäftigungszielen wurde bereits hingewiesen. Wird zur Verfolgung dieser Ziele das Mittel der Abwertung eingesetzt, so geraten sie in Konflikt mit dem Ziel der Sicherung eines angemessenen Einkommens für die in der Landwirtschaft Beschäftigten, während das Ziel der kostengünstigsten Agrarproduktion direkt in Konflikt mit dem landwirtschaftlichen Einkommensziel geraten kann, wenn in Verfolgung des Zieles der Geldwertstabilität eine Aufwertung erfolgt.

Die bisherige Erfahrung zeigt, daß eine Politik, die dem landwirtschaftlichen Einkommensziel nicht genügend Rechnung trägt, nur begrenzt durchsetzbar ist. In Italien mußte die zunächst zu Lasten der Landwirtschaft verfolgte Stabilitätspolitik schrittweise aufgegeben werden, wozu allerdings auch die zunehmende Belastung im Außenhandel mit landwirtschaftlichen Erzeugnissen beigetragen haben dürfte. In Frankreich löste die gleiche Politik sehr früh massive Protestaktionen aus und konnte nur durch kompensatorische Maßnahmen der nationalen Agrarpolitik (Beihilfen), deren Vertragskonformität umstritten ist, durchgehalten werden. In der Bundesrepublik scheiterte ein erheblicher Abbau des Grenzausgleichs am Widerstand der Landwirte.

Betrachtet man die gesamte Periode der gemeinsamen Markt- und Preispolitik so läßt sich im Hinblick auf die hier interessierenden Verschiebungen zwischen den Ländern der Gemeinschaft etwa folgendes feststellen: Von den Preisangleichungen des Wirtschaftsjahres 1967/68 gingen auf die früheren Niedrigpreisländer Frankreich und die Niederlande produktionsstimulierende Wirkungen aus, während produktionsdämpfende Wirkungen in den früheren Hochpreisländern Bundesrepublik und Italien durch Ausgleichszahlungen im wesentlichen vermieden wurden. In beiden Ländern wurde jedoch der Effekt der späteren allgemeinen Agrarpreiserhöhung durch das Auslaufen der Ausgleichszahlungen teilweise kompensiert, während sie in den übrigen Ländern voll wirksam wurden. Für die Bundesrepublik ergaben sich aus der Aufwertung von 1969 – durch Ausgleichszahlungen wiederum für eine gewisse Zeit kompensiert – weitere Preissenkungen, während für Frankreich Preiserhöhungen aus der Abwertung von 1969 allmählich wirksam wurden, wobei die realen Änderungen jedoch in beiden Fällen wegen der unterschiedlichen allgemeinen Preissteigerungsraten hinter den nominalen Änderungen zurückblieben. Die seit 1971 eingetretenen Paritätsänderungen bei vollem Grenzausgleich brachten demgegenüber für die Bundesrepublik gegenüber den übrigen Ländern eine relative Verbesserung der realen Agrarpreise, die wegen des im Vergleich zum allgemeinen Preisniveau stärkeren Anstieges der Preise für Vorleistungen nicht in gleichem Maße zu einer relativen Verbesserung der Austauschrelationen führte. Die Niederlande fingen nun einen Teil des gesamten Aufwertungseffektes durch einen Grenzausgleich auf, während ein Teil (eine am 17. 9. 73 erfolgte Aufwertung um 5%) unter Gewährung einer befristeten Erhöhung des Mehrwertsteuerabzuges in Senkungen der Marktordnungspreise weitergegeben wurde. Damit blieb für die Niederlande mit dem gleichen Satz von 2,7% wie für Belgien die relative Begünstigung der Landwirtschaft durch die Aufwertung sehr gering. In Italien setzte sich der Anpassungsdruck auf die Landwirtschaft durch starke reale Preissenkungen durch das Abwärtsfloaten der Lira mit Grenzausgleich verstärkt fort. Durch die 1974 schrittweise vorgenommenen Herabsetzungen des repräsentativen Wechselkurses wurde dieses Ergebnis korrigiert, jedoch erst nachdem es zu Produktionsverlagerungen gekommen war. Die französische Landwirtschaft hatte bis zum Ausscheren Frankreichs aus dem Währungsblock am 28. 1. 1974 relative Verbesserungen ihrer Realpreise und ihrer Austauschrelationen erfahren. Als sich diese Entwicklung mit dem Abwärtsfloaten des Franc bei vollem Grenzausgleich drastisch umkehrte, mußten die Folgen durch nationale Beihilfen abgemildert werden. Mit der Rückkehr in den Währungsblock war für die französische Landwirtschaft eine Stärkung ihrer Position verbunden. Bei dem erneuten Ausscheiden des Franc aus dem Währungsblock wurde auf eine Wiedereinführung des Grenzausgleichs verzichtet.

2.2. *Regionale Auswirkungen der gemeinsamen Preispolitik*

Differenziert man das in Art. 39 des EWG-Vertrages genannte Ziel, ein angemessenes Einkommen für die in der Landwirtschaft tätige Bevölkerung zu gewährleisten, in regionaler Hinsicht, so zeigt sich sogleich das Dilemma, das entsteht, wenn man, wie in der Vergangenheit, versucht, dieses Ziel allein oder überwiegend mit den Mitteln der Markt- und Preispolitik zu erreichen.[16] Orientiert sich die Preispolitik an den durchschnittlichen Einkommen, so hat dies zwangsläufig zur Folge, daß in Gebieten mit günstigen natürlichen und wirtschaftlichen Standortbedingungen ohne schwerwiegende Mängel der Agrarstruktur Einkommen erreicht werden, die über das Ziel der Sicherung eines angemessenen Einkommens weit hinausgehen, während auf der anderen Seite in Gebieten mit ungünstigen natürlichen und wirtschaftlichen Standortbedingungen und ausgeprägten agrarstrukturellen Mängeln dieses Ziel nicht erreicht werden kann. Die Differenzierung ist umso ausgeprägter, je stärker die natürlichen, wirtschaftlichen und strukturellen Standorteigenschaften in positiver oder negativer Richtung miteinander korreliert sind. Da Gebiete mit ungünstigen natürlichen Standortbedingungen, von Ausnahmen abgesehen, stets Gebiete mit geringerer Urbanisierung und Industrialisierung waren und damit geringe Alternativen für eine außerlandwirtschaftliche Erwerbstätigkeit boten, was sich in einer Verschlechterung der Agrarstruktur niederschlägt, ist dies in der Realität weitgehend der Fall.

Vorliegende Statistiken lassen eine starke regionale Differenzierung der landwirtschaftlichen Einkommen erkennen. So schwankte 1971 das durchschnittliche Einkommen aus landwirtschaftlicher Tätigkeit pro Jahresarbeitseinheit in der Bundesrepublik, deren nationaler Durchschnitt 90% des EWG-Durchschnittes erreichte, zwischen 165% (Nordrhein-Westfalen) und 68% (Bayern),[17] in Frankreich (nationaler Durchschnitt 110% des EWG-Durchschnittes) zwischen 287% (Region Parisienne) und 50% (Limousin), in Italien (nationaler Durchschnitt 79% des EWG-Durchschnittes) zwischen 165% (Liguria) und 54% (Molise), im Vereinigten Königreich (nationaler Durchschnitt 141% des EWG-Durchschnittes) zwischen 112% (England, North) und 48% (Northern Ireland).[18] Die mit Regionen gleichgesetzten kleineren Länder weisen folgende Relationen zum EWG-Durchschnitt auf: Niederlande 187%, Belgien 151%, Luxemburg 71%, Irland 68% und Däne-

---

16 Auf die Ungeeignetheit einer Politik einheitlicher Agrarpreise zur Lösung des Einkommensproblems der Landwirtschaft bei den gegebenen regionalen Unterschieden wird u. a. nachdrücklich in folgendem Bericht hingewiesen: Atlantisches Institut: Die Zukunft der europäischen Landwirtschaft – Ein Vorschlag zur Neugestaltung der gemeinsamen Agrarpolitik (Bericht einer Expertengruppe, Berichterstatter: P. Uri), Paris 1970.

17 Die Schwankungsbreiten der regionalen Durchschnitte beziehen sich auf die jeweiligen nationalen Durchschnitte (nationaler Durchschnitt jeweils = 100%).

18 Vgl. Buchholz, H. E. und D. Manegold: Zur regionalen Einkommensentwicklung in der Agrarwirtschaft der EWG, als Manuskript vervielfältigte Vorlage zur 38. Mitgliederversammlung der Arbeitsgemeinschaft deutscher wirtschaftswissenschaftlicher Forschungsinstitute, Bonn-Bad Godesberg, 15.-16. Mai 1975.

mark 134%. Wegen des unterschiedlichen Disaggregationsgrades sind die Ergebnisse nicht voll vergleichbar. Generell würde eine stärkere Disaggregation die regionalen Unterschiede noch deutlicher hervortreten lassen. Trotz der statistischen Unvollkommenheiten ist eine ausgeprägte Korrelation zwischen dem Grad der innerlandwirtschaftlichen Einkommensdisparität und dem Anteil des Primärsektors an der Gesamtzahl der Beschäftigten zu erkennen. Verschiedene Anzeichen und für die Bundesrepublik vorliegende Untersuchungen[19] deuten auf eine zunehmende regionale Differenzierung hin.

Eine Politik einheitlicher Agrarpreise,[20] wie sie zwischen 1967 und 1970 betrieben wurde, konnte das Ziel der Sicherung eines angemessenen Einkommens für die Landwirte umso weniger erreichen, je höher der Anteil der landwirtschaftlichen Bevölkerung in Regionen mit ungünstigen natürlichen und wirtschaftlichen Standortbedingungen in einem Land war. Dies gilt in erster Linie für Italien. Wie gezeigt wurde, hat dort die Differenzierung der Agrarpreise im Gefolge von Wechselkursänderungen zu einer weiteren Verschlechterung der Realpreise geführt, mit dem Ergebnis, daß sich die Einkommen in den benachteiligten Regionen immer stärker von dem Ziel der Sicherung eines angemessenen Einkommens entfernen mußten.

Betrachtet man die regionale Entwicklung der Produktion, so wie sie sich unter dem Einfluß der gemeinsamen Preispolitik vollzog, so läßt sich folgendes feststellen:
– es findet eine zunehmende regionale Spezialisierung der Produktion statt,
– die Produktion konzentriert sich insgesamt stärker auf Regionen mit günstigen Standortbedingungen.

Die Tendenz zur regionalen Spezialisierung ist das Ergebnis technischer Fortschritte, durch die bestimmte Restriktionen, der die landwirtschaftliche Produktion in der Vergangenheit unterlag, und die insgesamt eine relativ vielseitige Produktion bedingten, zunehmend aufgehoben werden. Sofern die Formen der spezialisierten Produktion nicht bereits zu Umweltbelastungen führen, ist sie positiv zu bewerten. Sie ist Ausdruck einer Rationalisierung, d. h. tendenziell einer Verbilligung der Produktion und entspricht damit uneingeschränkt den Zielen einer Wirtschaftsgemeinschaft, deren wohlstandssteigernder Effekt ja gerade davon erwartet wird, daß

---

19 Vgl. Ort, W., F. Pfähler und W. v. Urff: Landwirtschaftliche Betriebe im Anpassungsprozeß – Ergebnisse einer betriebswirtschaftlichen Untersuchung, Hiltrup bei Münster/Westfalen 1972; Agrarberichte der Bundesregierung.
20 Wenn im folgenden von einheitlichen Agrarpreisen gesprochen wird, so schließt dies selbstverständlich eine Differenzierung nach den Transportkosten ein.

die Produktion ohne Berücksichtigung nationaler Grenzen sich nach den komparativen Standortvorteilen richtet. Im Rahmen von Marktordnungen erfolgt die Weitergabe von Rationalisierungseffekten an die Verbraucher in der Regel jedoch erst mit einer gewissen Phasenverschiebung, indem durch Rationalisierungserfolge geschaffene Spielräume für Realpreissenkungen (gegen den Widerstand der Produzenten) ausgenutzt werden.

Für die Konzentration der Produktion auf bevorzugten Standorten gilt das gleiche. Im Gegensatz zur regionalen Spezialisierung tritt hier jedoch ein Konflikt zwischen dem Ziel einer möglichst billigen Produktion von Agrarerzeugnissen und umweltpolitischen Zielen auf. Die Intensität, mit der die Produktion an den bevorzugten Standorten erfolgt, bewirkt bereits einen Umschlag von einer umwelterhaltenden zu einer umweltbelastenden Funktion der Landwirtschaft, während andererseits durch die begrenzte Aufnahmefähigkeit des Marktes für die Gesamtproduktion in Gebieten mit ungünstigen Standortbedingungen Flächen, deren Bewirtschaftung aus umweltpolitischen Gründen erwünscht wäre, aus der Produktion ausscheiden. Die Steuerung der landwirtschaftlichen Produktion allein über den Preis für Agrarerzeugnisse, wobei die durch übermäßige Konzentration entstehenden negativen externen Effekte auf die Allgemeinheit abgewälzt werden, und die positiven Leistungen zur Umwelterhaltung ohne Entlohnung bleiben, führt demnach zu Wohlfahrtsverlusten, die sich allerdings nur schwer quantifizieren lassen, da sich die Umweltwirkung der Landwirtschaft einer direkten Bewertung entzieht.[21] Setzt sich die 1973 und 1974 durch die Knappheit auf den Weltagrarmärkten unterbrochene Entwicklung fort, daß in der Nahrungsmittelproduktion tendenzielle Überschüsse auftreten, während andererseits die Erhaltung der Umwelt zu einem immer dringenderen Problem wird, so dürfte es langfristig nicht mehr sinnvoll sein, die landwirtschaftliche Tätigkeit allein durch den Preis für Nahrungsmittel zu entlohnen, sondern es müßte darüber hinaus ein Weg für die direkte Entlohnung der Leistung zur Umwelterhaltung gefunden werden.

Die geschilderten räumlichen Spezialisierungs- und Konzentrationstendenzen innerhalb der Landwirtschaft hätten sich wahrscheinlich auch bei einem anderen als dem tatsächlich realisierten Preisniveau eingestellt. Bei der verfolgten Politik relativ hoher Preise vollzog sich die Konzentration und Spezialisierung unter Entstehung von Differenzialrenten auf den bevorzugten Standorten und Verminderung des Anpassungsdruckes (ökonomi-

---

21 Vgl. hierzu Ort, W.: Alternativen der Landbewirtschaftung, in: Agrarwirtschaft, Jg. 23 (1974), H. 6, S. 209–215, sowie die dort angegebene Literatur.

scher Zwang zur Aufgabe einer hauptberuflichen landwirtschaftlichen Tätigkeit, Anreiz zur Aufgabe der Landbewirtschaftung) auf den benachteiligten Standorten, womit tendenziell die Abwanderung und die Preisgabe der Kulturlandschaft auf diesen Standorten abgeschwächt, dafür jedoch Überschüsse bei einer Vielzahl landwirtschaftlicher Produkte in Kauf genommen wurden. Eine Politik niedrigerer Preise hätte langfristig eine bessere Annäherung an das Marktgleichgewicht erreichen können, dafür jedoch stärkere Einkommensminderungen in den benachteiligten Gebieten und damit eine zunehmende interregionale Einkommensdisparität hinnehmen müssen, wenn man davon ausgeht, daß ein verstärkter Anpassungsdruck in industrienahen Regionen tatsächlich zu einer beschleunigten Anpassung geführt hätte, während in peripheren Gebieten, mangels entsprechender Alternative, die Anpassung geringer gewesen wäre und sich die Preissenkung stärker in einer Einkommensminderung niedergeschlagen hätte.[22] Außerdem müßte berücksichtigt werden, daß eine Anpassung in peripheren Gebieten bislang weitgehend mit einer Abwanderung verbunden war.

Die vorangegangenen Überlegungen haben folgendes deutlich gemacht:

– Bei den bestehenden ökologischen und strukturellen Unterschieden zwischen den Regionen der Mitgliedsländer und begrenzter Mobilität der landwirtschaftlichen Arbeitskräfte kann bereits eine Politik national einheitlicher Agrarpreise das Ziel der Sicherung eines angemessenen Einkommens für die z. Z. noch in der Landwirtschaft Beschäftigten in allen Regionen ohne flankierende Maßnahmen aus anderen Politikbereichen nicht erreichen. Dies gilt a forteriori für eine Politik EWG-einheitlicher Preise, da dabei zu den Unterschieden zwischen Regionen noch diejenigen zwischen Nationen hinzutreten. Sind regional differenzierte Preise, wie sie ceteris paribus zur Erreichung der regionalen Einkommensziele notwendig wären, nicht möglich, so müssen die Maßnahmen anderer Politikbereiche mit regional differenzierender Wirkung eingesetzt werden.

– Bei Nichtberücksichtigung externer Effekte führt die räumliche Allokation der Agrarproduktion über einheitliche Produktpreise zu einer Konzentration, die zwar mit dem Ziel einer rationellen und billigen Nah-

---

22 Diese auf einen Gedankengang von Schultz (Schultz, Th. W.: A Framework for Land Economics – The Long Run, View, in: Journal of Farm Economics, Vol. 33 (1951)) zurückgehende Überlegung wird von Peters und Schmitt vertreten (Peters, W. und G. Schmitt: Interregionale Einkommensunterschiede in der Landwirtschaft, in: Agrarwirtschaft, Jg. 22 (1973), H. 11, S. 381–392).

rungsmittelproduktion im Einklang steht, jedoch zu umweltpolitischen Zielen in Konflikt geraten kann.

– Es besteht eine Konfliktsituation zwischen dem Ziel, einen übermäßigen Anpassungsdruck in benachteiligten Gebieten mit seinen negativen Auswirkungen auf die Bevölkerungsdichte und die Erhaltung der Kulturlandschaft zu vermeiden und gleichzeitig ein Gleichgewicht auf den Agrarmärkten herbeizuführen.

Es verwundert nicht, daß die Markt- und Preispolitik allein nicht in der Lage ist, die oben genannten Ziele gleichzeitig zu verwirklichen. Dies ist, wenn überhaupt, nur durch regional unterschiedliche Maßnahmenbündel zu erreichen, wobei bei einheitlichen Preisen die Maßnahmen der übrigen Politiken, insbesondere der Strukturpolitik, umso stärker regional differenziert sein müssen, je weiter die Preispolitik von einer befriedigenden räumlichen Verteilung der Agrarproduktion wegführt.

3. *Räumliche Auswirkungen der Agrarstrukturpolitik*

3.1. *Vorüberlegungen zur Frage der Zweckmäßigkeit einer gemeinsamen Agrarstrukturpolitik*

Ein entscheidender Schritt in Richtung einer gemeinsamen Agrarstrukturpolitik wurde eigentlich erst mit der Verabschiedung der Strukturrichtlinien vom April 1972 vollzogen.[23]
Vorangegangen war eine durch eine Ratsentscheidung vom 4. Dezember 1962[24] eingeleitete »Harmonisierung« der Agrarstrukturpolitik, die jedoch kaum über eine gegenseitige Informationspflicht hinausging.[25] Auch die Tätigkeit der Abteilung Ausrichtung des europäischen Ausrichtungs- und

---

23 Richtlinie 72/159/EWG des Rates vom 17. 4. 1972 über die Modernisierung landwirtschaftlicher Betriebe (ABl. EG Nr. L 96 vom 23. 4. 1972, S. 1–8), Richtlinie 72/160/EWG des Rates vom 17. 4. 72 zur Förderung der Einstellung der landwirtschaftlichen Erwerbstätigkeit und der Verwendung der landwirtschaftlich genutzten Fläche für Zwecke der Strukturverbesserung (ABl. EG Nr. L 96 vom 23. 4. 1972, S. 9–14), Richtlinie 72/161/EWG des Rates vom 17. 4. 1972 über die sozio-ökonomische Information und die berufliche Qualifikation der in der Landwirtschaft tätigen Personen (ABl. EG Nr. L 96 vom 23. 4. 1972, S. 15-20).
24 ABl. EG Nr. 136 vom 17. 12. 1962, S. 2892 ff.
25 Vgl. hierzu: Die Gemeinsame Agrarstrukturpolitik (I), Europäische Dokumentation, Schriftenreihe Landwirtschaft, Nr. 5, Brüssel 1969.

Garantiefonds für die Landwirtschaft trug nicht zu einer wesentlichen Änderung dieser Situation bei. Es gelang weder die beabsichtigte stärkere Einordnung der aus der Abteilung Ausrichtung geförderten Maßnahmen in eine gesamtwirtschaftlich orientierte regionale Entwicklungspolitik[26] noch die Durchführung von Gemeinschaftsprogrammen mit Schwerpunktgebieten.[27]

Die Plafondierung der Mittel der Abteilung Ausrichtung des EAGFL auf 285 Mill. RE (nach der Erweiterung der Gemeinschaft erhöht auf 325 Mill. RE) dürfte mit dazu beigetragen haben, daß es kaum zu einer wirklichen gemeinsamen Agrarstrukturpolitik kam, sondern diese im wesentlichen in der Kompetenz der Mitgliedsstaaten verblieb.

Die Frage, ob dies positiv oder negativ zu beurteilen ist, kann unterschiedlich beantwortet werden. Geht man davon aus, daß bei den bestehenden strukturellen und Entwicklungsunterschieden zwischen den Ländern der Gemeinschaft die vorgezogene Integration der Markt- und Preispolitik bis hin zur Einführung EWG-einheitlicher Preise ein Fehler war,[28] so kommt man zu dem Ergebnis, daß den Mitgliedsstaaten durch uneingeschränkte Kompetenz im Bereich der Agrarstrukturpolitik die Möglichkeit offengehalten werden mußte, unerwünschte Auswirkungen der vereinheitlichten Markt- und Preispolitik zu kompensieren. Dies gilt insbesondere für die Phase der Preisangleichung selbst. Unterstellt man einen überwiegend kompensatorischen Charakter der Struktur- und Sozialpolitik zur Markt- und Preispolitik, so liegt die Schlußfolgerung nahe, daß es falsch gewesen wäre, der vorgezogenen Integration der Agrarmärkte eine Harmonisierung der Struktur- und Sozialpolitik folgen zu lassen.

Der überwiegend kompensatorische Charakter der Struktur- und Sozialpolitik kann jedoch bezweifelt werden. Zumindest für Frankreich läßt sich – wie oben gezeigt wurde – nachweisen, daß der durch die Preisanhebung des Jahres 1967 geschaffene Spielraum für eine Entlastung der Struktur- und Sozialpolitik nicht ausgenutzt wurde. Wird unabhängig von den Auswirkungen der Preispolitik zur Neutralisierung eines innenpolitischen Konfliktpotentials von einem Mitgliedsstaat eine expansive Strukturpolitik betrieben, so kann dies folgende Reaktionen auslösen:

– Mitglieder mit hohem wirtschaftlichen Leistungsniveau reagieren unter dem Druck der Landwirte mit entsprechenden ebenfalls expansiv wir-

26 Verordnung Nr. 17/1964/EWG des Rates vom 5. Februar 1964 über die Bedingungen für die Beteiligung des Europäischen Ausrichtungs- und Garantiefonds für die Landwirtschaft, Art. 15, ABl. EG Nr. 34 vom 27. 2. 1964, S. 586 ff.
27 Verordnung Nr. 17/64/EWG, a.a.O., Art. 16.
28 Vgl. hierzu Schmitt, G., a.a.O.

kenden Maßnahmen, woraus insgesamt eine Verschärfung der Über-
schußsituation, eine zunehmende finanzielle Gesamtbelastung und eine
Verschärfung innergemeinschaftlicher Konflikte (Diskussion über finanzielle Beteiligung nach dem Verursachungsprinzip versus gemeinschaftliche Solidarität) resultieren.

– Mitglieder mit geringem wirtschaftlichen Leistungsniveau reagieren nicht
durch entsprechende Maßnahmen, mit der Konsequenz, daß Anpassungsschwierigkeiten auf die wirtschaftlich schwächeren Partner abgewälzt
werden, die gerade aufgrund ihrer schwach entwickelten Wirtschaftsstruktur darauf angewiesen wären, noch einen höheren Anteil der Erwerbsbevölkerung in der Landwirtschaft zu halten.

Diese Überlegungen sprechen für eine Abstimmung auf dem Gebiet der
Agrarstrukturpolitik. Darüber hinaus würde eine allzu enge Ausrichtung
der agrarstrukturellen Förderungspolitik an den nationalen Leistungsniveaus und den regionalen gesamtwirtschaftlichen Verhältnissen die nationalen und regionalen Unterschiede perpetuieren, was im Widerspruch
zu den erklärten Zielen des Vertrages steht.

Wenn hier eine Abstimmung auf dem Gebiet der Agrarstrukturpolitik
für notwendig gehalten wird, so darf dies jedoch keineswegs mit einer
Vereinheitlichung im Sinne der Anwendung einheitlicher, für den Gesamtraum der EWG in der gleichen absoluten Höhe festgesetzter Kriterien
mißverstanden werden. Im Gegenteil, die schematische Anwendung absolut gleicher Kriterien würde zu einer Vergrößerung nationaler und regionaler Strukturunterschiede beitragen. Was hier gefordert wird, ist die Anwendung regional differenzierter Kriterien, wobei die Aufgabe der Gemeinschaftsorgane darin bestünde, dafür zu sorgen, daß die für bestimmte
Förderungsmaßnahmen relevanten Kriterien unter regionalpolitischen Zielsetzungen festgelegt werden, und ihre Anwendung einheitlich erfolgt.

3.2. *Regionale Effekte einer selektiven einzelbetrieblichen Förderung*

Ein wichtiges Instrument der Agrarstrukturpolitik ist die einzelbetriebliche
Förderung durch Investitionsbeihilfen oder Zinsverbilligungen. Nachdem
etwa in der Bundesrepublik zunächst die Mehrzahl der Landwirte Zugang
zu solchen Förderungsmaßnahmen hatte, was zum Vorwurf einer Förderung »nach dem Gießkannenprinzip« führte, begannen Ende der 60er Jahre
Bestrebungen, eine Förderung dieser Art auf Betriebe zu beschränken,
die unter Anlegung strengster Maßstäbe als langfristig lebensfähig ange-

117

sehen werden konnten. Am prägnantesten kommt diese Forderung in der ursprünglichen Version des Mansholt-Planes zum Ausdruck.[29]
Es ist einer der schwerwiegendsten Einwände gegen den Mansholt-Plan, daß er sich implizit an den Verhältnissen der wirtschaftlich fortgeschrittensten Regionen der Gemeinschaft orientierte. Abgesehen davon, daß in den zugrundegelegten Modellrechnungen Kapitalgüter grundsätzlich mit ihren Anschaffungskosten bewertet wurden und nicht, wie es notwendig gewesen wäre, die vorhandenen Kapitalgüter mit ihren Opportunitätskosten, ging der Mansholt-Plan völlig an der Tatsache vorbei, daß für den Faktor Arbeit regional unterschiedliche Opportunitätskosten anzusetzen gewesen wären. Für eine ausgewogene räumliche Verteilung der Agrarproduktion wäre er das denkbar ungeeignetste Konzept gewesen. Die Förderung hätte sich auf die wirtschaftlich am weitesten fortgeschrittenen Regionen beschränkt und in den eigentlichen Problemgebieten allenfalls einige wenige Betriebe mit völlig inadäquaten Faktorproportionen erfaßt.[30]
Dieser grundsätzliche Mangel wurde in der neuen Konzeption einer gemeinsamen Agrarstrukturpolitik vermieden. In der Richtlinie des Rates vom 17. 4. 1972 über die Modernisierung der landwirtschaftlichen Betriebe[31] wird zwar das Prinzip der selektiven Förderung beibehalten, insofern jedoch eine Abkehr von dem ursprünglichen Mansholt-Plan vollzogen, als die Förderungsschwelle (definiert als Arbeitseinkommen, das in 6 Jahren nach Wirksamwerden der Förderung erreicht werden soll), an dem Einkommen orientiert wird, das in außerlandwirtschaftlichen Berufen innerhalb der betreffenden Region erreicht wird. Darüber hinaus wird den Mitgliedsstaaten freigestellt, die Mindestzahl der Vollarbeitskräfte, für die ein entsprechendes Einkommen in den landwirtschaftlichen Betrieben erreicht werden soll, entsprechend den tatsächlichen Verhältnissen zu variieren und die finanziellen Anreize regional unterschiedlich festzusetzen.
Inwieweit die Regionalisierung der Förderungsschwelle zu einer ausgewogenen regionalen Verteilung der geförderten Betriebe führt, hängt von

29 Kommission der Europäischen Gemeinschaften: Memorandum zur Reform der Landwirtschaft in der europäischen Wirtschaftsgemeinschaft, Brüssel, 18. 12. 1968, KOM (68) 1 000, Teil A.
30 Angesichts der offensichtlichen Mängel des Mansholt-Planes überrascht die positive Einschätzung durch die »Groupe de Rome«, die ausdrücklich fordert, die Reform der gemeinsamen Agrarpolitik wieder dort aufzunehmen, wo sie 1968 mit der Vorlage des Mansholt-Planes begonnen wurde (Cairncross, A. et al., a.a.O., S. 110 u. 224).
31 Richtlinie 72/159/EWG, a.a.O.

einer Reihe von Faktoren ab. Grundsätzlich wird die Förderung regional umso ausgeglichener sein,

– je stärker die regionale Differenzierung der außerlandwirtschaftlichen Einkommen ist,

– je günstiger die natürlichen Standortbedingungen in den wenig industrialisierten landwirtschaftlichen Regionen sind,

– je günstiger die agrarstrukturellen Voraussetzungen in diesen Gebieten sind.

Wie oben bereits angedeutet wurde, ist davon auszugehen, daß die dritte Voraussetzung in wenig industrialisierten agrarischen Regionen kaum erfüllt ist und – abgesehen von Ausnahmen – im allgemeinen die wenig industrialisierten Gebiete auch diejenigen sind, die ungünstige natürliche Standortbedingungen für die Landwirtschaft aufweisen. Je stärker in dieser Situation die aus anderen Gründen angestrebte Nivellierung der regionalen Unterschiede in den außerlandwirtschaftlichen Einkommen vorangetrieben wird, umso mehr muß dies dazu führen, daß in den eigentlichen landwirtschaftlichen Problemgebieten wenige oder keine Betriebe die Förderungsschwelle erreichen, so daß die Förderungsmittel vor allem in den bereits durch die natürlichen und wirtschaftlichen Standortbedingungen begünstigten Gebieten zum Einsatz kommen.

Für die Bundesrepublik liegt eine Modellrechnung[32] vor, die diese Tendenzen bestätigt. Obwohl die in die Modellrechnung eingegangenen Annahmen sicher problematisch sind, und ihre Ergebnisse vom Bundesministerium für Ernährung, Landwirtschaft und Forsten grundsätzlich infrage gestellt werden, sollen hier die von den Autoren gezogenen Schlußfolgerungen[33] wie folgt wiedergegeben werden:

– Aufgrund der einzelbetrieblichen Entscheidungen kann es in Gebieten mit günstigen Standortbedingungen dazu kommen, daß sich mehr Betriebe für eine Aufstockung entscheiden als im Rahmen der Begrenzung durch die durch Betriebsaufgabe oder Abstockung freiwerdenden Flächen tatsächlich aufstocken können. Eine Nutzung der getätigten Investitionen wäre dann nur unter stärkerem Einsatz von Zukauffutter möglich, was gegen die umweltpolitische Zielsetzung verstößt und damit nicht im Sinne der Förderung liegt.

---

32 Meinhold, K., P. Hollmann und A. Lampe: Zur regionalen Auswirkung der einzelbetrieblichen Förderung, in: Zur Reform der Agrarpolitik der EWG. Gutachten des Wissenschaftlichen Beirates beim Bundesministerium für Ernährung, Landwirtschaft und Forsten, Landwirtschaft – Angewandte Wissenschaft, H. 166, Hiltrup bei Münster/Westfalen 1973, Anhang IV.

33 Meinhold, K. et al., a.a.O., S. 31–33.

– In Wirtschaftsgebieten mit sehr hohem Anteil nicht-entwicklungsfähiger Betriebe und damit auch hohen Flächenanteilen, die mit der Förderung nicht erfaßt werden, reichen die möglichen Förderungsmaßnahmen nicht aus, die derzeitige Flächenbewirtschaftung aufrecht zu erhalten, was ebenfalls gegen umweltpolitische Ziele verstoßen kann.

– In den zuletzt genannten Gebieten kann durch das einzelbetriebliche Förderungsprogramm allein ein Strukturwandel im Sinne eines weitgehenden Gleichgewichtes von Aufstockung und Abstockung nicht gesteuert werden. Hier werden Einkommensprobleme entstehen, für deren Bewältigung die in den Richtlinien vorgesehenen Überbrückungshilfen nicht ausreichen.

– In Gebieten mit ungünstigen Standortbedingungen und dementsprechend einer geringen Beleihungsgrenze können viele Betriebe, selbst wenn sie theoretisch die Förderungsschwelle erreichen, nicht von der Förderung Gebrauch machen, da die Beleihungsgrenze infolge bereits vorgenommener Investitionen nicht mehr genügend Spielraum läßt.

Zur Absicherung der einzelbetrieblichen Förderung schlagen die Autoren vor, für die Gebiete mit günstigen Standortbedingungen die Zahl der in die einzelbetriebliche Förderung einzubeziehenden Betriebe aufgrund von Tragfähigkeitsberechnungen zu beschränken[34] und in den Gebieten mit ungünstigen Standortverhältnissen anstelle einer stringenten Anwendung der Einkommensschwelle andere Kriterien einzuführen, um zu verhindern, daß praktisch alle Betriebe aus der einzelbetrieblichen Förderung herausfallen. Sie sind sich jedoch im klaren darüber, daß in den Gebieten mit ungünstigen Standortbedingungen auf diese Weise weder das Problem der Aufrechterhaltung einer bestimmten Flächenbewirtschaftung noch das Problem der Einkommenssicherung für die landwirtschaftlichen Arbeitskräfte mit geringer Mobilität gelöst werden kann. Für die Erreichung dieser Ziele werden ergänzende Maßnahmen einschließlich befristeter direkter Ausgleichszahlungen vorgeschlagen.[35]

---

34 Die Forderung nach der Durchführung von Tragfähigkeitsberechnungen wurde in der Bundesrepublik bereits im Zusammenhang mit dem »Einzelbetrieblichen Förderungs- und Sozialen Ergänzungsprogramm« von 1970 erhoben (vgl. hierzu Weinschenck, G. und E. Reisch: Das neue Förderungsprogramm für die Land- und Forstwirtschaft der BRD, in: Agrarwirtschaft, Jg. 19 (1970), H. 11, S. 345–352).

35 Der Vorwurf, das mit der Richtlinie 72/159/EWG abgestimmte »Einzelbetriebliche Förderungsprogramm« erfasse zu wenig Betriebe, vor allem in den benachteiligten Regionen, wird vom Bundesministerium für Ernährung, Landwirtschaft und Forsten bestritten. Nach einer hausinternen Berechnung wären, wenn mindestens eine AK pro Betrieb die Einkommensschwelle erreichen soll, von den durch die Landwirtschaftszählung 1971 ausgewiesenen Betrieben über 1 ha LF 35% förderungsfähig gewesen, von den Betrieben über 10 ha LF 78%. Bei Erhöhung der Zahl der

Die immer noch ungenügende Berücksichtigung regionaler Aspekte in den EWG-Strukturrichtlinien von 1972 wurden durch spätere Entscheidungen teilweise korrigiert. Zunächst wäre hierzu die »Richtlinie des Rates über allgemeine Bestimmungen betreffend die regionale Differenzierung einiger in den Richtlinien vom 17. April 1972 zur Reform der Landwirtschaft vorgesehener Maßnahmen«[36] zu nennen. Mit ihr werden die Nichtanwendung der einzelbetrieblichen Förderung in Regionen, in denen sich bereits 75% der von hauptberuflichen Landwirten bewirtschafteten Fläche in Betrieben befinden, die nach den Kriterien der Richtlinie 72/159/EWG als entwicklungsfähig anzusehen sind, sowie das Nichtangebot von Förderungsmaßnahmen zur Verbesserung der Agrarstruktur in den gleichen Regionen sowie in Regionen, die künftig nicht mehr für eine landwirtschaftliche Nutzung vorgesehen sind, ermöglicht. Weiterhin wird den Mitgliedstaaten ein weiter Spielraum für regionale Differenzierungen der finanziellen Anreize eingeräumt, die insbesondere im Hinblick auf das »geringe landwirtschaftliche Einkommen oder den besonders starken Abstand des landwirtschaftlichen Einkommen gegenüber dem vergleichbaren Einkommen«[37] des betreffenden Gebietes festgesetzt werden sollen. Noch entscheidender ist jedoch die Herabsetzung der Förderungsschwelle in der »Richtlinie des Rates über die Landwirtschaft in Berggebieten und in bestimmten benachteiligten Gebieten«[38] vom April 1975. In der Bundesrepublik wurden in den im Vorgriff auf eine einheitliche EWG-Regelung mit Wirkung vom 1. Oktober 1974 in den Rahmenplan der Gemeinschaftsaufgabe »Verbesserung der Agrarstruktur und des Küstenschutzes« eingeführten Grundsätzen für die Förderung landwirtschaftlicher Betriebe in Berggebieten und in bestimmten benachteiligten Gebieten der Anteil der auf die Einkommensschwelle anrechenbaren außerlandwirtschaftlichen Einkommen von 20% auf 50% heraufgesetzt und in den Berggebieten die Vorschrift, daß für 1 AK das vergleichbare Arbeitseinkommen aus der Landwirtschaft stammen muß, durch Herabsetzung auf 70% gelockert.

Arbeitskräfte auf 1,5 AK/Betrieb hätten sich die Anteile auf 25% bzw. 60% verringert. Allerdings zeigt die regionale Verteilung, daß selbst bei 1 AK/Betrieb in ausgesprochenen Mittelgebirgslagen (Bayerischer Wald, Schwarzwald, Schwäbische Alb, Spessart, Rhön, Rheinisches Schiefergebirge) der Anteil der entwicklungsfähigen Betriebe an der Gesamtzahl der Betriebe über 1 ha LF unter 20% gelegen hätte.

36 Richtlinie 73/440/EWG, ABl. EG Nr. L 356 vom 27. 12. 1973, S. 85 f.
37 Richtlinie 73/440/EWG, a.a.O., Art. 2, 3 und 4.
38 Richtlinie 75/268/EWG des Rates vom 28. April 1975 über die Landwirtschaft in Berggebieten und in bestimmten benachteiligten Gebieten, ABl. EG Nr. L 128 vom 19. 5. 1975.

Eine weitere Lockerung ergibt sich durch die Anrechnung des Bewirtschaftungszuschusses (Ausgleichszulage)[39] auf die Einkommensschwelle.[40] Bevor darauf eingegangen wird, inwieweit eine regional stärker differenzierte einzelbetriebliche Förderung zusammen mit ergänzenden Maßnahmen der Agrarstruktur- und der ländlichen Sozialpolitik in der Lage ist, einen Beitrag zur Erreichung einkommens-, regional-, und umweltpolitischer Ziele zu erreichen, soll im folgenden zunächst auf die Frage eingegangen werden, inwieweit das Einkommensproblem durch außerhalb der Landwirtschaft ansetzende Maßnahmen, insbesondere solche der Regionalpolitik gelöst werden kann. Diese Reihenfolge erscheint sinnvoll, um abschätzen zu können, welche Probleme nicht durch die Regionalpolitik gelöst werden können, also unter allen Umständen den Einsatz agrarpolitischer Instrumente verlangen.

3.3. Regionalpolitische Maßnahmen zur Lösung des Einkommens- und Beschäftigungsproblems in schwach industrialisierten landwirtschaftlichen Regionen

Ursache des unbefriedigenden Einkommens der Landwirtschaft in schwach industrialisierten Regionen, die, wie gezeigt wurde, zudem meist unter ungünstigen natürlichen Produktionsbedingungen und agrarstrukturellen Mängeln leiden, ist die Tatsache, daß für die vorhandenen Arbeitskräfte keine ausreichenden produktiven Beschäftigungsmöglichkeiten in der Landwirtschaft bestehen, und vorhandene außerlandwirtschaftliche Beschäftigungsalternativen zur Aufnahme der überschüssigen Arbeitskräfte nicht ausreichen. Statt durch eine Abwanderung der überschüssigen Arbeitskräfte kann eine langfristig optimale Allokation der Produktion im Raum in der Regel nur erreicht werden, wenn das bislang unzureichend genutzte Produktionspotential in den wirtschaftsschwachen Räumen erschlossen wird, um ein weiteres Wachstum zu ermöglichen, und die übermäßige Nutzung der Produktionsreserven in Ballungsräumen, in denen die marginalen gesellschaftlichen Vorteile der Agglomeration bereits von deren marginalen gesellschaftlichen Nachteilen übertroffen werden, verhindert wird.

39 Für Einzelheiten siehe Abschnitt »3.5. Maßnahmen zur Aufrechterhaltung der Landbewirtschaftung«.
40 Rahmenplan der Gemeinschaftsaufgabe »Verbesserung der Agrarstruktur und des Küstenschutzes« für den Zeitraum 1975 bis 1978, Deutscher Bundestag, 7. Wahlperiode, Drucksache 7/3563 vom 24. 4. 1975.

Daß im Rahmen des ordnungspolitischen Konzeptes einer Marktwirtschaft neben der global gesteuerten Einflußnahme auf Niveaugrößen wie Konsum oder Investitionen, gezielte regionalpolitische Eingriffe notwendig sind, um eine solche räumlich ausgewogene Entwicklung herbeizuführen, ist unbestritten. Ebenso dürfte unbestritten sein, daß es dazu eines massiven interregionalen Finanzausgleiches bedarf. Die bisher praktizierte Besteuerung am Unternehmenssitz sowie die Lenkung öffentlicher Infrastrukturinvestitionen nach dem Bedarfsprinzip benachteiligen die schwach entwickelten Regionen und wirken verdichtungsfördernd.[41]

In vielen der schwach industrialisierten Räume ist die Schaffung außerlandwirtschaftlicher Arbeitsplätze der wichtigste Ansatzpunkt für die Lösung des Beschäftigungsproblems.[42] Es war daher nur folgerichtig, wenn die Kommission in einem Verordnungsentwurf vom 28. 5. 1971 vorschlug, einen Teil der Mittel der Abteilung Ausrichtung des EAGFL für die Schaffung solcher Arbeitsplätze einzusetzen.[43] Nach diesem Vorschlag sollte in Regionen »in denen Schwerpunkte oder Achsen für die Entwicklung von Wirtschaftstätigkeiten geschaffen werden können« für jeden neu geschaffenen und von einem ausscheidenden Landwirt oder dessen direkten Nachkommen eingenommenen Arbeitsplatz eine Prämie von 1 500 RE gewährt werden. Für diesen Zweck sollten jährlich 50 Mill. RE bereitgestellt werden. Als Kriterien für die Abgrenzung der Förderungsregionen wurde ein über dem gemeinschaftlichen Durchschnitt liegender Vom-Hundert-Satz für die in der Landwirtschaft beschäftigte Erwerbsbevölkerung sowie ein unterdurchschnittliches Bruttoinlandsprodukt zu Faktorkosten je Einwohner und ein unterdurchschnittlicher Vom-Hundert-Satz der in der Industrie beschäftigten Erwerbsbevölkerung vorgeschlagen. Ebenso wie über die übrigen Vorschläge auf dem Gebiet der Regionalpolitik konnte auch über diesen Kommissionsvorschlag keine Einigung erzielt werden. Als nach mehreren erfolglosen Anläufen auf der Pariser Gipfelkonferenz vom 9./10.

41 Vgl. hierzu den Beitrag von Biehl, D.: Ursachen interrregionaler Einkommensunterschiede und Ansatzpunkte für eine potential-orientierte Regionalpolitik in der Europäischen Gemeinschaft.
42 Auf diese Tatsache wird mit besonderem Nachdruck von der »Groupe de Rome« hingewiesen, die zur Aufbringung der benötigten Mittel und gleichzeitig zur Verhinderung übermäßiger Agglomerationen eine Bodenwertsteuer in Ballungsgebieten vorschlägt (Cairncross, A. et al., a.a.O., S. 80 ff.).
43 Vorschlag einer Verordnung (EWG) des Rates über die Finanzierung von Vorhaben durch den Europäischen Ausrichtungs- und Garantiefonds für die Landwirtschaft, Abteilung Ausrichtung, im Rahmen von Maßnahmen zur Entwicklung von Agrargebieten, die mit Vorrang zu fördern sind (ABl. EG Nr. C 90 vom 11. 9. 1971; vgl. auch: 7. Gesamtbericht über die Tätigkeit der Gemeinschaften 1973, Brüssel–Luxemburg, 1974, S. 203.

Dezember 1974 endlich ein Kompromiß über einen europäischen Regionalfonds zustande kam, wurde beschlossen, die inzwischen angesammelten 150 Mill. RE aus dem EAGFL zur Finanzierung der für das erste Jahr vorgesehenen 300 Mill. RE zu verwenden.[44] Im übrigen dürften weder die Höhe des Fonds mit 1,3 Mrd. RE für drei Jahre noch der vereinbarte feste Länderschlüssel für die Verteilung der Mittel den wirklichen regionalpolitischen Erfordernissen in der Gemeinschaft entsprechen. Darüber hinaus zeigen die späteren langwierigen und schwierigen Verhandlungen über die Höhe der Beteiligung des Fonds (die ursprüngliche vorgeschlagene einheitliche Beteiligung von 25% hätte vor allem die ärmeren Länder Irland und Italien vor Schwierigkeiten bei der Aufbringung ihrer nationalen Anteile gestellt) sowie über den obligatorischen Ausgabencharakter des Fonds, daß es sich dabei um einen fragilen politischen Kompromiß handelt, von dem ein wirklich durchgreifender Beitrag zur Lösung der regionalen Einkommensprobleme in der Gemeinschaft noch nicht erwartet werden kann.

Welchen Beitrag eine regionalpolitische Förderung zur Lösung des Einkommens- und Beschäftigungsproblems in schwach industrialisierten Räumen leisten kann, hängt weitgehend von der vorhandenen Bevölkerungsdichte ab. Nur in Regionen mit hoher Bevölkerungsdichte dürften neu anzusiedelnde gewerbliche Betriebe langfristig noch ein für sie ausreichendes Arbeitspotential aus der Landwirtschaft herauslösen können. Da die Mobilität dieser Arbeitskräfte im allgemeinen gering ist, d. h. die Aufnahme einer außerlandwirtschaftlichen Beschäftigung eine Umschulung voraussetzt, wenn sie nicht gar ausschließlich auf den Generationswechsel beschränkt bleibt, kann selbst unter diesen Umständen für eine Anlaufphase der Einsatz ortsfremder (in der Regel ausländischer) Arbeitskräfte notwendig werden.

In landwirtschaftlichen Gebieten mit geringer Bevölkerungsdichte, wie sie in der Bundesrepublik die Regel bilden, wird das in der Landwirtschaft noch vorhandene mobile Arbeitspotential meist überschätzt. Hier dürfte es vor allem darauf ankommen, bereits abgewanderte Arbeitskräfte zurückzugewinnen, bzw. gegenwärtig weit außerhalb der Region beschäftigte Fernpendler in der Region zu beschäftigen. Das Problem der Bevölkerungsdichte kann in diesen Regionen, wenn überhaupt, wahrscheinlich nur durch

---

44 Vorschlag einer Verordnung (EWG) des Rates über die Zuweisung eines Betrages von 150 Mill. RE aus den zurückgestellten Mitteln der Abteilung Ausrichtung des Europäischen Ausrichtungs- und Garantiefonds für die Landwirtschaft an den Europäischen Fonds für Regionalentwicklung (ABl. EG Nr. C 35 vom 14. 12. 1975, S. 7).

Zuwanderung gelöst werden, wofür die Attraktivität dieser Regionen, vor allem durch eine entsprechende Ausstattung mit sozialer Infrastruktur, gesteigert werden muß. Der wichtigste Anreiz für die Ansiedlung von Industriebetrieben liegt hier weniger im regionalen Arbeitskräftepotential, als vielmehr in der Bereitstellung von Gelände und in der größeren ökologischen Belastbarkeit. Dieser Vorteil wiederum kommt wahrscheinlich nur zum Tragen, wenn ein entsprechender Ausbau der wirtschaftlichen Infrastruktur erfolgt. Generell dürfte somit von Infrastrukturinvestitionen in diesen Gebieten eine wesentlich stärkere Förderungswirkung ausgehen als von unternehmensbezogenen Maßnahmen.

Der direkte Beitrag der Landwirtschaft zur Erhaltung einer bestimmten Bevölkerungsdichte, die ihrerseits die Voraussetzung für die Aufrechterhaltung der Infrastruktur ist, darf nicht überschätzt werden. Wesentlich höher ist ihr indirekter Beitrag zu veranschlagen, der darin besteht, durch Erhaltung der Kulturlandschaft die Attraktivität einer Region zu erhöhen. Im übrigen schließt eine räumlich ausgewogene Entwicklung Verdichtungen und Entleerungen innerhalb kleinerer Regionen keineswegs aus.

Vor allem in den weniger dicht besiedelten Gebieten zeigt sich bei näherer Untersuchung, daß der Überbesatz an landwirtschaftlichen Arbeitskräften aus weitgehend immobilen Personen, vor allem älteren Betriebsleitern besteht, die auch bei einem ausreichenden Angebot außerlandwirtschaftlicher Arbeitsplätze nicht aus ihrer landwirtschaftlichen Beschäftigung herausgelöst werden können. Für sie werden andere Maßnahmen notwendig.

3.4. Sozialpolitische Maßnahmen zur Lösung des Einkommensproblems in der Landwirtschaft

Diese Gruppe von Landwirten wird in erster Linie durch soziale Ergänzungsprogramme angesprochen, für die innerhalb der Gemeinschaft durch die Richtlinie zur Förderung der Einstellung der landwirtschaftlichen Erwerbstätigkeit und die Verwendung der landwirtschaftlich genutzten Fläche für Zwecke der Agrarstrukturverbesserung[45] eine gewisse Harmonisierung erreicht wurde. Soweit die Flächenaufgabe zur Strukturverbesserung an die Bedingung gebunden ist, daß die aufgegebenen Flächen von Betrieben übernommen werden, die die einzelbetriebliche Förderungsschwelle überschreiten, ist dieses Förderungsinstrument problematisch. Gerade in den

45 Richtlinie 72/160/EWG, a.a.O.

landwirtschaftlichen Problemgebieten erreichen nur wenige Betriebe die Förderungsschwelle, so daß nur eine kleine Zahl aufgabewilliger Betriebsleiter von dieser Förderung Gebrauch machen kann. Es kann sogar die paradoxe Situation entstehen, daß man die Landabgabe fördert, obwohl aus umweltpolitischen Gründen eigentlich die Aufrechterhaltung der Bewirtschaftung gefördert werden sollte. Genauso kann das ebenfalls als Beitrag zur Agrarstrukturverbesserung angesehene Ausscheiden von Flächen aus der landwirtschaftlichen Nutzung in Konflikt mit dem Ziel der Landschaftserhaltung geraten, vor allem in Gebieten mit hohem Waldanteil, in denen ein Offenhalten der Landschaft für die Erhaltung ihres Erholungswertes notwendig ist.

Grundsätzlich ist die Wirkung eines solchen sozialen Ergänzungsprogrammes auf die Agrarstruktur dadurch begrenzt, daß damit nur die Betriebsleiter in den oberen Gruppen der Alterspyramide (ab 55 Jahre) angesprochen werden. Es kann damit praktisch nur erreicht werden, daß das Ausscheiden aus dem Erwerbsleben früher erfolgt, als dies ohne ein solches Förderungsprogramm der Fall wäre.

Das Hauptproblem liegt jedoch bei den Altersklassen, die zwischen der Mobilitätsschwelle einerseits (diese Schwelle darf realistischerweise nicht zu hoch angenommen werden) und der Schwelle für die Einbeziehung in Sozialprogramme andererseits liegen. Normalerweise ist für die Mehrzahl der Betriebsleiter in diesen Altersklassen eine Weiterführung der Betriebe zur Existenzsicherung notwendig, auch wenn diese Betriebe keine Chance haben, sich unter Anlegung bestimmter Einkommensmaßstäbe zu echten Vollerwerbsbetrieben zu entwickeln.

In der Bundesrepublik trägt die Förderung von einzelbetrieblichen Investitionen im Rahmen der Gemeinschaftsaufgabe »Verbesserung der Agrarstruktur und des Küstenschutzes« diesen Betrieben Rechnung, indem sie Investitionen als förderungswürdig anerkennt, die notwendig sind, um für einen Betriebsleiter, dessen Betrieb unter der Förderungsschwelle liegt, und der nicht unter das soziale Ergänzungsprogramm fällt, bis zu seinem Ausscheiden aus dem Erwerbsleben sozial erträgliche Verhältnisse zu schaffen.[46]

Da gerade in den landwirtschaftlichen Problemgebieten mit einem massierten Auftreten dieser Fälle zu rechnen ist, stellt sich die Frage, ob Überbrückungshilfen das geeignete Instrument zur Lösung dieses Problems sind. Eine Alternative dazu wäre die Gewährung zeitlich begrenzter direkter Einkommensbeihilfen. Hierzu liegen verschiedene mehr oder weniger

46 Vgl. hierzu Rahmenplan . . ., a.aO., S. 29 f.

weitgehend operationalisierte Ansätze vor.[47] Ihnen gemeinsam ist die Absicht, die Einkommensbeihilfen völlig von der Produktion zu lösen und an sozialökonomische Tatbestände der landbewirtschaftenden Familien bzw. ihrer Betriebe zu binden. Im Prinzip sind die Einkommensbeihilfen als Übergangslösung konzipiert. Grundsätzlich bieten sie die Möglichkeit zur Berücksichtigung regionaler Belange. So sollte etwa die Einkommenshöhe, bis zu der die erzielten Einkommen durch direkte Beihilfen ausgeglichen werden, nach den regionalen Durchschnittseinkommen differenziert werden.

Maßnahmen dieser Art wurden bisher vor allem als notwendiges Korrelat zu einer Politik der allmählichen Senkung des realen Agrarpreisniveaus vorgeschlagen.[48] Sie scheinen grundsätzlich geeignet, den bestehenden und durch eine solche Politik noch verstärkten Anpassungsdruck unter Berücksichtigung der regionalen Gegebenheiten zu mildern. Um zu verhindern, daß einzelne Länder entsprechend ihrem gesamtwirtschaftlichen Leistungsniveau bei einer autonomen Einsatzmöglichkeit von diesen Mitteln so weitgehend Gebrauch machen, daß der Anpassungsdruck damit völlig aufgehoben wird, während Länder mit geringeren gesamtwirtschaftlichen Leistungsniveaus von der Finanzierungsseite her an die Grenzen einer solchen Politik stoßen, erscheinen direkte Ausgleichszahlungen nur als Gemeinschaftspolitik mit gemeinschaftlicher finanzieller Verantwortung durchführbar.

3.5. *Maßnahmen zur Aufrechterhaltung der Landbewirtschaftung*

Die in den vorangegangenen Abschnitten diskutierten Maßnahmen sind grundsätzlich auf das Einkommensproblem in Gebieten mit ungünstigen natürlichen und wirtschaftlichen Standortbedingungen sowie mit Strukturmängeln ausgerichtet. Selbst wenn es mit ihrer Hilfe gelingen sollte das Einkommensproblem in diesen Gebieten zu lösen, so ist damit in keiner

47 Vgl. hierzu Atlantisches Institut, Die Zukunft der europäischen Landwirtschaft, a.a.O., Spinelli, A.: Vermerk für den Präsidenten und die Kollegen über die Diskussion zur Agrarpolitik vom 9. März 1973.

48 In den Vorschlägen der »Groupe de Rome« über eine Reform der gemeinsamen Agrarpolitik nehmen direkte Beihilfe in dem hier besprochenen Sinne eine zentrale Stellung ein (Cairncross, A. et al., a.a.O., S. 110 ff. und S. 224), während sich der Wissenschaftliche Beirat beim Bundesministerium für Ernährung, Landwirtschaft und Forsten dazu sehr zurückhaltend äußert und die grundsätzliche Überlegenheit eines solchen Systems gegenüber dem bestehenden bezweifelt (Zur Reform der Agrarpolitik, a.a.O., S. 12 f.).

Weise sichergestellt, daß auch das Ziel der Aufrechterhaltung einer bestimmten Landbewirtschaftung erreicht wird. Gelingt es, überschüssige Arbeitskräfte durch ein ausreichendes Angebot außerlandwirtschaftlicher Arbeitsplätze aus der Landwirtschaft abzusaugen, so hängt es, neben den natürlichen und strukturellen Gegebenheiten, von den Einkommens- und Freizeitansprüchen dieser Arbeitskräfte sowie der Entfernung des außerlandwirtschaftlichen Arbeitsplatzes und der Art der Beschäftigung ab, ob die bisher bewirtschafteten Flächen im Nebenerwerb weiterbewirtschaftet oder aufgegeben werden. Bei der Gewährung zeitlich begrenzter Übergangshilfen für eine bestimmte Gruppe landwirtschaftlicher Betriebe, wird davon ausgegangen, daß die langfristige Lösung des Beschäftigungs- und Einkommensproblems durch eine Beschäftigung außerhalb der Landwirtschaft erfolgt, so daß nach dem Auslaufen der Übergangsbeihilfe die gleichen Probleme auftreten. Grundsätzlich wird man damit rechnen müssen, daß mit einer Verbesserung der außerlandwirtschaftlichen Beschäftigungsmöglichkeiten und mit steigenden Freizeitansprüchen die Opportunitätskosten des Faktors Arbeit steigen, womit die Gefahr verbunden ist, daß eine Landbewirtschaftung, die heute vor allem aufgrund der geringen Opportunitätskosten des Faktors Arbeit wirtschaftlich sinnvoll ist, in zunehmendem Maße aufgegeben wird. Für viele Gebiete, wenn auch keineswegs für alle, kann eine Aufgabe der Landbewirtschaftung eine schwerwiegende Beeinträchtigung der ökologischen und gesellschaftlichen Funktionen der Landschaft darstellen.

Die Agrarpolitik kann einer solchen Entwicklung nur dann entgegenwirken, wenn zumindest in diesen Gebieten die Funktion der Landschaftspflege als Hauptaufgabe angesehen und damit direkt entlohnt wird, statt wie bisher externer Effekt der Nahrungsmittelproduktion zu sein.[49] Ein erster Schritt in dieser Richtung sind die von der Kommission vorgeschlagenen Bewirtschaftungsbeihilfen für benachteiligte Gebiete, die im Gegensatz zu den oben genannten produktneutralen Einkommensbeihilfen als Dauerregelung gedacht sind. In der im April 1975 verabschiedeten »Richtlinie des Rates über die Landwirtschaft in Berggebieten und in bestimmten benachteiligten Gebieten«,[50] die wegen der fehlenden Einigung über ein aufgrund von Anmeldungen der Mitgliedstaaten zusammenzustellendes Gebietsverzeichnis für den Gültigkeitsbereich zunächst nicht inkraft

49 Vgl. hierzu Ort, W.: Alternativen der Landbewirtschaftung, a.a.O.
50 Richtlinie 75/268/EWG vom 28. April 1975, ABl. EG Nr. L 128 vom 19. 5. 1975. Vorangegangen war ein Richtlinienvorschlag vom Februar 1973 (EG Dok. R/523/73 (AGRI 166) vom 28. 2. 1973) sowie ein weiterer Richtlinienvorschlag vom November 1973 (EG Dok. R/2733/1/73 (AGRI 735/FIN 695) rev. 1 vom 16. 11. 1973).

gesetzt werden konnte, werden Gebiete speziell gefördert, in denen die Fortführung einer Ausübung der landwirtschaftlichen Tätigkeit für die Erhaltung eines Minimums an Bevölkerungsdichte und zur Erhaltung der Landschaft erforderlich ist. Hierzu gehören Berggebiete, in denen bei dem größten Teil der Flächen die Hangneigung so stark ist, daß eine Mechanisierung nicht oder nur unter besonderen Schwierigkeiten möglich ist, oder die Vegetationszeit so kurz ist, daß sie der Bodennutzung erhebliche Beschränkungen auferlegt. Neben den Berggebieten werden Gebiete mit schwach ertragsfähigen und für den Ackerbau und die Intensivierung wenig geeigneten Böden, die nicht ohne übermäßige Kosten verbessert werden können und hauptsächlich für die Viehzucht nutzbar sind, sowie Gebiete mit geringer allgemeiner Bevölkerungsdichte oder Tendenz zur Abnahme einer Bevölkerung, die überwiegend auf die Landwirtschaft angewiesen ist, und deren beschleunigte Abnahme die Lebensfähigkeit des betreffenden Gebietes und seine Besiedlung infragestellen würde, in die Förderung einbezogen. Kernstück der Förderung sind laufende Bewirtschaftungsbeihilfen je Hektar Ackerfläche oder je Großvieheinheit sowie einmalige Beihilfen für bestimmte Formen der Rind- und Schaffleischproduktion. Auf die Herabsetzung der Einkommensschwelle für die einzelbetriebliche Investitionsförderung wurde bereits hingewiesen.

Die in der Bundesrepublik mit Wirkung ab 1. Oktober 1974 im Vorgriff auf eine einheitliche EWG-Regelung inkraftgesetzten Grundsätze für die Förderung landwirtschaftlicher Betriebe in Berggebieten und bestimmten benachteiligten Gebieten im Rahmen der Gemeinschaftsaufgabe »Verbesserung der Agrarstruktur und des Küstenschutzes« wurden laufende Bewirtschaftungsbeihilfen (Ausgleichszulagen) für die Berggebiete sowie die Kerngebiete der benachteiligten Agrarzonen und der sogenannten »Kleinen Gebiete« eingeführt.[51] Ein Vergleich der Gebiete, in denen die Ausgleichszulage gewährt wird, mit den Gebieten, in denen der Anteil der Betriebe, die für die einzelbetriebliche Investitionsförderung infrage kommen (bei 1 AK/Betrieb), unter 20% liegt, läßt ein erstaunlich hohes Maß an Übereinstimmung erkennen.[52] Damit wird die Aufgabe dieser Maßnahme deutlich, in Gebieten, in denen die einzelbetriebliche Förderung nicht greift, ein Minimum an landwirtschaftlicher Bevölkerungsdichte und eine gewisse Landbewirtschaftung aufrecht zu erhalten.

---

51 Rahmenplan . . ., a.a.O., S. 55 ff.
52 Rahmenplan . . ., a.a.O., S. 59 ff. und Agrarbericht 1975 (Deutscher Bundestag, 7. Wahlperiode, Drucksache 7/3210 vom 7. 2. 1975), Karte zwischen S. 120 und 121.

Gegen den ursprünglichen Kommissionsvorschlag zur Förderung der Landwirtschaft in Berggebieten und benachteiligten Gebieten ist eingewandt worden, daß er sich sehr stark an vordergründigen technischen Kriterien orientierte und damit zu einer undifferenzierten Förderung von Gebieten geführt hätte, die immerhin 1/5 bis 1/4 der Nutzfläche der Gemeinschaft umfaßt hätten. Der Vorschlag, auf den sich der Ministerrat später einigte, bot theoretisch die Möglichkeit einer elastischeren Handhabung, führte praktisch jedoch zu fast unüberwindbaren Schwierigkeiten bei der Aufstellung eines verbindlichen Gebietsverzeichnisses. Die Abgrenzung der Förderungsgebiete in der Bundesrepublik ist ebenfalls nicht frei von dem Vorwurf einer weitgehenden Orientierung an technischen bzw. betriebswirtschaftlichen Kriterien.

Grundsätzlich erscheint der Gedanke der Gewährung von Bewirtschaftungsbeihilfen als Beitrag zur Lösung des Problems der Erhaltung der Kulturlandschaft geeignet, jedoch sollte man zuvor zu einer klaren Bestimmung der Funktionen der einzelnen Regionen innerhalb des Gesamtraumes der Gemeinschaft kommen und die Mittel gezielt dort einsetzen, wo der Erhaltung der Kulturlandschaft eine hohe Priorität zukommt, und dieses Ziel auf andere Weise nicht erreicht werden kann. Damit dürfte es vor allem möglich sein, die Markt- und Preispolitik von der Aufgabe zu entlasten, neben der Einkommenssicherung für die in der Landwirtschaft tätigen Arbeitskräfte umweltpolitische Ziele über externe Effekte zu erreichen. Da es sich um eine Dauermaßnahme handelt, sollte jedoch zuvor sehr sorgfältig geprüft werden, ob die Erhaltung der Kulturlandschaft in der betreffenden Region ein sinnvolles Ziel darstellt, oder ob nicht die Region ökologische Ausgleichsfunktionen über eine Ausdehnung der Flächen unter Dauervegetation genau so gut oder vielleicht sogar besser erfüllen kann.

Da die Landbewirtschaftung in von Natur benachteiligten Gebieten weitgehend im Nebenerwerb erfolgt, schließen sowohl die EWG-Richtlinie als auch die Grundsätze für die Förderung landwirtschaftlicher Betriebe in Berggebieten und in bestimmten benachteiligten Gebieten die Gewährung der Ausgleichszulage an Nebenerwerbslandwirte ein. Für die in der Bundesrepublik mit dem Rahmenplan der Gemeinschaftsaufgabe »Verbesserung der Agrarstruktur und des Küstenschutzes 1975 bis 1978« eingeführte spezielle Förderung nebenberuflich bewirtschafteter Betriebe[53] fehlt jedoch ein Pendant auf Gemeinschaftsebene.

---

53 Rahmenplan . . ., a.a.O., S. 26 ff.

4. Konsequenzen aus dem derzeitigen Integrationsstand für die räumlichen Auswirkungen der gemeinsamen Agrarpolitik

4.1. Voraussichtliche Entwicklung unter unveränderten Bedingungen

Nach den vorangegangenen Ansätzen einer Analyse soll nunmehr versucht werden, die wichtigsten Folgerungen aus einer Beibehaltung des Status quo für den Integrationsstand der Gemeinschaft auf die regionalen Auswirkungen der gemeinsamen Agrarpolitik zusammenzufassen. Zunächst seien die Annahmen noch einmal stichwortartig wiedergegeben:

– Keine wesentliche Änderung der Markt- und Preispolitik, insbesondere Beibehaltung des Doppelzieles der Herbeiführung eines Gleichgewichtes auf den Agrarmärkten und der Sicherung eines angemessenen Einkommens für die Landwirte;

– keine wesentliche Änderung auf dem Gebiet der Währungspolitik, insbesondere Beibehaltung des autonomen Floatens der britischen, italienischen und irischen Währung;

– Abbau des Grenzausgleichs zwischen den Ländern des Währungsblocks in kleinen Schritten, jedoch Beibehaltung des Grenzausgleichs gegenüber den übrigen Ländern, soweit diese nicht ihre Preise in nationaler Währung durch Abwertung der »Grünen Paritäten« an die der Länder des Währungsblocks anpassen;

– Beibehaltung der selektiven einzelbetrieblichen Förderung mit teilweiser Refinanzierung aus dem Europäischen Ausrichtungs- und Garantiefonds für die Landwirtschaft auf dem gegenwärtig erreichten Integrationsstand;

– weitgehende nationale Autonomie über Schwerpunkte und Umfang der Agrarstrukturpolitik sowie auf dem Gebiet der ländlichen Sozialpolitik;

– Gewährung von Bewirtschaftungsbeihilfen auf der Grundlage der vorliegenden Richtlinie;

– Beibehaltung einer im wesentlichen an dem volkswirtschaftlichen Leistungsniveau der Mitgliedsstaaten orientierten nationalen Regionalpolitik, ergänzt durch den Europäischen Regionalfonds mit dem im Dezember 1974 beschlossenen Volumen;

– Weiterhin divergierende, in einigen Ländern hohe Inflationsraten.

Die bisherige Erfahrung hat gezeigt, daß es bei durch hohe Inflationsraten ausgelösten Abwertungen nur begrenzt möglich ist, eine Stabilitätspolitik zu Lasten der Landwirtschaft zu betreiben. Sofern nicht eine Wiederannäherung der mit abnehmender Tendenz floatenden Währungen an die Blockwährungen innerhalb einer überschaubaren Zeit erfolgt, werden die

Länder, deren Währungen mit abnehmender Tendenz floaten, nicht umhin können, ihre Agrarpreise durch Änderung der »Grünen Paritäten« zu erhöhen, wobei sie zur Vermeidung von Inflationsschüben versuchen werden, diesen Vorgang durch einen Grenzausgleich zeitlich möglichst zu strecken. In der Zwischenzeit werden sie zum Abbau des anwachsenden Konfliktpotentials kompensatorische Maßnahmen auf anderen Gebieten der Agrarpolitik einsetzen, ebenso wie die Aufwertungsländer, die zu diesem Mittel greifen müssen, wenn sich die bereits eingeleitete Wiederannäherung der Agrarpreise durch Abbau des Grenzausgleichs fortsetzen soll. Damit wächst die Gefahr, daß es auf den nicht vereinheitlichten Gebieten der Agrarpolitik zu einer zunehmenden Desintegration kommt.

Eine Umkehrung der bisher zu beobachtenden Tendenz einer Konzentration der Agrarproduktion auf den von der Natur oder der Verkehrslage begünstigten Standorten ist nicht zu erwarten. Setzt sich die durch eine weltweite Verknappung auf den Agrarmärkten 1973 und 1974 unterbrochene Tendenz fort, so wird das Doppelziel der Herstellung eines Gleichgewichtes auf den Agrarmärkten und der Gewährleistung eines angemessenen Einkommens für die Landwirte weitgehend verfehlt. Dies gilt auch dann, wenn das Einkommensziel regional differenziert wird. Tendenziell wird der Anpassungsdruck in den strukturschwachen Regionen wachsen. Eine Regionalpolitik, die nicht über den bisher überschaubaren Umfang hinausgeht, vermag nur eine teilweise Entlastung herbeizuführen, da durch sie wahrscheinlich nur für einen Teil der mobilen landwirtschaftlichen Erwerbspersonen außerlandwirtschaftliche Beschäftigungsmöglichkeiten in den strukturschwachen Regionen geschaffen werden. Partiell wird damit auch ein Beitrag zu dem Ziel der Erhaltung einer ausreichenden Bevölkerungsdichte in strukturschwachen Regionen geleistet. Die selektive einzelbetriebliche Förderung dürfte demgegenüber eher zu einer Verschärfung der regionalen innerlandwirtschaftlichen Disparitäten beitragen.

Selbst wenn es in einigen Regionen gelingt, über die Regionalpolitik das Einkommens- und Beschäftigungsproblem für die mobilen landwirtschaftlichen Arbeitskräfte zu lösen, verbliebe das Problem der Einkommenssicherung der immobilen Arbeitskräfte. Dauerhaft kann dies Problem nur durch Maßnahmen der ländlichen Sozialpolitik gelöst werden, für die nur die leistungsfähigeren Volkswirtschaften die notwendigen Voraussetzungen (und damit die Voraussetzungen für die Inanspruchnahme von Gemeinschaftsmitteln) erfüllen. Ähnliches gilt für Überbrückungshilfen, die ohnehin nur ein unzulängliches Instrument zur Einkommenssicherung für die immobilen, aber noch nicht durch Sozialprogramme erfaßten Jahrgänge darstellen. Das Problem der Aufrechterhaltung der Landbewirtschaftung im Interesse der Landschaftserhaltung wäre selbst bei Lösung des Einkommensproblems keineswegs gelöst. Die beschlossenen Bewirtschaftungsbeihilfen stellen einen geeigneten Ansatz dar, sind aber zu wenig nach den Funktionen der einzelnen Regionen innerhalb des Gesamtraumes differenziert. Eine funktionsgerechtere Ausgestaltung ist so lange nicht möglich, als bei dieser Maßnahme ähnlich wie beim Regionalfonds politische Entscheidungen weitgehend von dem Gesichtspunkt des »juste retour« bestimmt werden. Der nationale Spielraum auf den Gebieten der Agrarstruktur- und der ländlichen Sozialpolitik kann einen unterschiedlichen Einsatz in den Mitgliedsstaaten bewirken, mit der Gefahr, daß ein massiver Einsatz in Ländern mit hohem wirtschaftlichen Leistungspotential Gegenreaktionen auslöst, die insgesamt das Problem des Gleichgewichtes auf den Agrarmärkten verschärfen, oder daß Anpassungsprobleme auf Regionen in Ländern mit geringerem gesamtwirtschaftlichen Leistungspotential abgewälzt werden.

4.2. *Folgerungen für die inhaltliche Ausgestaltung der gemeinsamen Agrarpolitik*

Um im Falle weiter divergierender Entwicklungen der Währungen der Mitgliedsstaaten eine zunehmende Desintegration in den in nationaler Kompetenz verbliebenen Bereichen der Agrarpolitik zu vermeiden, sollte langfristig darauf hingewirkt werden, die mit Währungsänderungen verbundenen Preisanpassungen zu vollziehen. In Abwertungsländern hat sich die Vorenthaltung von Preiserhöhungen politisch ohnehin nur als begrenzt durchsetzbar erwiesen. In Aufwertungsländern sollten die entsprechenden Anpassungen trotz des Widerstandes der Landwirte – natürlich über einen längeren Zeitraum gestreckt – vollzogen werden, wobei entstehende Einkommensverluste durch zeitlich begrenzte Ausgleichszahlungen kompensiert werden können. Da die Definition der Rechnungseinheit als gewogenes Mittel aus den Währungen der Mitgliedsstaaten Anpassungen erleichtert, indem sie bei einseitigen Wechselkursänderungen Änderungen des gemeinschaftlichen Preisniveaus herbeiführt, die den Preisänderungen auf unbeeinflußten Märkten in der Richtung entsprechen, sollte sie innerhalb der Agrarmarktordnungen an die Stelle der bisherigen Definition treten.
Da die gleichzeitige Erreichung des Zieles der Herbeiführung eines Gleichgewichtes auf den Agrarmärkten und der Befriedigung der Einkommensansprüche der Landwirte durch den überwiegenden Einsatz der Markt- und Preispolitik ohnehin nicht erreichbar ist, sollte die Markt- und Preis-

politik stärker als Instrument zur Herstellung des Marktgleichgewichtes eingesetzt werden. Die hieraus resultierende Verstärkung des Anpassungsdruckes müßte in den Regionen mit gegenwärtig geringen landwirtschaftlichen Einkommen durch eine Intensivierung der Regionalpolitik abgefangen werden. Dies erscheint nur möglich, wenn die Regionalpolitik stärker als bisher und stärker als es dem beschlossenen Europäischen Regionalfonds entspricht, von der nationalen Leistungsfähigkeit losgelöst wird, d. h. die internationale Umverteilungskomponente verstärkt wird. Da mit der Regionalpolitik nur der mobile Teil der landwirtschaftlichen Arbeitskräfte erfaßt werden kann, müßte ein solches Programm durch produktneutrale direkte Ausgleichszahlungen ergänzt werden, deren Höhe an sozialökonomischen Tatbeständen zu orientieren wäre. Dies gilt um so stärker, je mehr der Anpassungsdruck durch Reduzierung der Preispolitik auf das Ziel des Marktgleichgewichtes verstärkt wird.

Zur Lösung des durch die Regionalpolitik und direkte Ausgleichszahlungen allein nicht lösbaren Problems der Aufrechterhaltung der Landbewirtschaftung kann ein Gemeinschaftsprogramm dauerhafter Bewirtschaftungsbeihilfen zum Ausgleich naturbedingter Nachteile einen wichtigen Beitrag leisten. Im Gegensatz zu den oben genannten Beihilfen, die grundsätzlich Übergangscharakter haben, handelt es sich hierbei um eine Dauermaßnahme. Verglichen mit den vorliegenden Richtlinien sollte ein solches Programm stärker auf die Funktionen der einzelnen Regionen abgestimmt sein.

4.3. *Konsequenzen für die Kompetenzverteilung im Bereich der Agrarpolitik*

Für die Markt- und Preispolitik sollte keine Änderung der derzeitigen Kompetenzverteilung vorgenommen werden. In dem Ausmaße, in dem eine Differenzierung der nationalen Agrarpreise notwendig ist, sollte sie im Rahmen der durch Aufwertungen und Abwertungen geschaffenen Spielräume auf Antrag des betreffenden Mitgliedsstaates durch die Gemeinschaft erfolgen. Die Gemeinschaft sollte in konsequenter Anwendung der Vorschriften des EWG-Vertrages nationale Alleingänge in Form produktbezogener Beihilfen nicht zulassen und die Mitgliedsstaaten statt dessen auf die Ausnutzung der durch Wechselkursänderungen geschaffenen Anpassungsspielräume verweisen. Auf diese Weise würde sowohl eine weitere Auseinanderentwicklung der Preise als auch eine völlige Desintegration in den übrigen Bereichen der Agrarpolitik, insbesondere die an sich vertragswidrige Einführung nationaler Beihilfen, verhindert werden. Da-

134

mit müßte es möglich sein, den trotz der sich seit langem abzeichnenden Auflösungserscheinungen in der Form der innergemeinschaftlichen Präferenz, des mengenmäßig freien Warenverkehrs zwischen den Mitgliedsstaaten, der gemeinsamen preispolitischen Entscheidungen (über das Preisniveau) und der gemeinsamen finanziellen Verantwortung immer noch bestehenden Integrationsgrad aufrecht zu erhalten.

In der Agrarstrukturpolitik bietet die eingeschlagene Lösung der einheitlichen Anwendung gemeinschaftlich festgelegter, jedoch regional differenzierter Kriterien einen gangbaren Weg. Die für die selektive einzelbetriebliche Förderung aufgezeigten Grenzen stellen ein Problem der inhaltlichen Ausrichtung der gemeinsamen Strukturpolitik und weniger ein Problem der Kompetenzabgrenzung dar. Die institutionellen Probleme einer gemeinschaftlichen Regionalpolitik werden an anderer Stelle behandelt. Ein zweistufiger horizontaler Finanzausgleich, bei dem zunächst regionale Unterschiede innerhalb der Mitgliedsstaaten national und die verbleibenden Niveauunterschiede durch einen zusätzlichen internationalen Finanzausgleich ausgeglichen werden, um durch Einebnung der schwerwiegendsten strukturellen Unterschiede bessere Voraussetzungen für gemeinsame Prozeßpolitiken zu schaffen, setzt ein hohes Maß an Kompetenzübertragung auf die Gemeinschaft voraus. Die bisherige Diskussion zeigt, daß dieses Problem nicht losgelöst von dem Problem einer stärkeren parlamentarischen Kontrolle innerhalb der Gemeinschaft betrachtet werden kann.

Folgt die gemeinsame Agrarpolitik inhaltlich dem Vorschlag, die Markt- und Preispolitik stärker in den Dienst des langfristigen Marktausgleichs zu stellen und zur Einkommenssicherung für die immobilen landwirtschaftlichen Arbeitskräfte direkte Ausgleichszahlungen einzuführen, so sollte dies, bei regional differenzierter Bemessung, nach Gemeinschaftskriterien und in gemeinschaftlicher finanzieller Verantwortung erfolgen. Nur dadurch kann sichergestellt werden, daß sich eine solche Politik nicht allein an den nationalen Leistungsniveaus orientiert, womit die Gefahr einer Zunahme der innergemeinschaftlichen Disparitäten verbunden wäre.

Diese Gefahr dürfte bei der schließlich angenommenen Version des Kommissionsvorschlages für eine Richtlinie über die Landwirtschaft in Berggebieten und in bestimmten benachteiligten Gebieten nicht völlig auszuschließen sein. Grundsätzlich erscheint ein stärkerer Einfluß der Gemeinschaft auf Umfang und Schwerpunkte strukturpolitischer Maßnahmen erwünscht, um zu vermeiden, daß durch konkurrierende Politiken der Mitgliedsstaaten das Problem des Marktgleichgewichtes verschärft, oder der Anpassungsdruck auf strukturschwache Regionen in Ländern mit geringem gesamtwirtschaftlichen Leistungsniveau verlagert wird.

Klaus Höpfner

Transnationale Arbeitskräftewanderungen im Prozeß der europäischen Integration

I. *Einführung*

Während der zurückliegenden weltwirtschaftlichen Aufschwungphase haben transnationale Verlagerungen des Faktors Arbeit in Richtung auf die Zentren der industriellen Entwicklung besonders in Europa ein bisher nicht gekanntes Ausmaß erreicht. Nach Schätzungen verschiedener Institutionen waren 1973/74, zum Höhepunkt der Entwicklung, in elf europäischen Aufnahmeländern rund acht Millionen Ausländer legal beschäftigt, wozu noch einmal mindestens eine weitere Million illegal Beschäftigter hinzugerechnet werden muß.[1] Einschließlich der Familienangehörigen und unter Berücksichtigung von Rückwanderungen sollen es insgesamt nicht weniger als 28–30 Millionen Menschen gewesen sein, die von den Verlagerungsbewegungen erfaßt worden sind.[2]

---

1 Statistische Angaben auf dem Gebiet der internationalen Arbeitskräftebewegungen sind bekanntermaßen problematisch, und zwar sowohl was ihre Vollständigkeit und Genauigkeit betrifft als auch ihrer mangelnden Vergleichbarkeit wegen. Übersichten über die wesentlichen Arbeitsmarktverflechtungen in Europa sind u. a. in folgenden Veröffentlichungen enthalten: *Internationales Arbeitsamt*, Zweite Europäische Regionalkonferenz, Genf, Januar 1974, Bericht II, Einige aktuelle Beschäftigungsprobleme in Europa, Genf 1973, S. 76 und S. 120 (Tab. 9); *Hume*, J. M., Gastarbeiter in Europa, in: Finanzierung und Entwicklung, Vierteljahresheft des Internationalen Währungsfonds und der Weltbankgruppe, 1973, S. 3 ff.; *Böhning*, W. R., Mediterranean Workers in Western Europe: Effects on Home Countries and Countries of Employment, ILO, World Employment Programme, Working Paper (WEP 2–26/WP. 2), Geneva, July 1975 (hier: Tab. 1); *Kommission der EG*, Aktionsprogramm zugunsten der Wanderarbeitnehmer und ihrer Familien, KOM (74) 2250, vom 18. 12. 1974 (hier: die beigefügte Tabelle von April 1973); *Werner*, H., Freizügigkeit der Arbeitskräfte und die Wanderungsbewegungen in den Ländern der Europäischen Gemeinschaft, in: Mitteilungen aus der Arbeitsmarkt- und Berufsforschung, 6. Jg. (1973), S. 326–371.

2 *Kuntze*, O.-E., Anstieg der Ausländerbeschäftigung gestoppt – Restriktive Maßnahmen in fast allen europäischen Ländern, in: Ifo-Schnelldienst, 28. Jg. (1975), Nr. 12, S. 3 ff. sowie *derselbe*, Ausländerbeschäftigung in Europa – gesehen vom Standpunkt der Herkunftsländer, in: Ifo-Schnelldienst, 28. Jg. (1975), Nr. 35/36 S. 7 ff.

Übersicht: Arbeitsimportländer und Arbeitsexportländer
(geordnet nach ihrem Bruttoinlandsprodukt je Kopf, 1972)

	BIP/Kopf 1972 (in US-Dollar)	Ausl. Erwerbstätige im Inland bzw. Inl. Erwerbstätige temporär im Ausland, 1973 (in 1 000)	Arbeitsimportquote bzw. Arbeits- exportquote 1973 (in Prozent) a)
	(1)	(2)	(3)
I. Arbeitsimportländer			
Schweden	5 157	222	5,7
Schweiz	4 593	861	28,2
BRD	4 218	2 500	9,4
Dänemark	4 170	49	2,0
Luxemburg	3 896	43	27,9
Norwegen	3 889	21	1,3
Frankreich	3 823	1 930	9,0
Belgien	3 664	265	6,8
Niederlande	3 437	160	3,4
Österreich	2 747	236	7,9
Großbritannien b)	2 742	1 835	7,3
Summe		8 122	8,5
II. Arbeitsexportländer			
B. Europäische			
Finnland	2 869	120	ca. 5,0
Italien	2 164	1 250	ca. 6,0
Irland	1 834	250 d)	ca. 20,0
Griechenland	1 374	280	ca. 8,0
Spanien	1 340	710	ca. 5,5
Portugal	989	500	ca. 15,0
Jugoslawien	770 c)	850	ca. 9,5
Türkei	436	730	ca. 5,0
C. Nordafrikanische			
Tunesien	401	100	ca. 7,0
Algerien	289 e)	450	ca. 15,0
Marokko	276	200	ca. 5,0
Summe B + C		5 440 f)	

Quellen:
Sp. 1: UN, Yearbook of National Accounts Statistics, 1973, Vol. III, New York 1975, Tab. 1 A.
Sp. 2: *Kuntze*, O.-E.: Anstieg der Ausländerbeschäftigung gestoppt ..., in: Ifo-Schnelldienst, 28. Jg. (1975), Nr. 12 S. 3 (ohne die nordafrikanischen Arbeitsexportländer, siehe dazu *Böhning*, a.a.O., S. 29, Tab. 1).
Sp. 3: *Kuntze*, O.-E. Ausländerbeschäftigung in Europa – gesehen vom Standpunkt der Herkunftsländer, in: Ifo-Schnelldienst, 28. Jg. (1975), Nr. 35/36 S. 7 ff. (Einschränkungen wie bei Sp. 2).

Von den acht Millionen stammte der größte Teil (rund fünf Millionen) aus Ländern des Mittelmeerraumes, etwa 1,5 Millionen kamen aus Übersee, knapp 400 000 bewegten sich an der nördlichen Peripherie Europas zwischen Finnland und Schweden bzw. der Republik Irland und Großbritannien, und lediglich der Rest (etwa eine Million Arbeitskräfte) spiegelt Arbeitsmarktverflechtungen zwischen den europäischen Industriestaaten wider (vgl. die folgende Übersicht, die die elf europäischen Aufnahmeländer von Gastarbeitern, geordnet nach der Höhe des Pro-Kopf-Einkommens, sowie die wichtigsten »Lieferländer« von Arbeitskräften – ohne Überseegebiete – enthält).

Die scheinbar unaufhörliche Ausweitung der Ausländerbeschäftigung fand 1973/74 ein Ende, als die weltweite Rezession die Nachfrage nach Arbeitskräften in den Industriestaaten schrumpfen ließ, und das Angebot an inländischen Kräften wieder zunahm. Zuvor schon waren allerdings auf politischer Ebene Diskussionen darüber in Gang gekommen, ob die bisher verfolgten migrationspolitischen Konzeptionen noch als zweckmäßig anzusehen seien, ob sie nicht vielmehr durch ausgewogenere Regelungen, vor allem auch durch die Förderung von Alternativen zur Ausländerbeschäftigung abgelöst werden sollten.[3] Dabei wurde zwar zunächst nur deutlich, wie vielfältige Interessen im Zusammenhang mit internationalen Arbeits-

Anmerkungen:
a) für Arbeitsimportländer: ausländische Erwerbstätige in vH der gesamten Erwerbstätigen; für Arbeitsexportländer: temporär im Ausland beschäftigte Staatsbürger in vH der Erwerbsbevölkerung.
b) Großbritannien wird teilweise nicht zu den Arbeitsimportländern gezählt, unter anderem wegen seiner Emigrationszahlen (vgl. die ausführliche Fußnote in: *Böhning*, a.a.O., S. 7). Jedoch gilt dies in abgeschwächter Form auch für die Niederlande und Österreich; Österreich allein entsandte 1973 knapp über 100 000 Arbeitskräfte in die Bundesrepublik.
c) Von der UN nicht ausgewiesen; Quelle: OECD, Economic Surveys, Yugoslavia, April 1974.
d) 1973 hielten sich in Großbritannien knapp 500 000, in Eire geborene Arbeitskräfte auf; etwa die Hälfte davon nimmt Kuntze als Einwanderer an, den Rest als »Gastarbeiter«; Iren haben in GB Freizügigkeit.
e) 1970.
f) Die Differenz von rund 2,7 Millionen zur Gesamtzahl der für die europäischen Industrieländer ausgewiesenen Ausländerbeschäftigung schlüsselt sich wie folgt auf: etwa 1,5 Mill. stammen aus Übersee-Ländern (ehemalige Kolonien, etc.), und gut eine Million resultieren aus wechselseitigen Wanderungen zwischen den europäischen Industrieländern. Nicht berücksichtigt bei den europäischen Zahlen sind die illegal Wandernden.

3 Eine kurzgefaßte Übersicht über die Entwicklung des migrationspolitischen Bewußtseinstandes auf europäischer Ebene vermittelt die OECD-Veröffentlichung The OECD and International Migration, Paris (OECD), 1975.

kräftewanderungen berührt werden, und wie schwierig es bereits auf nationaler (geschweige denn auf internationaler) Ebene ist, die divergierenden Zielvorstellungen zu einer ausgewogenen (gesamtwirtschaftlich wie gesellschaftspolitisch orientierten) Konzeption zu vereinigen,[4] doch führte die Diskussion immerhin zu dem Ergebnis, die »Gastarbeiterfrage« mehr als früher in größeren Zusammenhängen zu sehen.

Gegenstand des folgenden Beitrages ist die Beurteilung der europäischen Arbeitskräftewanderungen und der Art ihrer Steuerung unter integrationspolitischen Gesichtspunkten. Dazu werden zunächst einige charakteristische Merkmale der bis Anfang der siebziger Jahre in Europa verfolgten migrationspolitischen Konzeptionen dargestellt. Diese Darstellung kann sich auf die Aufnahmeländer (bzw. auf die Politik der von ihnen dominierten Organisationen) beschränken, da sich die Herkunftsländer migrationspolitisch weitgehend damit begnügten (bzw. begnügen mußten), ihren Staatsangehörigen das Recht auf Emigration einzuräumen. Danach wird gefragt, welche Wirkungen von den seitherigen Leitvorstellungen und Maßnahmen ausgegangen sind, bzw. wie diese unter Integrationsaspekten zu beurteilen sind, und schließlich, welche Ansätze zu einer *europäischen*, an den *Ursachen* der Probleme orientierten Migrationspolitik auszumachen sind.

II. *Migrationspolitische Konzeptionen der fünfziger und sechziger Jahre*

1. *Die Grundgedanken*

Die in der Nachkriegszeit in Europa verfolgten migrationspolitischen Ziele und Maßnahmen gehen – unbeschadet mancher Differenzierungen im Detail – auf einige gemeinsame Grundgedanken zurück, die schon in den Statuten der OEEC (vgl. insbesondere Art. 8 der Konvention vom 16. 4. 1948), bzw. in Entschließungen und Empfehlungen internationaler Organi-

---

4 Theoretische Überlegungen zur Migrationspolitik der Aufnahmeländer finden sich u. a. in: *Höpfner*, K., B. *Rahmann* und B. *Rürup*, Ausländische Arbeitnehmer, Gesamtwirtschaftliche Probleme und Steuerungsmöglichkeiten, Kleine Schriften der Gesellschaft für Regionale Strukturentwicklung, Bonn 1973, S. 63 ff.; *Schiller*, G., Channelling Migration: A Review of Policy with Special Reference to the Federal Republic of Germany, in: International Labour Review, Vol. 111 (1975), pp. 335–355; *Höpfner*, K., Ökonomische Alternativen zur Ausländerbeschäftigung, Kommission für wirtschaftlichen und sozialen Wandel, Band 105, Göttingen 1975.

sationen, wie der ILO, enthalten sind, und die später auch in die ein-schlägigen Artikel sowohl des EGKS-Vertrages von 1951 (Art. 69) als auch des EWG-Vertrages von 1957 (Art. 48 ff.) Eingang gefunden haben. Sie lassen sich der Rangfolge der Bedeutung nach, die ihnen in der Praxis der fünfziger und sechziger Jahre zugemessen wurde, einteilen in
- Zielvorstellungen und Maßnahmen einer (schrittweisen) Liberalisierung der internationalen Arbeitskräftebewegungen,
- flankierende arbeitsmarkt- bzw. sozialpolitische Maßnahmen zum Schutz der beteiligten bzw. indirekt betroffenen Arbeitskräfte sowie in
- Maßnahmen zur Vermeidung übermäßiger (einseitiger) Wanderungs-bewegungen, Maßnahmen also, die im Idealfall das Ziel verfolgen, be-stehende, zur Abwanderung anreizende Entwicklungsgefälle zu verrin-gern.

Von diesen drei Aspekten wurde dem zuletzt genannten allerdings erst in jüngster Zeit Beachtung geschenkt. Erst Ende der sechziger/Anfang der siebziger Jahre, als offenbar wurde, daß die weitere Praktizierung eines bloßen Arbeitsmarktansatzes (die beiden zuerst genannten Punkte) zu ge-fährlichen Ungleichgewichten führt und nicht den erhofften Ausgleich zwi-schen Ländern unterschiedlichen Entwicklungsstandes und unterschiedlicher Arbeitsmarktverhältnisse bringt, rückte er zusehends in den Mittelpunkt migrationspolitischer Überlegungen, und zwar sowohl auf internationaler Ebene – hier vor allem mit dem Ziel, den Entwicklungsstand der Emigra-tionsländer so zu verbessern, daß die Abwanderungstendenzen eingedämmt werden – als auch auf der (nationalen) Ebene der Aufnahmeländer, hier mehr mit der Absicht, sich gegen Zuwanderungen, die die Absorptions-kapazität überschreiten, abzuschirmen.[5]

Die ursprüngliche migrationspolitische Grundidee war die des Marktaus-gleichs und bestand darin, grenzüberschreitende Verlagerungen des Faktors Arbeit ähnlich wie Güter- oder Kapitalbewegungen als Anpassungs- oder Ausgleichsvorgänge zu betrachten. Durch den Abbau von Wanderungs-hemmnissen sollten sowohl die Probleme solcher Länder, deren Wachstum anderenfalls durch Arbeitskräfte-Engpässe behindert worden wäre, gemil-dert als auch die Beschäftigungssorgen von Ländern mit großen Arbeits-marktüberschüssen verringert werden.

Als wesentlichstes Instrument zur Erreichung dieser Ziele wurde die schritt-weise Liberalisierung internationaler Arbeitsmarktbeziehungen bis hin zur Schaffung gemeinsamer Arbeitsmärkte mit einheitlichen Vermittlungsein-richtungen, einheitlichen Systemen sozialer Sicherheit etc. angesehen. Dem

5 Vgl. The OECD and International Migration, Paris (OECD) 1975, S. 32 ff.

Gesichtspunkt, daß eine bloße Liberalisierung ohne flankierende Maßnahmen zu Ausbeutungen und Unterbietungen führen müßte, wie dies etwa vor dem Ersten Weltkrieg zu beobachten war, wurde dabei durch folgende ergänzende »Ordnungsmaßnahmen« Rechnung zu tragen versucht:

1. Mengenregulierung: Zum Schutz der inländischen Arbeitskräfte vor Verdrängungen durch Zuwanderer (»the national labour force enjoys priority over new immigrants«)[6] werden Ausländer prinzipiell (Ausnahme: Freizügigkeitszonen) nur solange zur Arbeitsaufnahme zugelassen, wie die Nachfrage im Inland nicht anderweitig gedeckt werden kann.

2. Faktorpreisregulierung: Zum Schutz der inländischen Arbeitskräfte vor Unterbietungen durch Zuwanderer (sog. »Lohndrückerei«) sollen ausländische Arbeitskräfte nur zu den geltenden (Tarif-)Lohnsätzen angeworben und im übrigen nur zu den auch für Inländer geltenden Bedingungen beschäftigt werden dürfen, wodurch die Ausländer gleichzeitig Schutz vor Diskriminierungen finden.

3. Regelung sonstiger Konditionen: Zum Schutz der wandernden Arbeitskräfte sollen die Arbeitgeber Mindeststandards bezüglich Unterbringung etc. und die Aufnahmeländer bestimmte Mindestverpflichtungen bezüglich der Erteilung und Verlängerung von Arbeitsgenehmigungen, der Regelung des Familiennachzugs, der Ausdehnung von Systemen der sozialen Sicherheit etc. einhalten.

Auch wenn diese ordnungs- bzw. sozialpolitische Einbettung der Arbeitsmarktliberalisierung bislang noch längst nicht in allen Ländern in vollem Maß wirksam wurde, wird darin nicht die Hauptkritik an den bisherigen migrationspolitischen Leitvorstellungen gesehen. Entscheidend für die Beurteilung unter integrationspolitischen Gesichtspunkten ist vielmehr die fehlende Koordinierung von Liberalisierungen und regionaler Entwicklungsförderung, bzw. ist die Vernachlässigung der Tatsache, daß Arbeitskräftemobilität zwischen *ungleich* entwickelten Gebieten von sich aus nicht zu einer Angleichung, sondern eher zu einer Verschärfung von Entwicklungsunterschieden führt.

6 The OECD and International Migration, Paris (OECD) 1975, S. 8.

2. Die Konzeption der Europäischen Gemeinschaft

2.1 Freizügigkeit innerhalb des Gemeinsamen Marktes

Was im vorangegangenen Abschnitt für Europa (bzw. die Mitgliedsländer der OEEC/OECD) im allgemeinen gesagt wurde, gilt im besonderen für die Europäische Gemeinschaft: Zwar wurde die Verwirklichung der im Vertrag von Rom als eine der vier Freiheiten niedergelegten Freizügigkeit der Arbeitskräfte zielstrebig verfolgt, doch das unerläßliche Pendant, die aktive Förderung der potentiellen Abwanderungsgebiete, fand allenfalls am Rand Beachtung. Dadurch betrieb man mehr oder weniger bewußt eine »Politik der ›Verlagerung des Faktors Arbeit nach dem Faktor Kapital‹, anstatt dafür zu sorgen, daß der ›Faktor Kapital sich nach dem Faktor Arbeit‹« ausrichtet.[7]

Erst nach und nach setzte ein Umdenken ein, erkennbar zum Beispiel in den »Leitlinien für ein sozialpolitisches Aktionsprogramm« (vom 18. 4. 1973), in denen u. a. die Frage aufgeworfen wird, ob von »Frei«-zügigkeit die Rede sein könne, wenn die Arbeitskräfte gezwungen sind, ihre Heimat zu verlassen. Gleichzeitig wird aber auch festgestellt, daß

»... das derzeitige sozialpolitische Instrumentarium der Gemeinschaft ... dem gewaltigen Problem der Arbeitskräftewanderung nicht gewachsen (ist). Industriepolitik und Regionalpolitik sowie die Investitionspolitik außerhalb der Gemeinschaft müssen die grundlegenden Ursachen des Ungleichgewichts zwischen reichen und armen Ländern und Gebieten in Angriff nehmen. Die unmittelbaren sozialen Probleme der Wanderarbeitnehmer und ihrer Familien müssen aber als dringendes Anliegen der Gemeinschaft behandelt werden.«[8]

Versucht man, einen Überblick über die Art der in der EG bestehenden migrationspolitischen Vorstellungen zu gewinnen, sind einerseits die Beziehungen innerhalb der Gemeinschaft von jenen mit Drittländern zu trennen. Andererseits ist zu beachten, daß die Gemeinschaft nicht ausschließlich aus Aufnahmeländern (bzw. aus Ländern mit vergleichbaren Arbeitsmarktverhältnissen) besteht, sondern daß die Arbeitsmarktbedingungen und dementsprechend die migrationspolitischen Interessenlagen der einzelnen Mitglieder durchaus unterschiedlich sind.

---

7 *Kommission der EG,* Memorandum der italienischen Regierung über die Beschäftigungspolitik in der Gemeinschaft, Erste Mitteilung der Kommission, SEK (72) 1283 endg., S. 12.
8 Sozialpolitisches Aktionsprogramm, in: Bulletin der EG, Beilage 2/1974, S. 19.

Innerhalb der Gemeinschaft besteht seit 1968 – ähnlich wie zuvor schon seit 1954 auf dem skandinavischen Arbeitsmarkt – volle Freizügigkeit für unselbständig Beschäftigte.[9] Basierend auf Art. 48 des EWG-Vertrages und konkretisiert in verschiedenen Verordnungen (darunter vor allem die EWG-Verordnung Nr. 1612/68) stehen Staatsangehörigen der einzelnen Mitgliedsländer im wesentlichen die gleichen Rechte zu wie Einheimischen in bezug auf Arbeitsplatzwahl und Arbeitsvermittlung, Entlohnung, soziale und steuerliche Vergünstigungen, Übertragbarkeit der erworbenen Sozialversicherungsansprüche, freie Wohnsitzwahl auch nach dem Ende einer Beschäftigung in einem anderen Hoheitsgebiet, Niederlassung von Familienangehörigen, etc.[10]

In der »Freizügigkeitsverordnung« 1612/68 wurde ausdrücklich auch eine Gemeinschaftspriorität für Arbeitskräfte der Mitgliedstaaten niedergelegt: Nach Art. 19 (2) dieser Verordnung prüfen »die Mitgliedstaaten und die Kommission ... alle Möglichkeiten, die offenen Stellen vorrangig mit Staatsangehörigen aus den Mitgliedstaaten zu besetzen ...«. Ebenfalls wurden Vorschriften zur Zusammenführung und zum Ausgleich von Stellenangeboten und Arbeitsgesuchen auf Gemeinschaftsebene präzisiert.

Einschränkungen der Freizügigkeitsregelungen sind nur in eng abgegrenzten Fällen (Gefährdung der öffentlichen Ordnung und Sicherheit, Beschäftigung im öffentlichen Dienst, etc.) vorgesehen.[11] Möglichkeiten einer räumlichen Ausdehnung der Freizügigkeitszone sind in den Assoziierungsabkommen mit Griechenland (von 1962)[12] und mit der Türkei (von 1963) angedeutet. In beiden Fällen fehlen noch nähere Regelungen, jedoch enthält Art. 36 des Zusatzprotokolls zum Abkommen mit der Türkei[13] bereits den Hinweis, daß die Freizügigkeit zwischen den Mitgliedstaaten der Gemeinschaft und der Türkei »... zwischen dem Ende des zwölften und dem Ende des zweiundzwanzigsten Jahres nach dem Inkrafttreten des ... Abkommens schrittweise hergestellt (wird)«. Das wäre zwischen Ende 1976

9 Vgl. den Abschnitt »Freizügigkeit der Arbeitnehmer«, in: Ziele und Methoden der europäischen Integration, hrsg. von H. *von der Groeben* und E.-J. *Mestmäcker* unter Mitarbeit von E. *Koch*, Frankfurt 1972, S. 35 f.

10 Vgl. neben der erwähnten Verordnung 1612/68 die ergänzende Verordnung (EWG) Nr. 1251/70 vom 29. 6. 1970, sowie die Verordnung (EWG) Nr. 1408/71 vom 14. 6. 1971 bzw. Nr. 574/72 vom 21. 3. 1972 zur Anwendung der Systeme der sozialen Sicherheit auf Wanderarbeitnehmer.

11 Beschränkungen regionaler Art bestehen zur Zeit – als Ausnahmen – in der Republik Irland sowie in den britischen Landesteilen Nordirland und Isle of Man. Für Luxemburg enthält ein Zusatzprotokoll zum Rom-Vertrag eine Sonderregelung.

12 BGBl. (II), Nr. 32, v. 13. 9. 1962, S. 1160 f.

13 BGBl. (II), Nr. 29, v. 26. 5. 1972, hier S. 393.

und 1986, wobei es nach Art. 36, Abs. 2 Sache eines Assoziationsrates ist, die hierfür erforderlichen Regeln festzulegen.

Die Freizügigkeitsregelungen innerhalb des gemeinsamen europäischen Arbeitsmarktes bieten keine Möglichkeit für quantitative Regulierungen von Wanderungsbewegungen, wohl aber die Beziehungen zu Drittländern, aus denen rund drei Viertel der innerhalb der EG beschäftigten Arbeitskräfte mit fremder Staatsangehörigkeit stammen (vgl. Abschnitt III).

2.2 Die migrationspolitische Haltung gegenüber Drittländern

Die Regelung der Arbeitsmarktbeziehungen mit Drittländern war in der Vergangenheit weitgehend Sache der einzelnen Gemeinschaftsländer, die je nach ihren strukturellen Verhältnissen (Bevölkerungs- und Wirtschaftsentwicklung, Arbeitskräftereserven in der Landwirtschaft bzw. in stagnierenden Branchen etc.) in unterschiedlichem Maß an zusätzlichen Arbeitskräften interessiert waren und dementsprechend (bis 1973/74) in folgende drei Kategorien eingeordnet werden konnten:

1. Aufnahmeländer mit aktiver Anwerbepolitik:
Bundesrepublik Deutschland, Frankreich und die Niederlande. Alle drei Länder hatten aus arbeitsmarktpolitischen Gründen Anwerbevereinbarungen mit Mittelmeerländern abgeschlossen, wobei die Aktivitäten der Bundesrepublik sowohl der Zahl der Abkommen als auch der Intensität der Anwerbebemühungen nach die der übrigen beiden Länder bei weitem in den Schatten stellten.[14] Die Bundesrepublik wird nicht zu Unrecht als Europas »proto-typical labour import country« (Böhning) bezeichnet, während Frankreich, das der Zahl nach beinahe ähnlich viele Ausländer beschäftigt (1973 = ca. zwei Millionen), es mehr mit autonomen Zuwanderungen aus ehemaligen Kolonialgebieten zu tun hat und im übrigen bereits Ende der sechziger Jahre zu Kontingentierungen übergegangen ist,[15] als die Bundesrepublik noch nicht einmal die Hälfte des späteren Höchststandes an Gastarbeitern (1973 = 2,6 Millionen) erreicht hatte.

---

14 So wurden von den Auslandsdienststellen der Bundesanstalt für Arbeit seit Abschluß der ersten Anwerbevereinbarung (1956 mit Italien) nicht weniger als 2,39 Millionen Ausländer in die Bundesrepublik vermittelt (Bundesanstalt für Arbeit; Ausländische Arbeitnehmer, Erfahrungsbericht 1972/73, Nürnberg 1974, S. 42).

15 Vgl. *Tapinos, G.,* L'Immigration étrangère en France 1946–1973, Institut national d'études démographiques, Travaux et Documents, Cahier no. 71, Paris 1975 (zu Kontingent-Vereinbarungen mit Portugal S. 93 f., zu den verschiedenen Vereinbarungen mit Algerien S. 97 ff.).

2. Aufnahmeländer ohne aktive Anwerbepolitik bzw. mit einer (schon vor 1973/74 eingeführten) restriktiven Ausländerpolitik. Dazu zählen neben dem kleinen Luxemburg zum einen Dänemark als mitteleuropäisches Land mit der geringsten Ausländerquote (rund 2%), dann Belgien, das seine bewußt liberale Migrationspolitik bereits 1967 aus Arbeitsmarktgründen verlassen hatte, und schließlich Großbritannien, das vorwiegend aus gesellschaftspolitischen Gründen seit 1962 die Commonwealth-Immigration kontingentiert, und das im übrigen auch aus arbeitsmarktpolitischen Gründen mit Ausnahme von Iren (die traditionell Freizügigkeit genießen) kaum noch Ausländer aufnimmt.[16]

3. Emigrations- bzw. Arbeitsexportländer. Dazu rechnen innerhalb der Gemeinschaft vor allem Italien, das 1973/74 rund 1,2 Millionen Arbeitskräfte (= ca. 6% Erwerbstätigen) in andere europäische Länder entsandt hatte, und die Republik Irland mit rund 250 000 »Gastarbeitern« (ca. 20% der Erwerbstätigen) vor allem in Großbritannien. Für beide Länder spielt außerdem die Übersee-Auswanderung nach wie vor eine große Rolle, die im übrigen auch für Großbritannien und die Niederlande eine gewisse Bedeutung hat.

Seit 1973/74 haben sämtliche Aufnahmeländer unbefristete Zuwanderungsstops oder ähnlich restriktiv wirkende Kontrollsysteme gegenüber Drittländer-Arbeitskräften in Kraft gesetzt, so daß die Unterscheidung zwischen den ersten beiden Kategorien weitgehend hinfällig geworden ist. Damit dürfte die Neigung zu einer gemeinsamen Migrationspolitik der Gemeinschaft gewachsen sein.

2.3 *Zur Regelung von Aufenthalts- und Arbeitsbedingungen je nach Herkunft der Arbeitskräfte*

In aufenthaltsrechtlicher wie sozialpolitischer Hinsicht müssen drei »Klassen« von ausländischen Arbeitskräften in der Europäischen Gemeinschaft unterschieden werden:

Die unterste Schicht bilden die illegal Beschäftigten (etwa ein Zehntel der Ausländer), die praktisch ohne rechtliche und sozialpolitische Sicherung sind und beschäftigungsmäßig so gut wie jede Bedingung akzeptieren müssen.

---

16 Zu Großbritannien vgl. vor allem *Böhning*, W. R., The Migration of Workers in the United Kingdom and the European Community, London-New York-Toronto 1972.

Die oberste Schicht bilden die Arbeitskräfte aus Mitgliedsstaaten der Europäischen Gemeinschaft, denen die Angehörigen einiger Industriestaaten (USA, Schweiz, Österreich) teilweise gleichgestellt sind, und die insgesamt knapp ein Viertel der Ausländer in der Gemeinschaft ausmachen. Arbeitsmarktpolitisch sind diese Arbeitskräfte so weit gesichert, daß sie nicht mehr – über ein Versagen von Arbeits- bzw. Aufenthaltserlaubnissen – als konjunkturelle »Manövriermasse« betrachtet werden können. In sozialpolitischer Hinsicht fehlen ihnen nur noch wenige Schritte bis zur völligen rechtlichen Gleichbehandlung mit Inländern. Dazu gehören u. a.

– die Gewährung auch solcher sozialen Vorteile, die nicht unmittelbar mit der Ausübung einer Beschäftigung zusammenhängen,
– Einreiseerlaubnisse für *alle* Angehörigen, die unterhaltsberechtigt sind bzw. im Herkunftsland in der Familiengemeinschaft leben,
– Anerkennung von Befähigungsnachweisen, Diplomen, etc.[17]

Diese noch fehlenden Regelungen sind zwar für das Funktionieren des gemeinsamen Arbeitsmarktes wichtig, sie rühren jedoch nicht notwendig an die soziale Existenz der Masse der wandernden EG-Arbeitskräfte. Politisch jedoch besitzen auch EG-Angehörige bislang noch keine (staatsbürgerlichen) Rechte in anderen Mitgliedsländern. Dies hängt vor allem damit zusammen, daß sich kein EG-Land als Einwanderungsland versteht, daß alle Länder vielmehr Ausländer in erster Linie als *temporär* zugewanderte bzw. angeworbene Arbeitskräfte betrachten – unbeschadet davon, ob sich dies nachträglich als Illusion erweist oder nicht. Allenfalls Frankreich und begrenzt auch die Niederlande machen hier einige Konzessionen.

So weist Werner darauf hin, daß in Frankreich bei der Volkszählung 1962 1 267 000 naturalisierte Franzosen gezählt wurden, und daß jährlich durchschnittlich etwa 35 000 Ausländer eingebürgert werden (*Werner*, a.a.O., S. 332). Auch in den Niederlanden sind neben den ausgewiesenen rund 150 000 ausländischen Arbeitskräften noch »echte« Einwanderer (vorwiegend aus Indonesien und Westindien) zu berücksichtigen.

Zwischen beiden genannten Kategorien ist die Masse der temporär angeworbenen bzw. zugewanderten Arbeitskräfte aus Drittländern einzuordnen, deren Rechtsstellung und soziale Absicherung von Land zu Land verschieden ausfallen, insgesamt jedoch noch sehr unbefriedigend sind. Die Kommission bezeichnet ihre Situation als »auf lange Sicht unhaltbar, erniedri-

---

17 *Kommission der EG*, Aktionsprogramm zugunsten der Wanderarbeitnehmer..., S. 12 ff.

gend für die Wanderarbeitnehmer und gefährlich für die Gemeinschaft«.[18] In sozialpolitischer Hinsicht wird dabei insbesondere auf folgende Problembereiche hingewiesen:[19]

– Die unzureichende Wohnraumversorgung und die damit in Zusammenhang stehende Gettobildung,
– die kaum gelöste Ausbildung der Kinder (Schule und Berufsausbildung),
– die mangelnde Vorbereitung der Arbeitskräfte auf die Tätigkeit im Aufnahmeland und die problematische Rückgliederung in das Herkunftsland,
– die unzureichende Anwendung der im Aufnahmeland bestehenden Systeme der sozialen Sicherheit.

In aufenthaltsrechtlicher Hinsicht hängt die Absicherung des Einzelnen von der Dauer des Aufenthalts und von der familiären Bindung mit einem inländischen Partner ab. Wer zum Beispiel in der Bundesrepublik länger als fünf Jahre ununterbrochen tätig oder mit einem deutschen Partner verheiratet ist, hat Anspruch auf eine »besondere Arbeitserlaubnis«, die nach § 2 der Arbeitserlaubnisverordnung von 1971[20] »unabhängig von der Lage und Entwicklung des Arbeitsmarktes« zu erteilen ist, den Inhaber somit (auf fünf Jahre) vor einer konjunkturell bedingten Abschiebung schützt.

III. Einige Auswirkungen der bisher verfolgten migrationspolitischen Ansätze

1. Übersicht

Die bisher verfolgten migrationspolitischen Ansätze haben in Europa (und nicht nur dort) bestehende Ungleichgewichte nicht beseitigen können, im Gegenteil Probleme hervorgerufen, die in dieser Weise vor Beginn der Immigrationswelle der sechziger Jahre nicht bekannt waren. Das Unbehagen ist dementsprechend allgemein, und die Ansätze zu einer Neuorientierung der Migrationspolitik reichen von Vorstellungen der OECD und

18 *Kommission der EG*, Aktionsprogramm zugunsten der Wanderarbeitnehmer . . ., S. 5.
19 Dies sind teilweise auch Probleme der Gastarbeiter aus EG-Ländern, obwohl deren aufenthaltsrechtliche Sicherung ihre Situation insgesamt erleichtert.
20 BGBl. (I), Nr. 17, v. 6. 3. 1971, S. 152 ff.

der EG-Kommission[21] bis zu Vorschlägen und Überlegungen einzelner Abwanderungsländer,[22] die in zunehmendem Maße versuchen, ihren Einfluß auf Art und Ausmaß der Wanderungen (einschließlich der Bedingungen der Rückwanderung und der Reintegration der vorübergehend im Ausland beschäftigten Kräfte) zu verstärken.

Die Auswirkungen der Arbeitskräfteverlagerungen auf die Emigrations- bzw. Immigrationsländer brauchen hier nicht im einzelnen dargestellt zu werden;[23] im folgenden sollen vielmehr einige jener Probleme hervorgehoben werden, die für die Europäische Gemeinschaft und ihre Weiterentwicklung insgesamt von Bedeutung sind. Dazu gehören vor allem die durch massenhafte Abwanderungen verschärften Regionalprobleme, der unbefriedigende Zustand des gemeinsamen Arbeitsmarktes sowie die mangelhafte Integration der wandernden Arbeitskräfte im Aufnahmeland bzw., als Pendant, die problematische Reintegration bei der Rückkehr in die Heimat.

2. Regionalpolitische Effekte

Die Freizügigkeit der Arbeitskräfte innerhalb der Europäischen Gemeinschaft hat nur in geringem Maße zu einer gegenseitigen Durchdringung der nationalen Arbeitsmärkte geführt. Kennzeichen der grenzüberschreitenden Arbeitskräftebewegungen der Nachkriegszeit sind vielmehr neben deren Massenhaftigkeit ihre Einseitigkeit und ihre Beschränkung auf bestimmte Arbeitsmarktsegmente (vorwiegend gewerblich-manuelle Arbeitskräfte).

21 Vgl. die Schlußfolgerungen und die »Guiding Principles for Facilitating the Orientation of National Policies« im erwähnten OECD-Report (The OECD and International Migration) sowie das ebenfalls schon mehrfach erwähnte Aktionsprogramm der EG-Kommission.
22 Führend dürfte hier Jugoslawien sein. Vgl. zum Beispiel den jugoslawischen Report innerhalb des OECD Joint Project »Services for Returning Migrant Workers«, o. O. 1975 (als Man. vervielf.). Früher schon hatte Italien auf die Unausgewogenheit der Migrationspolitik in der EG aufmerksam gemacht; vgl. das Memorandum der italienischen Regierung über die Beschäftigungspolitik in der Gemeinschaft von 1971 (Dok. 1342 (Soc) 134) und die Stellungnahme der Kommission dazu (SEK (72) 1283 endg.).
23 Zu den wichtigsten Auswirkungen auf die Aufnahmeländer vgl. beispielsweise die OECD-Veröffentlichung: The Effects of the Employment of Foreign Workers, Paris (OECD), 1974 (mit Beiträgen von W. R. Böhning, D. Maillat und einer Einführung des Sekretariates). Zu den Auswirkungen auf die Herkunftsländer vgl. u. a. das bereits erwähnte ILO-Working Paper (WEP 2-26/WP. 2) von W. R. Böhning.

Allein in den zehn Jahren von 1962 bis 1972 hat sich die Ausländerbeschäftigung in der Bundesrepublik und in den Niederlanden gut vervier-
facht, in Frankreich etwa verdoppelt und im relativ beschäftigungsschwa-
chen Belgien immer noch um mehr als die Hälfte erhöht.[24] Trotz millio-
nenfacher Faktorbewegungen ist es dabei nicht gelungen, die Unterauslastung des Arbeitspotentials in den einen und die Übernachfrage in den
anderen Regionen der Gemeinschaft zum Ausgleich zu bringen. So lagen
zum Beispiel 1971 die Arbeitslosenquoten in den ungünstigsten Regionen
der Sechser-Gemeinschaft (im Mezzogiorno) immer noch etwa fünfund-
zwanzigmal höher als in den günstigsten (Baden-Württemberg, Hessen).[25]
Offenkundig begünstigen die Migrationen einerseits die Wachstumsprozesse
(und damit den Arbeitskräftebedarf) in den hochentwickelten Regionen,
während sie andererseits die Abwanderungsregionen den bekannten Erscheinungen der »passiven Sanierung« (Abzug der aktiven Bevölkerung,
»skill drain«, kumulative, rückschreitende Multiplikatorprozesse) aussetzen.
Dazu kommen regionalpolitisch ungünstig zu bewertende Effekte auch
innerhalb der beiden Gruppen von Ländern:
So wird allgemein vermutet, daß die Rückwanderung der Gastarbeiter
nicht in Richtung auf die ländlichen Herkunftsgebiete, sondern auf die
städtischen Ballungsregionen verläuft. In den Abwanderungsländern wird
somit die Landflucht beschleunigt, ohne daß die städtischen Gebiete über
eine genügend hohe Absorptionsfähigkeit verfügen würden. In einzelnen
Aufnahmeländern (wie Belgien und Frankreich) scheint die Verfügungs-
möglichkeit über billige ausländische Arbeitskräfte die Strukturanpassung
landwirtschaftlicher bzw. Bergbau-orientierter Regionen verzögert zu
haben. So wiesen 1971 in Frankreich immer noch drei von insgesamt
acht Großregionen einen Anteil der Landwirtschaft an den Beschäftigten
der Region zwischen 15 und 24 Prozent auf,[26] während in der Bundesrepublik, in der viel stärker darauf geachtet wird, daß die geltenden Lohn-
sätze durch Ausländer nicht unterboten werden, und in deren landwirtschaftlichem Sektor gerade ein Prozent aller Ausländer arbeitet, entsprechende Werte in keinem Bundesland (mehr) erreicht werden.
In sämtlichen Aufnahmeländern schließlich begünstigt die Verfügung über
mobile (ausländische) Arbeitskräfte bestehende Agglomerationstendenzen.

---

24 *Internationales Arbeitsamt*, Zweite Europäische Regionalkonferenz . . ., S. 120, sowie
   Kuntze, Anstieg der Ausländerbeschäftigung . . ., S. 3 ff.
25 *Statistisches Amt der EG* (Hrsg.), Sozialstatistik, Bevölkerung und Erwerbstätigkeit 1968–1972, 2/1973, Tab. VI/2 (S. 117).
26 *Statistisches Amt der EG* (Hrsg.), Sozialstatistik, Bevölkerung und Erwerbstätigkeit
   1968–1972, 2/1973, Tab. VIII/1 (S. 134).

Dies gilt für die Bundesrepublik[27] ebenso wie für die Niederlande (wo die lokale Konzentration im Raum Rotterdam schon 1972 zu Restriktionsmaßnahmen führte), für Frankreich und für Großbritannien. Dabei spielt nicht nur die Außenwanderung, sondern auch die Binnenwanderung der Ausländer eine Rolle. Daraus abzuleiten, die Ausländer seien die Ursache von Agglomerationstendenzen, ist allerdings nicht zulässig. Grundlegend ist vielmehr der Grad der wirtschaftlichen Expansion und der daraus resultierende Arbeitskräftebedarf in den einzelnen Ballungsgebieten, denn die Arbeitskräftenachfrage ist bekanntlich eine abgeleitete Nachfrage.

3. Zum Zustand des Gemeinsamen Arbeitsmarktes

Im Jahr 1959 kamen etwa drei Viertel der ausländischen Arbeitskräfte in der damaligen Gemeinschaft (Sechser-Gemeinschaft) aus Mitgliedstaaten und nur ein Viertel aus Drittländern. 1973, in der erweiterten Gemeinschaft war das Verhältnis umgekehrt, obwohl schon damals aufgrund regionaler Arbeitslosigkeit in der Gemeinschaft weit über eine Million Arbeitskräfte für einen Ausgleich zur Verfügung gestanden hätten.

Die beiden Abwanderungsländer innerhalb der EG, Irland und Italien, sind von dieser Entwicklung unterschiedlich betroffen. Irische Arbeitskräfte wandern innerhalb Europas fast ausschließlich nach Großbritannien und haben dort kaum konkurrierende Neuzugänge aus Drittländern zu befürchten. Anders der Fall Italiens, dessen Süden immer noch als beispielhaftes Auswanderungsgebiet gilt.[28] Durch die Anwerbung von Arbeitskräften aus Drittländern sank der Anteil von Italienern an den Wanderarbeitnehmern in der Gemeinschaft von 1962 bis 1972 von 22 Prozent auf etwa 14 Prozent, wobei allerdings die absolute Zahl noch von 638 000 auf 812 000 gestiegen ist. Allein in Frankreich ging die Zahl der dort arbeitenden Italiener zwischen 1962 und 1970 absolut (um mehr als 10 Prozent) zurück.[29]

27 Vgl. *Bundesforschungsanstalt für Landeskunde und Raumordnung (Hrsg.)*, Regionalisierte Ausländerpolitik, Informationen zur Raumentwicklung, 1974, Heft 2, sowie »Bevölkerung in Stadtregionen, Ergebnisse der Volkszählung am 27. 5. 1970«, in: Wirtschaft und Statistik, 1974, S. 324 ff.

28 So wanderten im Zeitraum 1960/68 183 000 Personen jährlich netto aus dem Mezzogiorno ab, um sich in Norditalien oder im Ausland niederzulassen. 60,8% der italienischen Auswanderer zogen dabei nach *außer*gemeinschaftlichen Ländern. (Stellungnahme der Kommission zum beschäftigungspolitischen Memorandum der italienischen Regierung, S. 17).

29 Vgl. *Werner*, Freizügigkeit . . ., S. 333.

Die bei Abschluß der römischen Verträge aufgetretene Befürchtung, es würde zu einer einseitigen Überflutung der übrigen Mitgliedstaaten mit Italienern kommen, hat sich demnach – wegen der Möglichkeit, auf (noch) anspruchslosere Arbeitskräfte zurückgreifen zu können – nicht bewahrheitet. Jedoch kann auch von einer integrationsfördernden, wechselseitigen Verflechtung der nationalen Arbeitsmärkte kaum die Rede sein, schon gar nicht bei den höher qualifizierten Kräften, bei denen zum Beispiel die gegenseitigen Anerkennungen der Befähigungsnachweise immer noch Probleme darstellen.

4. *Zusammenfassende Bewertung unter Integrationsaspekten*

Als Motor, der die Integration Europas vorantreibt, kann die Arbeitskräftemobilität in ihrer bisherigen Form kaum bezeichnet werden, eher als Bremse bzw. als Problem, auf das bei weiteren Schritten in Richtung auf eine Europäische Union Rücksicht genommen werden muß. Faßt man noch einmal zusammen, führen insbesondere die folgenden Gesichtspunkte zu einer negativen Bewertung der bisherigen Migrationspolitik:
– Die millionenfachen Bewegungen von Arbeitskräften zwischen der europäischen Peripherie und den Zentren der wirtschaftlichen und industriellen Entwicklung haben bei allen damit verbundenen menschlichen und gesellschaftlichen Problemen die regionalen Einkommens- und Beschäftigungsunterschiede in Europa nicht beseitigen können. Die positiven Effekte sind per Saldo mehr den entwickelten Gebieten zugute gekommen, während die Abwanderungsländer allenfalls einige kurzfristige Vorteile, wie zum Beispiel verstärkte Devisenzuflüsse, eine vorübergehende Verringerung ihres Arbeitspotentials etc., verzeichnen konnten, wobei noch umstritten ist, ob es sich dabei angesichts mancher Nebeneffekte überhaupt um echte Vorteile handelt; sicher ist, daß die Emigrationsländer auf längere Sicht ihre Entwicklung nicht auf Abwanderungen großer Teile ihrer aktiven Bevölkerung aufbauen können.
– Ein funktionierender Gemeinsamer Arbeitsmarkt ist bislang nicht erreicht worden. Weder kann zum Beispiel von einer wirksamen Gemeinschaftspräferenz für Arbeitskräfte aus Mitgliedsländern die Rede sein noch von einer gegenseitigen Durchdringung der nationalen Arbeitsmärkte.
– Massenhaftigkeit der Arbeitskräftebewegungen, einseitige Sozial- und Beschäftigungsstruktur, Gettobildung und andere Erscheinungen der Wanderungsbewegung haben die Idee der grenzüberschreitenden Ar-

beitskräftemobilität gesellschaftspolitisch abgewertet und eher Xenophobie und Rassismus als das Gefühl einer europäischen Solidarität gefördert.

– Rechtliche und soziale Diskriminierungen der Drittländer-Arbeitskräfte haben die Ausbreitung einer neuen unterprivilegierten Schicht in den Zentren der Aufnahmeländer heraufbeschworen und drohen, auf die Gemeinschaft zurückzuschlagen.

Insgesamt scheint es daher dringend an der Zeit, die migrationspolitischen Vorstellungen stärker als bisher mit anderen Politikbereichen zu verzahnen und sie insbesondere mit einem der wesentlichsten Ziele einer erfolgreichen Integrationspolitik, dem Ziel einer ausgeglicheneren Verteilung der wirtschaftlichen Kräfte im Raum, abzustimmen.

IV. *Zur Neuorientierung der Migrationspolitik*

1. *Veränderte Voraussetzungen*

Für eine Neuorientierung migrationspolitischer Grundvorstellungen bestehen in der augenblicklichen Phase weitgehend gestoppter Verlagerungsprozesse auf der einen Seite relativ günstige Voraussetzungen. Auf der anderen Seite ist nicht zu verkennen, daß einige neue Probleme stark an Gewicht gewonnen haben: Probleme der Assimilation im Gefolge der zunehmenden Aufenthaltsdauer, die Eingliederung einer wachsenden Zahl von Gastarbeiterkindern in den Arbeitsprozeß sowie Probleme der Wiedereingliederung freigesetzter Arbeitskräfte in die Wirtschaft ihrer Heimatländer, um nur die drei wichtigsten zu nennen.

Zu den positiv veränderten Voraussetzungen der Migrationspolitik gehört in erster Linie die Tatsache, daß der lange Zeit ansteigende Trend der Arbeitskräftetransfers in Europa vorerst »gekippt« ist, was zumindest drei Ursachen hat: Die verminderten wirtschaftlichen Wachstumsraten, das in einigen Ländern wieder zunehmende inländische Arbeitspotential und die Einflüsse, die von politischen Faktoren ausgehen.

Anzunehmen ist, daß die wichtigsten Aufnahmeländer, voran die Bundesrepublik und Frankreich, ihren Arbeitskräftebedarf auf mittlere Sicht, von wenigen sektoralen Engpässen abgesehen, wieder aus eigenen Quellen (einschließlich der in den Ländern ansässigen Ausländer und deren Nachwuchs) werden decken können. Anzunehmen ist ferner, daß es auch nach Überwindung der gegenwärtigen Rezession (vorerst) kein Zurück zur Politik einer (direkten oder indirekten) Anregung und Begünstigung von Arbeitskräftetransfers geben wird. Als zu gravierend haben sich mittlerweile kommunal- und sozialpolitische Wirkungen einer wachsenden Ausländerbeschäftigung in den Industriezentren erwiesen, und auch die meisten Abwanderungsländer (mit Ausnahme vielleicht der Türkei) verweisen zunehmend mehr auf die Nach- als auf die Vorteile der Wanderungsbewegungen, durch die sie nicht zuletzt in hohem Maße von Entwicklungen in den Aufnahmeländern abhängig gemacht werden.

Die Impulse, die zuvor, bis Anfang der siebziger Jahre, von politischen Maßnahmen ausgingen, reichten von den Auswirkungen unterbewerteter Währungen auf die Arbeitskräftenachfrage der »alten« Standorte, über die Anreizfunktionen großzügiger Legalisierungen »wilder« Einwanderungen bis hin zu den Effekten staatlicher Anwerbe- und Vermittlungseinrichtungen. In der Zwischenzeit wurden nicht nur die Anwerbeaktivitäten eingestellt und Zuwanderungsstops erlassen, sondern einige Länder, wie die Bundesrepublik seit April 1975, beschränken zusätzlich die Binnenwanderung von Ausländern (sofern diese nicht aus EG-Staaten stammen) und bemühen sich außerdem um eine Beschleunigung der Rückwanderung, die seit Erlaß der Restriktionsmaßnahmen spürbar zurückgegangen ist.

Neue Immigrationswellen aus Drittländern sind demnach auf absehbare Zeit kaum zu erwarten. Offen ist jedoch,

– wie sich die »autonomen« Wanderungen innerhalb des Gemeinsamen Marktes künftig entwickeln werden, eine Frage, die vom Zugang neuer Mitglieder, von der Effizienz der Regionalpolitik und nicht zuletzt auch von währungspolitischen Entscheidungen abhängig ist,

– wie sich die Integrations- bzw. Assimilationsprobleme der bereits ansässigen ausländischen Bevölkerungsteile entwickeln, die aller Voraussicht nach eine dauerhafte und zahlenmäßig beachtliche Minorität bilden werden,

– welche Forderungen auf die Industrieländer in Zusammenhang mit Rückgliederungsaktionen zukommen.

Auf alternative Entwicklungen dieser Art muß die Migrationspolitik vorbereitet sein, wenn Fehlentwicklungen wie in der Vergangenheit nach Möglichkeit vermieden werden sollen.

2. Implikationen alternativer integrationspolitischer Entscheidungen

2.1 Erweiterungen der Gemeinschaft

Die in der Gemeinschaft stufenweise eingeführte Freizügigkeit hat – nach Untersuchungen von Werner – offenbar »nicht als zusätzlicher Wanderungsimpuls gewirkt«.[30] Zu fragen ist, wie sich dies bei der Aufnahme neuer Mitglieder bzw. bei der Ausdehnung der Freizügigkeit auf assoziierte Länder verhalten wird.

Im Falle Griechenlands, das im Sommer 1975 die Mitgliedschaft beantragt hat, sieht die Kommission keine Schwierigkeiten, zumindest keine neuen Probleme gemessen an denen, die sich bei der Durchführung der Assoziation ergeben. Der Grund dafür:

»Die Abwanderung nach der Gemeinschaft, ein bedeutender Faktor in der Wirtschaftsentwicklung Griechenlands während der sechziger Jahre, scheint infolge der zunehmenden Industrialisierung Griechenlands und der Veränderungen des Arbeitskräftebedarfs in den Zuwanderungsländern weiterhin zurückzugehen«.[31]

Problematisch ist jedoch der Fall der Türkei, von der unter Freizügigkeitsbedingungen extrem hohe Wanderungsraten erwartet werden müßten.[32] Fänden zum Beispiel die Bestimmungen der Verordnung (EWG) Nr. 1612/68 bzw. der Richtlinie des Rates vom 15. 10. 1968 zur Aufhebung der Reise- und Aufenthaltsbeschränkungen für Arbeitnehmer der Mitgliedstaaten (68/360/EWG) schrittweise auch auf Türken Anwendung, hätten diese das Recht, sich drei Monate lang ohne Aufenthaltserlaubnis in EG-Ländern zur Arbeitsuche aufzuhalten. Finden sie eine Beschäftigung, so müßte ihnen eine Aufenthaltserlaubnis automatisch erteilt werden. Da zuletzt, bei Schließung des deutschen Anwerbebüros, noch rund eine Million Türken (Fachkräfte unter 45, Hilfsarbeiter unter 35 Jahre; ohne diese Altersgrenze wird mit drei Millionen gerechnet) auf den Wartelisten standen,[33] lassen sich die Folgen leicht ausmalen.

30 *Werner*, Freizügigkeit . . ., S. 340.
31 *Stellungnahme* zum griechischen Beitrittsgesuch (von der Kommission am 29. Januar dem Rat vorgelegt) Bulletin der Europäischen Gemeinschaften, Beilage 2/1976, S. 17.
32 Allein um die gegenwärtige Unterbeschäftigung in der Türkei zu beseitigen, werden nach Angaben von Zadil 2,5 Millionen neue Arbeitsplätze gebraucht. Zusätzlich wächst das türkische Arbeitspotential jährlich um 300 000 bis 400 000 Personen. Vgl. *Zadil*, E., Die Auswirkungen der Arbeitskräftewanderungen in der Türkei, in: Ausländerbeschäftigung und internationale Politik, Zur Analyse transnationaler Sozialprozesse, hrsg. v. R. Lohrmann und K. Manfrass, München-Wien 1974, S. 217.
33 Die Zeit, v. 16. 4. 1976, S. 18.

Unter den Aufnahmeländern der EG wäre von einer freizügigen türkischen Einwanderung insbesondere die Bundesrepublik berührt, die gegenwärtig rund 90% der Migranten aus der Türkei aufnimmt. Hier müßte mit der Verdrängung sowohl von einheimischen Randgruppen des Arbeitsmarktes gerechnet werden, als auch zum Beispiel von Italienern, die sich in den letzten Jahren vorwiegend auf die Bundesrepublik und die Schweiz konzentriert haben.

Die Vereinbarung von Kontingenten wäre *eine* Lösungsmöglichkeit, solange der konsequentere Weg, die Schaffung einer ausreichenden Zahl von Arbeitsplätzen in der Türkei selbst, noch nicht zum Erfolg geführt hat.

2.2 *Auswirkungen währungspolitischer Alternativen*

Währungspolitische Entscheidungen können auf dem Weg über regionale Entwicklungsimpulse auch Auswirkungen auf das Ausmaß von Wanderungstendenzen in der Gemeinschaft haben. Das heißt, Entscheidungen, die eine Vergrößerung der regionalen Entwicklungsunterschiede bewirken, führen tendenziell zu einer Verstärkung der Wanderungsbewegungen und umgekehrt.

So begünstigt die Bildung eines einheitlichen Währungsraums, die regionalpolitisch wie der Abbau von Zöllen wirkt (wenngleich in bescheidenerem Ausmaß),[34] die zentralen Regionen zu Lasten der Peripherie eines gemeinsamen Währungsraumes und verstärkt unter sonst gleichbleibenden Bedingungen den Wanderungsdruck. Oder so reduzieren Versuche, Wechselkursveränderungen innerhalb des Währungsraumes Schritt für Schritt auszuschalten, den wirtschaftspolitischen Spielraum der Mitgliedsländer mit relativ hoher Arbeitslosigkeit bzw. relativ starkem Preisanstieg und verschärfen den Zwang zur passiven Sanierung innerhalb des Währungsraumes.[35] Die entsprechenden Wanderungen wirken destabilisierend; der Prozeß kommt von sich aus nicht zum Stillstand.

Allein die Strategie, bei flexiblen Wechselkursen zunächst mit wirtschafts- bzw. regionalpolitischen Maßnahmen zu versuchen, die räumlichen Entwicklungsunterschiede zu nivellieren, verspricht Aussicht auf eine Reduzierung der Wanderungen in der Gemeinschaft. Von daher müßte sich eine (auch) am Ausländerproblem orientierte Politik für den »wirtschaftspoli-

---

34 Vgl. *Stahl*, H.-M., Regionalpolitische Implikationen einer EWG-Währungsunion, Kieler Studien, 125, Tübingen 1974, S. 220.
35 Vgl. ebenda, S. 221/222.

tischen« Integrationsweg und gegen die frühzeitige Fixierung der Wechselkurse (»währungspolitischer« Weg zur Europäischen Union) entscheiden.

3. Das Aktionsprogramm der Kommission zugunsten der Wanderarbeitnehmer

Trotz gestoppter Immigrationswelle muß angenommen werden, daß die bisherigen Zuwanderungsländer auf lange Zeit, vermutlich auf Dauer, mit einem hohen »Sockel« an ausländischen Arbeitskräften einschließlich deren Familienangehörigen leben werden. Sie kommen daher kaum umhin, Integrations- bzw. Assimilierungsmaßnahmen zu ergreifen, auch wenn sie sich von ihrer Struktur her nicht als Einwanderungsländer fühlen.
In dieser Situation hat die Kommission Ende 1974 in Übereinstimmung mit der Ratsentschließung vom 21. 1. 1974 (Sozialpolitisches Aktionsprogramm) ein Aktionsprogramm zugunsten der Wanderarbeitnehmer vorgelegt.[35a] Die beiden wichtigsten Ziele, die das Programm verfolgt, sind (in der Wertung der Kommission):[36]
- Die soziale Sicherung für Arbeitskräfte aus Drittländern, die »schrittweise« den Arbeitskräften aus der Gemeinschaft gleichgestellt werden sollen, sowie
- politische Rechte auf lokaler Ebene für *alle* ausländischen Arbeitskräfte unter bestimmten Voraussetzungen (Aufenthaltsdauer, etc.) »spätestens bis 1980«.[37]

Von einem darüber hinausgehenden, längerfristigen und umfassenderen Programm wird nur gesagt, es müsse auch »die gesamten wirtschafts-, regional-, industrie- und entwicklungspolitischen Aspekte der Wanderungsprobleme berücksichtigen« (Aktionsprogramm, S. 3).
Schließlich wird die fehlende Koordinierung der Wanderungspolitik auf Gemeinschaftsebene beklagt und festgestellt, dies sei einer der Hauptgründe für den »schlecht organisierten Einsatz der Arbeitskräfte« (S. 25).
Es gäbe zur Zeit auf Gemeinschaftsebene keine Möglichkeit, der Gefahr der Kollision zwischen einzelstaatlicher Einwanderungspolitik und den Ge-

---

35a KOM (74) 2250, v. 18. 12. 1974.
36 Zur Wertung vgl. Kommission der EG, Sprechergruppe, Informatorische Aufzeichnung, P-85, Brüssel Dez. 1974.
37 Zu beiden Zielvorstellungen werden nähere Ausführungen gemacht. Daneben wird eine Reihe ergänzender Maßnahmen vorgeschlagen, darunter ein gemeinsames Vorgehen gegen die illegale Beschäftigung von Ausländern, der Ausbau des Europäischen Stellenübermittlungssystems SEDOC sowie einige Verbesserungen der Freizügigkeitsbedingungen für Gemeinschaftsangehörige.

meinschaftspolitiken im sozialen, regionalen und gewerblichen Bereich sowie in der Entwicklungshilfe (im Mittelmeerraum!) vorzubeugen. Daher gibt die Kommission eine Reihe von Denkanstößen für eine »umfassende Strategie zur Lösung des Problems« und nennt als »erste praktische Schritte dieser Koordinierung« (Aktionsprogramm, S. 27, leicht gekürzt):

- Die Festlegung eines Gemeinschaftsschemas für zweiseitige Vereinbarungen zwischen den Mitgliedstaaten und Drittländern;
- die Festlegung von Mindeststandards hinsichtlich der von der Gemeinschaft eingegangenen oder noch einzugehenden Verpflichtungen (Assoziierungsabkommen, Handelsabkommen);
- halbjährliche Vorausschätzungen des Arbeitskräftebedarfs und -angebots;
- die schrittweise Verwirklichung gleicher Lebens- und Arbeitsbedingungen für die Wanderarbeitnehmer aus Drittländern . . .;
- die Abstellung der Mißbräuche seitens Vermittlungsagenturen und ähnlicher Einrichtungen.

An erforderlichen Koordinierungs*gremien* nennt die Kommission (ebenda): Die bereits bestehenden Organe, insbesondere den Beratenden Ausschuß für Freizügigkeit und den (lange blockierten) Ständigen Ausschuß für Beschäftigungsfragen sowie eine Ad-hoc-Gruppe, gebildet aus Beamten, die in den Mitgliedstaaten mit der Festlegung der Wanderungspolitik beauftragt sind.

4. *Bewertung des Aktionsprogramms*

4.1 *Der Ansatz an den Symptomen*

Die Kommission hat in ihrem Aktionsprogramm mit den Vorschlägen zur Verbesserung der sozialen Lage der ausländischen Arbeitskräfte und zur Einführung politischer Mitwirkungsrechte zwei Akzente gesetzt, die in Zusammenhang mit den Migrationsproblemen zweifellos wichtig sind. Jedoch setzen die entsprechenden Maßnahmen lediglich an einigen Symptomen an und lassen die eigentliche Ursache der Probleme, das Entwicklungsgefälle zwischen den Abwanderungsländern (bzw. -regionen) und den Zentren, unberührt. Außerdem geht das Programm immer noch zu sehr von der Interessenlage der Aufnahmeländer aus (so werden zum Beispiel Fragen der Rückgliederung von Gastarbeitern, Fragen der Aktivierung ihrer Ersparnisse für den Entwicklungsprozeß ihrer Heimat etc. nicht einmal erwähnt). Und schließlich wird zu wenig beachtet, daß die Migrationsproblematik weit über die Gemeinschaft hinausgeht, und daß die bisherigen

Abwanderungsländer außerhalb der Gemeinschaft zunehmend *kooperative* Lösungen fordern und auch eher als früher in der Lage sind, an deren Durchsetzung mitzuwirken.

Der Ansatz der Kommission an den Symptomen verspricht schon für sich genommen relativ wenig:

Zur Verbesserung der sozialen Verhältnisse der wandernden Arbeitskräfte: Die Ausweitung der Tätigkeit des Sozialfonds auf Wanderarbeitskräfte aus der Gemeinschaft (Sprach- und berufsbildende Kurse vor der Ausreise, etc.) und aus Drittländern (im wesentlichen nur Eingliederungshilfen im Aufnahmeland) stellen lediglich allererste Schritte in Richtung auf eine soziale Besserstellung aller ausländischen Arbeitskräfte dar. Die Ausarbeitung eines Systems aufenthaltsrechtlicher und sozialpolitischer Mindestnormen, ein weiterer Vorschlag der Kommission, knüpft im Grunde an bekannte ILO-Aktivitäten an. Entscheidend ist, was auf der Ebene der Mitgliedstaaten tatsächlich geschieht. Und von daher kann nur dann ein Durchbruch erwartet werden, wenn es gelingt, der Öffentlichkeit und den relevanten politischen Gruppierungen die Gefahren der bisherigen Entwicklung bewußt zu machen, bzw. wenn die betroffenen Ausländer über die Gewährung politischer Rechte in die Lage versetzt werden, ihre Interessen stärker als bisher selbst zu verfolgen.

Zur Beteiligung der ausländischen Arbeitskräfte am politischen Leben: Die Rechte, die den Ausländern schon heute zur Verfügung stehen, um auf die politische Meinungs- und Willensbildung im Aufnahmeland einzuwirken (Meinungs- und Koalitionsfreiheit, Vereins- und Parteifreiheit, etc.) reichen nicht aus, um eine chancengleiche Artikulation ihrer spezifischen Bedürfnisse zu sichern. Der Übertragung weitergehender (zum Beispiel Bundes- oder Landtagswahl-) Rechte stehen in den meisten Ländern verfassungsrechtliche Grundsätze entgegen, die derartige Rechte von der Staatsbürgerschaft abhängig machen. Lediglich auf Gemeindeebene scheint eine Übertragung des Kommunal-Wahlrechts an Ausländer – auch hier jedoch nur an EG-Angehörige – möglich zu sein.[38]

Für Angehörige von *Drittländern* ist eine politische Interessenvertretung selbst auf kommunaler Ebene problematisch, da ein Wahlrecht ohne unbegrenzte Aufenthaltsberechtigung (die bei Drittländer-Angehörigen im allgemeinen nicht gegeben ist) kaum vorstellbar erscheint.[39] Da viele die Ausländer berührenden Fragen ohnehin überregional entschieden werden,

---

38 Vgl. *Sasse*, C., Kommunalwahlrecht für Ausländer? Staatsrechtliche Möglichkeiten und Grenzen, Bonn 1974, S. 17 ff. und S. 33 ff.
39 Vgl. *Sasse*, C., Kommunalwahlrecht für Ausländer? Staatsrechtliche . . ., S. 53 ff.

ist zu fragen, ob eine wirksame Interessenvertretung nicht besser durch eine kooperative Einschaltung der Herkunftsländer bei der Vorbereitung migrationspolitischer Entscheidungen erreicht werden kann.

4.2 Der Ansatz an den Ursachen

Grenzüberschreitende Arbeitskräftebewegungen sind integrationspolitisch nur dann erwünscht, darüber herrscht heute weitgehend Einigkeit, wenn es sich um wechselseitige und nicht um einseitige Verflechtungen von Arbeitsmärkten handelt. Die Frage ist nur, welche Mittel zur Verfügung stehen, um den Anreiz zu einseitigen Arbeitskräfteverlagerungen auch international zu verringern,[40] eine Frage, die sich gleichzeitig auf die Determinanten derartiger Bewegungen bezieht.

Die Determinanten internationaler Arbeitskräftetransfers sind einmal in den unbefriedigenden Einkommens- und Beschäftigungsverhältnissen der Herkunftsländer (als notwendige Bedingung – bzw.»Druckfaktoren« – von Wanderungen) zu suchen, zum anderen in den Wachstums- bzw. Arbeitsmarktfaktoren der nachfragenden Länder, wobei unter den wirtschaftspolitischen Leitvorstellungen der Nachkriegszeit arbeitsuchende Ausländer im allgemeinen in einem Land nur dann aufgenommen werden, wenn Nachfrage besteht, so daß die Verhältnisse in den Aufnahmeländern auch als hinreichende Bedingung für das Zustandekommen von Migrationen bezeichnet werden können.

Die Beschäftigungsverhältnisse in den *Abwanderungsländern* (bzw. -regionen) so zu verbessern, daß der Wanderungsdruck seine Bedeutung verliert, ist eine relativ langfristige Aufgabe, die jedoch, wie die Beispiele von Ländern wie Spanien, Griechenland etc. andeuten, im Prinzip (und bei entsprechender Unterstützung durch die entwickelten Länder) lösbar ist. Wichtig ist, daß ein beginnender, selbsttragender Entwicklungsprozeß nicht dadurch aufgehalten oder vereitelt wird, daß die Arbeitskräftenachfrage der Zentren den peripheren Regionen dringend selbst benötigte Fachkräfte entzieht.[41] Wichtig ist ferner, daß die Länder, aus denen bisher Arbeitskräfte ohne Rücksicht auf die entwicklungspolitischen Bedürfnisse

---

40 Im nationalen Bereich wird hierfür bekanntlich die Regionalpolitik eingesetzt.
41 Dies ist zum Beispiel ein Problem Jugoslawiens. Vgl. dazu u. a. den erwähnten jugoslawischen Bericht im Rahmen des OECD-Projekts »Services for Returning Migrant Workers« sowie den Abschnitt »Some Empirical Evidence on the Skill Drain in Mediterranean Countries« im erwähnten Working Paper von Böhning (WEP 2–26/WP. 2, S. 36 f.).

der jeweiligen Volkswirtschaft abgewandert sind, ihre migrationspolitischen Optionen im Rahmen gesamtwirtschaftlicher Ziele und Möglichkeiten klar definieren, um auf dieser Grundlage ihre Interessen gegenüber den (potentiellen) Aufnahmeländern deutlicher als bisher vertreten zu können.

Auch die *Aufnahmeländer* stehen vor dem Problem, ihre migrationspolitischen Vorstellungen im übergeordneten Rahmen ihrer Wachstumsbedingungen und Arbeitsmarktverhältnisse zu präzisieren. Sollte sich daraus ein Bedarf an zusätzlichen Arbeitskräften abzeichnen, sind mögliche Alternativen gegeneinander abzuwägen. Unter der Annahme, die betrieblichen und gesamtwirtschaftlichen Rationalisierungsreserven sind in vertretbarem Maße ausgeschöpft, wären dies vor allem folgende:

– Anpassung des Wachstums an das inländische Arbeitspotential durch Veränderungen der Produktionsstruktur bzw. durch direkte Verlagerungen ins Ausland unabhängig von den Grenzen des Gemeinsamen Marktes,

– Verlagerung von Produktionen (bzw. Standorten) innerhalb des Gemeinsamen Marktes,

– erneuter Rückgriff auf ausländische Arbeitskräfte.

Integrationspolitisch ist unter diesen Alternativen besonders die an zweiter Stelle genannte Lösung positiv zu bewerten. Sie bedeutet allerdings eine verstärkte Blockbildung und erfordert vor allem eine konsequente Abschirmung gegenüber Drittländer-Arbeitskräften auf dem Wege einer gemeinschaftlich abgestimmten Wanderungspolitik. Ohne eine solche Abschirmung müßten die Erwartungen auf eine ausgeglichenere Regionalentwicklung in der Gemeinschaft (als eine der wesentlichsten ökonomischen Voraussetzungen für Fortschritte in der Europäischen Einigung) noch mehr als bisher reduziert werden.

Eine Abschirmung des Gemeinsamen Arbeitsmarktes nach außen müßte freilich durch wesentliche Verbesserungen der innergemeinschaftlichen Entwicklungspolitik ergänzt werden, wenn es nicht lediglich zu einer Umschichtung in den Wanderungsströmen kommen soll. Den notwendigen Rahmen dazu hätte unter anderem eine (noch zu konzipierende) gemeinschaftliche Beschäftigungspolitik zu liefern,[42] während im übrigen, im Detail, an die Ausarbeitung konsistenter regionalpolitischer Programme, an eine verbes-

---

42 Vgl. *Engelen-Kefer*, U., Internationale Beschäftigungspolitik aus gewerkschaftlicher Sicht, in: WSI-Mitteilungen, 1975, S. 81–89. Als Gremium kommt dafür insbesondere der 1970 geschaffene Ständige Ausschuß für Beschäftigungsfragen in Betracht, in dem Regierungen, Arbeitnehmer- und Arbeitgeberverbände gleichgewichtig vertreten sind.

serte Zusammenarbeit der Arbeitsverwaltungen,[43] an Harmonisierungen im Bereich der beruflichen Bildung, etc. zu denken ist. Allerdings wäre es eine Illusion zu glauben, die anstehenden Beschäftigungs- und Regionalprobleme könnten allein durch Gemeinschaftsaktionen gelöst werden. Die wesentlichsten Beiträge werden immer noch von den betroffenen Ländern selbst kommen müssen.

4.3 Zusammenfassung

1. Die Migrationspolitik befindet sich gegenwärtig innerhalb wie außerhalb der Europäischen Gemeinschaft im Umbruch. Die bisherigen Ansätze, deren Grundlagen auf Liberalisierungskonzeptionen aus dem Bereich des internationalen Handels und des Kapitalverkehrs zurückzuführen sind, haben sich für die Steuerung internationaler Arbeitsmarktbeziehungen als untauglich erwiesen. Sie führten zu millionenfachen, einseitig orientierten Arbeitskräfteverlagerungen, ohne daß sich an den grundlegenden regionalen Ungleichgewichten Entscheidendes verändert hätte.

2. Integrationspolitisch muß die Arbeitskräftemobilität in ihrer bisherigen Form und mit ihren bisherigen Effekten daher eher als Hemmschuh denn als Motor weiterer Fortschritte in Richtung auf eine Europäische Union angesehen werden.

3. Zur Lösung der dringendsten migrationspolitischen Probleme hat die Kommission Ende 1974 ein Aktionsprogramm zugunsten der Wanderarbeitnehmer und ihrer Familien vorgelegt. In dessen Mittelpunkt stehen allerdings im wesentlichen nur flankierende arbeitsmarkt- und sozialpolitische Maßnahmen (einschließlich der Forderung nach politischen Rechten für Arbeitskräfte aus Mitgliedstaaten), während die Tatsache, daß einseitige Migrationsbewegungen heute von Grund auf – und zwar sowohl von den Immigrationsländern als auch von den Emigrationsländern her – infrage gestellt werden, zu wenig Beachtung findet.

4. Die Suche nach geeigneten Alternativen zur Abwanderung bzw. zur Ausländerbeschäftigung ist heute zum entscheidenden Problem für die Abwanderungs- wie für die Aufnahmeländer geworden, womit die Mi-

---

43 Vgl. *Leve*, M., Das sozialpolitische Aktionsprogramm der EG und Zusammenarbeit der Arbeitsverwaltungen, in: Arbeit & Beruf, 1975, S. 48 f. Vgl. dort auch die kritischen Anmerkungen zur Wirksamkeit des von der Kommission geförderten Stellenübermittlungssystems SEDOC.

grationspolitik (im engeren Sinn) in umfassendere Überlegungen zur Wachstums- und Entwicklungspolitik aufzugehen beginnt.

5. Die Diskussion um kooperative migrationspolitische Konzeptionen ist in Europa derzeit noch im Gang. Als Forum dient zum einen die OECD (Manpower and Social Affairs Committee), zum anderen bestehen innerhalb der Gemeinschaft Gremien, wie der Beratende Ausschuß für Freizügigkeit, der Ständige Ausschuß für Beschäftigungsfragen, etc., deren Kapazität bisher noch nicht ausgeschöpft zu sein scheint.

Harald H. Bungarten

Umweltpolitische Aspekte einer europäischen Integration

1. *Einleitung: Die Notwendigkeit einer europäischen Umweltpolitik*

Das vorrangig angestrebte Ziel der Europäischen Gemeinschaft ist die wirtschaftliche Einigung der Mitgliedstaaten – nicht als Selbstzweck, sondern zur Verbesserung der Lebensbedingungen der europäischen Bevölkerung. Dieses Ziel beinhaltet nicht nur die Hebung des materiellen Lebensstandards, sondern auch die Sicherung einer ausgeglichenen sozialen und gesunden ökologischen Umwelt.

Die Unterziele der Erhaltung einer optimalen Lebensqualität sind in vielfältiger Weise miteinander verknüpft; sie bilden ein komplexes Zielsystem, das zumindest partiell inkompatibel sein kann. Das wird offensichtlich bei der Betrachtung der Auswirkungen des Umweltschutzes auf die Produktionskosten, den Wettbewerb, den freien Warenverkehr, das Wirtschaftswachstum usw., wie dies in folgendem Beitrag geschehen soll. Es ist eine Tatsache, daß weder Schadstoffe in der Luft noch verseuchtes Grundwasser oder verschmutzte Flüsse an den Grenzen haltmachen, daß die Kosten von Umweltmaßnahmen sofortige Wirkungen auf die Wettbewerbsverhältnisse innerhalb der Gemeinschaft haben und daß Umweltnormen für Produkte oder Verfahren zu Handelshemmnissen führen. Nationale umweltpolitische Maßnahmen, die nicht mit der Gemeinschaft abgestimmt sind, können deshalb ihr Ziel nicht voll erreichen und gefährden zudem den bisher erreichten Integrationsstand in Europa.

Neben der offensichtlichen Notwendigkeit eines gemeinschaftlichen Vorgehens auf dem Gebiet des Umweltschutzes bietet die Umweltpolitik eine wichtige Möglichkeit, durch ihre neuartigen Problemstellungen auf Gebieten, die in den bisherigen Verträgen noch kaum berücksichtigt sind, während der letzten Zeit eingetretene Tendenzen zur Desintegration aufzuhalten: die Bekämpfung der allerorts zu beobachtenden Verschlechterung der Lebensqualität hat im Bewußtsein der Europäer eine hohe Priorität erhalten, so daß die als notwendig erachtete gemeinschaftliche Umweltpolitik sich schließlich als Antriebskraft einer für alle Mitgliedstaaten vorteilhaften weiteren Integration hin zu einer politischen Union erweisen könnte.

Die Gemeinschaft ist daher zur Erfüllung ihrer wesentlichen Aufgaben direkt angesprochen. Sie muß die teilweise widersprüchlichen Ziele in einem politischen Prozeß einander näher bringen und einen Erfüllungskompromiß suchen. Neben der vorwiegend normativen Aufgabe der Erstellung von Grundsätzen obliegt der Gemeinschaft die Koordinierung und Förderung aller hierzu notwendigen Maßnahmen.

2. Zur ökologischen Situation innerhalb Europas[1]

2.1 Die geoökologische Verflechtung

Der geoökologische Verflechtungsgrad der Staaten innerhalb der EG ist äußerst hoch. Die Länder der Neuner-Gemeinschaft haben entweder direkte Landesgrenzen oder sind nur durch Meeresstraßen oder -buchten von geringer Ausdehnung getrennt. Gleiches gilt für die Verflechtung der Europäischen Gemeinschaft als Ganzes gegenüber ihrer Außenwelt. Selbst dort, wo geographische Gegebenheiten wie Flüsse, Seen oder Meeresstraßen die Entstehung dieser Grenzen beeinflußten, bilden sie heute keine natürliche Abgrenzung mehr, sondern knüpfen enge ökologische Verbindungen. Selbst Gebirge stellen keine entscheidende ökologische Grenze dar, da sie z. B. den Luftaustausch kaum behindern. So entsteht eine Fülle von bedeutenden Problemen des internationalen Umweltschutzes sowohl innerhalb der Gemeinschaft als auch mit den Nachbarstaaten.

Die meisten großen und viele kleinere *Flüsse* Europas überschreiten in ihrem Lauf staatliche Grenzen, so z. B. Rhein, Mosel, Maas, Elbe, Donau usw., die zumeist zu den stark belasteten Gewässern zählen. Entsprechendes gilt für die Grundwasserströme und -reservoirs, die ebenfalls nicht an nationalen Grenzen haltmachen.

An die größten *Binnenseen* Europas grenzen mehrere Staaten, so z. B. Österreich, Schweiz und die Bundesrepublik Deutschland an den Bodensee, sowie Frankreich und die Schweiz an den Genfer See. Aber auch das Mittelmeer und die Binnenmeere Nord- und Ostsee haben eine Fülle von

---

1 Auf diese Problematik ist der Verfasser ausführlicher eingegangen, in: Der Rat von Sachverständigen für Umweltfragen, Umweltgutachten 1974, Verlag W. Kohlhammer, Stuttgart und Mainz (1974).

Anliegerstaaten – die Ostsee zählt zu den stärkstbelasteten Gewässern der Welt.

Da auch verschmutzte *Luft* Landesgrenzen nicht beachtet, werden im engbesiedelten Europa die einzelnen Länder von den Emissionen ihrer Nachbarländer betroffen und so oftmals in ihrem Anrecht auf gesunde Umweltbedingungen beeinträchtigt. Dies gilt insbesondere, wenn die Grenzen quer durch Industrie- und Siedlungszentren verlaufen, wie dies für den Raum Saar-Lothringen-Luxemburg und die Industrieballung zwischen Rotterdam und Ruhr der Fall ist.

Der *globale Charakter* des Umweltproblems ergibt sich schließlich aus der fast totalen Geschlossenheit des ökologischen Systems der Erde, welche prägnant mit dem Begriff des »Raumschiffs Erde« beschrieben wurde. Innerhalb dieses Systems führt jeder Einfluß auf ein Teilsystem über einen weitverzweigten Regelkreis zu vielfältigen Änderungen auf nahezu alle übrigen Systemteile. Da diese Gedanken seit Jahren intensiv diskutiert werden,[2] sei nur ein umfassendes Beispiel angeführt:

Alle Verbrennungsvorgänge auf unserer Erde verringern weltweit den Sauerstoffgehalt und erhöhen den Staubauswurf und den CO_2-Gehalt der Luft, beeinflussen die Wärmebilanz der Atmosphäre und damit das Weltklima und führen somit zu Auswirkungen auf Flora und Fauna. Gerade über die klimatischen Folgen, die sich daraus ergeben, daß die Syntheseleistung der Natur zum Abbau der steigenden CO_2-Erzeugung nicht mehr ausreicht und somit die Atmosphäre neben Wasserdampf, Feststoffteilchen und Wärme mit einer steigenden Menge an CO_2 angereichert wird, besteht z. Z. noch keine einhellige Meinung.[3]

2.2 *Die sozioökologische Verflechtung*

Durch die Erweiterung der Europäischen Gemeinschaft ist eine Gruppierung von neun Staaten mit beachtlichem Wohlstand und bemerkenswerter Wirtschaftsmacht entstanden. Im Bereich der EG wurde 1971 ein Brutto-

---

2 Ehrlich, Paul R. und Anne H., Population, Resources, Environment. Issues in Human Ecology, Verlag W. H. Freeman and Comp., San Francisco (1972); Meadows D. et al., The Limits to Growth, Universe Books for Potomac Ass., New York (1972); Scholder, Klaus, Die Grenzen der Zukunft, Urban Taschenbücher Nr. 851, Stuttgart (1973); Mesarovic, M. und Pestel, E., Menschheit am Wendepunkt, Stuttgart (1974).
3 Landsberg, H. G., Man-Made Climatic Changes, in: Science 170 (1970), Nr. 3964, S. 1265–74 und Oeschger, H. »Klimaveränderung durch Kohlendioxid?«, in: Neue Zürcher Zeitung vom 23. 4. 75, S. 53.

sozialprodukt von 767 Mrd. Dollar erwirtschaftet, das waren mehr als 70% des BSP der Vereinigten Staaten und über das Doppelte dessen der Sowjetunion oder das Dreifache des BSP Japans.[4, 5]

Für 1973 nennt das Statistische Amt der EG für die Gemeinschaft ein Bruttoinlandsprodukt von 836 Mrd. Rechnungseinheiten (1 RE = 3,28 DM = 1,25 US $), das entspricht 80,5% des Bruttoinlandsproduktes der Vereinigten Staaten, mehr als dem Doppelten dessen der Sowjetunion und dem Zweieinhalbfachen des BIP Japans.[6]

Verbunden war diese Tätigkeit mit einem starken *Außenhandel*, der mit dem innergemeinschaftlichen Handel einen Anteil von fast 40% am gesamten Welthandel, ohne den Intrahandel immerhin noch 21% am Welthandel (USA 14%) und 25% (USA 18%) am Handel der westlichen Industrienationen erreichte. Damit hatte die EG den größten Anteil am Gesamtaußenhandel der Erde,[7] auch wenn die absoluten Zahlen wegen der umstrittenen Vergleichbarkeitsgrundsätze schwierig zu ermitteln sind.

Diese starke Wirtschaftsaktivität, verbunden mit einem hohen Maß an Austausch von Menschen, Gütern und Dienstleistungen zwischen den Staaten hat die Konsequenz, daß umweltpolitische Probleme, die im Zusammenhang mit wirtschaftlichen Aktivitäten stehen, fast immer eine internationale, zumindest aber eine innergemeinschaftliche Dimension aufweisen.

Dies gilt z. B. für nationale Produkt- oder Produktionsstandards oder die konsequente Anwendung des Verursacherprinzips, welche zu tiefgreifenden Folgen für die nationale Wirtschaft oder die internationalen Wirtschaftsbeziehungen führen können. In erster Linie können Wettbewerbsverzerrungen oder Handelsbeschränkungen auftreten; beim Handel mit Lebensmitteln oder Agrarprodukten kann es auch zu direkten Gesundheitsschädigungen der Bevölkerung kommen, falls die Qualitätsstandards im grenzüberschreitenden Verkehr nicht ausreichend definiert sind.

In einem zusammenstrebenden Europa wachsen auch nationale *Ballungsgebiete* zu internationalen Ballungszentren zusammen, z. B. die schon erwähnten Gebiete Rhein-Ruhr-Maas und Lothringen-Luxemburg-Saar. Alle ökologischen Belastungen treten in diesen Agglomerationen verstärkt auf und

---

4 Kaiser, Karl, Die europäische Herausforderung und die USA, München (1973).
5 Bundeszentrale f. politische Bildung, Informationen zur politischen Bildung, Heft 154–155 (1973).
6 SAEG, Volkswirtschaftliche Gesamtrechnungen 1960–1973, Luxemburg (1975).
7 IMF (International Monetary Foundation), International Statistics, Vol. 26 Nr. 3 (1973).

überfordern somit in den meisten Fällen die in gewissen Grenzen vorhandene Selbstreinigungskapazität der Natur.

Im Fall grenzüberschreitender Industrieballungen wird die Notwendigkeit international koordinierter umweltpolitischer Regelungen evident – vor allem wenn die aus ökologischen Gründen von einer nationalen Industrie geforderten hohen Umweltschutzmaßnahmen der Wirtschaft dieses Landes nicht nur Wettbewerbsnachteile bringen, sondern die nationalen Anstrengungen zur Sanierung der Umwelt auch noch durch Industrie-Emissionen benachbarter Länder durchkreuzt werden.

Die starke wirtschaftliche Verflechtung innerhalb Europas bedingt ein hohes internationales *Transport*aufkommen, sei es als Transitverkehr oder innergemeinschaftlicher Verkehr auf Schiene, Straße, Wasser und in der Luft. Dieser Verkehr führt zu großem Flächenbedarf und zu Schadstoff- und Lärmemissionen, deren Beeinflussung gerade wegen der Internationalität der Verursachung besonders schwierig ist.

Als weiterer Aspekt ist die *Gastarbeiter*frage zu nennen, die mit dem Wirtschaftsaufschwung und der Freizügigkeit innerhalb der Gemeinschaft in den letzten Jahren stark an Bedeutung gewonnen hat. Die hieraus resultierenden politischen, ökonomischen und sozialen Probleme verflechten die betroffenen Staaten eng miteinander, bedingen jedoch auch ständige Schwierigkeiten. Auf die umweltrelevanten Auswirkungen der genannten Problembereiche wird in Kap. 4 näher einzugehen sein.

2.3 Unterschiede des Umweltbewußtseins innerhalb der Europäischen Gemeinschaft

Ein wesentlicher Grund für die Schwierigkeiten, mit denen eine konkrete Umweltpolitik innerhalb der Gemeinschaft zu kämpfen hat, liegt in der unterschiedlich hohen ökologischen Belastung der einzelnen Mitgliedsländer.

Während die Niederlande, Belgien, die Bundesrepublik Deutschland und Großbritannien Werte weit oberhalb der durchschnittlichen Belastungsdichte der EG aufweisen, liegt z. B. Frankreich weit unterhalb dieses Belastungswertes.[8] Die erstgenannten Länder werden sich also weit eher zu gemeinschaftlichen Maßnahmen gegen die Umweltverschmutzung bereitfinden als beispielsweise Frankreich, welches über eine ausreichende Reserve an Ausgleichsräumen verfügt. Deshalb werden Versuche, im Inter-

8 Siehe hierzu die Tabelle auf Seite 171.

essenausgleich zwischen den einzelnen Mitgliedsländern der EG einheitliche Emissionsstandards[9] aufzustellen, die weniger streng als die nationalen Normen z. B. der Niederlande und der Bundesrepublik wären, wenig Aussicht auf Erfolg haben.

Aus dieser Erkenntnis lehnt gerade Frankreich langfristige Qualitätsziele in den meisten Verhandlungen ab und zieht nationale Lösungen vor, die regional bis sogar lokal differieren.

Aber auch in der Bundesrepublik scheint sich seit Anfang 1975 ein Wandel in der bis dahin hohen Bereitschaft für Umweltschutzmaßnahmen abzuzeichnen. Obwohl der für den Umweltschutz zuständige Innenminister Prof. Maihofer immer wieder versichert, daß »Ökologie Vorrang hat vor Ökonomie« und auch im Energieprogramm der Bundesregierung festgelegt ist, daß Energieversorgung und Umweltschutz gleichrangige Ziele darstellen, also »beide Ziele voll erfüllt werden« müssen, scheint Bundeskanzler Schmidt angesichts sich verteuernder Rohstoffe und Konjunkturkrise der ökonomischen Entwicklung Vorrang einräumen zu wollen. Äußerungen des Kanzlers zu einer Entschärfung des geplanten Abwasserabgabengesetzes, zur Entlastung der Industrie und zu einer Vereinfachung im Genehmigungsverfahren für Kernkraftwerke[10] führten zu einer noch unbeantworteten großen Anfrage im Bundestag, ob die Regierung noch bereit sei, »dem Schutz der Bevölkerung ... Vorrang einzuräumen«.

2.4 *Ein Problemaufriß – der Rhein*

Im Rahmen dieses Beitrags ist es nicht möglich, die Vielzahl der internationalen Umweltprobleme auch nur annähernd zu erörtern, die für die EG von unmittelbarer Bedeutung sind. Dazu würden allein auf dem Wassersektor neben den erwähnten Flüssen die Nord- und Ostsee, der Bodensee und das Mittelmeer sowie die gesamte Grundwasserproblematik zählen.

Auf dem Luftsektor wäre vor allem das Problem weiträumiger Schadstofftransporte zu nennen, wie es z. Z. für SO_2 und NO_x von der OECD untersucht wird, zudem die Belastung des Ozongürtels und die Gefahren weltweiter Klimaveränderungen, auf dem Abfallsektor die Probleme des Sondermülls (grenzüberschreitende Transporte, Verklappung auf See) usw. Am Beispiel des Rheins lassen sich jedoch einige der grundlegenden Pro-

---

9 Emissionen sind die von einer Anlage ausgehenden gasförmigen, flüssigen oder festen Stoffe sowie Geräusche, Erschütterungen und Strahlung.
10 Der Spiegel Nr. 22 vom 26. 5. 1975, S. 23.

Land	Fläche	Einwohner	Dichte	BSP	BSP/Kopf	Energie-bedarf	Spez. Energie-bedarf	Belastungs-dichte
	100 km²	in Mill. E	E/km²	Mrd. DM/a	DM/Kopf · a	Mrd. kwh · a	Mrd. kwh/Kopf · a	*)
BR Deutschland	248,5	61,2	240	602,8	9 851	241	3 940	480
Belgien	30,5	9,6	316	85,1	8 823	33	3 400	594
Dänemark	41,1	4,9	114	54,4	11 061	14	2 760	218
Frankreich	547,0	50,8	93	515,2	10 147	152	2 996	176
Großbritannien	244,0	55,8	229	451,6	8 097	275	4 935	467
Irland	70,3	2,9	41	14,0	4 868	6	1 933	61
Italien	301,2	54,5	181	277,9	5 102	121	2 213	278
Luxemburg	2,6	0,3	131	3,3	9 738	3	9 500	354
Niederlande	36,6	13,0	356	115,6	8 879	44	3 400	669
EG (9)	1 523,8	253,0	166	2 119,9	8 379	889	3 514	265

Tabelle: Ökologische Belastungsfaktoren in den Mitgliedsländern der EG (eig. Ermittlung nach Böhnke, B, Wasserwirtschaft im Rahmen unserer Gesellschaft und weiterer Entwicklungstrend, unveröffentlichtes Manuskript des Instituts für Siedlungswirtschaft an der RWTH Aachen, o. J.)

*) Die Belastungsdichte enthält Angaben über Bruttosozialprodukt, Energiebedarf und Bevölkerungsdichte, die genaue Ermittlung ist im genannten Beitrag zu ersehen.

bleme aufzeigen, wie sie auf allen anderen Sektoren immer wieder erscheinen.[11]

An diesem Strom zeigt sich deutlich die Notwendigkeit, die Wassergütewirtschaft grenzüberschreitender oder grenzbildender Gewässer international abzustimmen. Das Einzugsgebiet des Rheins erstreckt sich auf die Bundesrepublik Deutschland, die Schweiz, Frankreich, Luxemburg, Belgien und die Niederlande. Zwischen Basel und Rotterdam beziehen über 8 Mill. Menschen ihr Trinkwasser direkt oder indirekt aus dem Rhein, der zudem noch ungezählten Industriebetrieben als Reservoir für ihre Prozeß- und Kühlwasser dient. So werden für Trink- und Betriebswasser im Einzugsgebiet des Rheins jährlich fast 20 Mrd. m³ Wasser dem Grund- und Oberflächenwasser entnommen. Die hierbei in etwa gleicher Höhe anfallenden Abwässer belasten die Gewässer nochmals erheblich.

Zusätzlich weist der Rhein von allen Binnenwasserstraßen Europas die weitaus regste Schiffsverkehrsdichte auf. Am Oberrhein beträgt der mittlere Durchgang nur von Güterschiffen über 200 pro Tag, am Mittelrhein ca. 300 pro Tag und am Niederrhein sogar über 600 pro Tag. Neben dem begrenzten Vorteil der Einwirbelung von Sauerstoff durch Schiffsschrauben und -körper bringt dies zusätzliche Belastungen durch Abfälle und Bilgenöle in Höhe von ca. 10 000 t/Jahr mit sich. Die Verschmutzung durch Bilgenöle[12] kann trotz der kostenlosen Entsorgung durch Entölerboote nur zur Hälfte vermieden werden.

Eine hohe wirtschaftliche Bedeutung kommt dem Rhein als Spender von Kühlwasser zu. Der Bedarf an elektrischer Energie stieg in Europa bisher alle zehn Jahre auf das Doppelte. Um diesen Bedarf zu decken, soll allein am Rhein zwischen Basel und der holländischen Grenze die Kraftwerkskapazität von ca. 6 000 MWe (1970) bis 1985 auf 43 000 MWe erhöht werden.

Würden alle erforderlichen Kraftwerke mit Durchlaufkühlung, also ohne Kühltürme, arbeiten, so würde der Rhein an der holländischen Grenze eine sommerliche Spitzentemperatur von 34⁰ C erreichen, was durch Intensivierung des Sauerstoffverzehrs die Selbstreinigungskapazität vernichten und das biologische Gleichgewicht des ohnehin schon hochbelasteten Stroms

---

11 Aus diesem Grunde wird auch der Sachverständigenrat für Umweltfragen Anfang 1976 der Öffentlichkeit ein Sondergutachten »Umweltprobleme des Rheins« vorlegen. Aus den Vorarbeiten zu diesem Gutachten stammen die meisten der folgenden Angaben.

12 Gemisch aus Wasser, Ölen, Schmierfetten und Treibstoffen, das sich in der Bilge (tiefster Raum eines Schiffes über dem Kiel) ansammelt.

völlig zerstören würde, der Strom würde »umkippen« und sich in eine tote Kloake verwandeln.[13, 14, 15]

Die Kosten für die Errichtung von Kühltürmen belaufen sich auf etwa 10% der Gesamtkosten eines konventionellen Kraftwerkes, was zu einer Stromverteuerung von höchstens 0,5 Pfg/Kwh führen würde. Obwohl die Errichtung von Kühltürmen oder eine Ableitung durch Nutzung der Abwärme angesichts der bestehenden Wärmebelastung des Rheins schon lange eine unverzichtbare Minimalforderung des Umweltschutzes war, haben sich die Rheinanliegerstaaten erst 1974 darüber einigen können, Neubauten von Kernkraftwerken nur zuzulassen, sofern sie über Kühltürme verfügen. Dies gilt jedoch nicht für das z. Z. im Bau befindliche französische Kernkraftwerk Fessenheim, dessen Stromerzeugung den Großraum Paris entlasten soll. Dieser Standort wurde vornehmlich gewählt, um durch Inanspruchnahme des an der Landesgrenze fließenden Rheinwassers für die Kühlung die Kosten der Errichtung von Kühltürmen zu sparen. Trotz der inzwischen erreichten Übereinstimmung weigert sich Frankreich, für dieses Kraftwerk nachträglich Kühltürme zu bauen.

Besondere Beachtung fand in den letzten Jahren die zunehmende Rheinversalzung: 1950 noch betrug die durchschnittliche Salzfracht an der holländischen Grenze 190 kg/sec., 1970 waren es schon 340 kg/sec.[16] Die internationale Verursachung zeigt sich in den Meßwerten entlang des Flusses: Gegenwärtig beträgt am Bodenseeauslauf die Fracht höchstens 5 kg Salz/sec., hinter Basel wächst dieser Wert wegen der fehlenden Kläranlagen auf bis zu 50 kg/sec. um in der Höhe der elsässischen Kaligruben auf ca. 400 kg/sec. zu schnellen. Hier erhält der Rhein über 35% seiner durchschnittlichen Salzlast. An der Moselmündung kommen nochmals fast 15% der Gesamtsalzfracht hinzu, die von Betrieben an der Saar, in Frankreich und Luxemburg stammen. Die Lenzwässer der Bergwerke lassen im Ruhrgebiet die Salzbelastung schließlich auf Spitzenwerte von 800 kg/sec. ansteigen, so daß aus dem Rhein gewonnenes Trinkwasser in Rotterdam oftmals noch Werte von 550 mg Salz/l (bei einer Geschmacksgrenze von

13 ARGE-Rhein (Arbeitsgemeinschaft der Länder zur Reinhaltung des Rheins) »Wärmelastplan Rhein« – 2. Aufl., Wiesbaden (1971).
14 ARGE-Rhein (Arbeitsgemeinschaft der Länder zur Reinhaltung des Rheins), Die Verunreinigung des Rheins und seiner wichtigsten Nebenflüsse in der BRD – Zwischenbericht über den Stand 1971, Landesbeschaffungsstelle Hessen, Darmstadt (1972).
15 IAWR (Internationale Arbeitsgemeinschaft der Wasserwerke im Rheineinzugsgebiet), Jahresbericht 1972, Amsterdam (1973).
16 Knoppert, P. L. et al., Reservoir Management for Quality Water at Rotterdam, in: Journal AWWA 62 (1970), S. 335 ff.

250 mg/l) aufweist. Holland benötigt das Rheinwasser zudem zur Bewässerung und Entsalzung seiner landwirtschaftlichen Böden, weshalb der steigende Salzgehalt verständliche Unruhen hervorruft und zu einem gerichtlichen Vorgehen holländischer Bauern gegen die französischen Kalibergwerke führte.

Während ein großer Teil der Salzeinleitungen wegen der starken Verdünnung nur unter hohen Kosten zu reduzieren wäre, fallen in den elsässischen Kaligruben die Chloride hochkonzentriert oder fest an, eine Aufhaldung wäre somit leicht möglich. Dennoch will sich Frankreich dazu nur bereit erklären, wenn die entstehenden Kosten zu 70% von den übrigen Rheinanliegern entrichtet werden; derzeit sehen die Verhandlungen Anteile von 34% für die Niederlande, 30% für die Bundesrepublik und für Frankreich, ca. 6% für die Schweiz und einen kleinen Teil für Luxemburg vor, was sicherlich nicht dem europäisch anerkannten Verursacherprinzip entspricht, da die Niederlande keineswegs Verursacher sind, aber dennoch als Unterlieger die Hauptlast tragen sollen.

Ähnliche internationale umweltpolitische Wasserprobleme treten in Straßburg auf, da die Stadt keine Kläranlage hat. Gleiches gilt für Basel, welches seine Abwässer, einschließlich der Abwässer der dortigen pharmazeutischen Industrie ungeklärt in den Rhein leitet. Aber auch deutsche Städte wie Mainz, Koblenz, Trier, Bonn und Köln sowie die deutsche chemische Industrie leiten Großteile ihrer Abwässer weitgehend ungeklärt in die Flüsse. Allerdings sind in diesen Fällen Maßnahmen zur Behebung in Angriff genommen worden, die die deutsche Seite veranlassen könnten, ähnliche Erwartungen an die Nachbarn zu stellen.

Besonders problematisch ist die internationale Umweltpolitik Frankreichs im Bezug auf die geplante Abwasserabgabenregelung. Die französische Grundabgabe für die Abwassereinleitung beträgt in der Region »Rhin-Meuse« ca. 5 FF/EGW · a[17] und kann je nach Lage des betreffenden Vorfluters mit einem erhöhenden oder reduzierenden Faktor multipliziert werden: Für Einleitung in Grundwasser ist der Faktor 2 vorgesehen, für Gewässer im Innern Frankreichs ein Faktor bis zu 1,4, für Mosel und Saar, die nur einige Kilometer in Frankreich verlaufen, schon ein verbilligender (!) Faktor 0,8 und für Rhein und Rossel, die Grenzgewässer darstellen, ein Faktor von 0,4 (!).[18]

17 = Französ. Francs pro Einwohnergleichwert und Jahr (der EGW ist eine Maßzahl für den Schadstoffgehalt von Abwässern).
18 Eine Anfrage bei der »Agence financière de bassin Rhin-Meuse« hat ergeben, daß man sich dort der aus der Sicht des internationalen Nachbarrechts unhaltbaren Regelung bewußt ist und deshalb eine Erhöhung des Faktors anstrebt.

Ähnlich wie bei der ungeklärten Einleitung der Abwässer der genannten Rheinanliegerstädte stellt dies ein besonders krasses Beispiel für die Neigung von Regierungen und Verwaltungen dar, ihrer umweltpolitischen Verantwortung nicht gerecht zu werden, wenn die Konsequenzen auf die Nachbarn abgewälzt werden können. Mit der praktisch nicht ins Gewicht fallenden Abgabe für Grenzgewässer nimmt die französische Regierung den Einleitern jeglichen finanziellen Anreiz, Reinigungsmaßnahmen zu ergreifen – sie profitieren also von der bevorzugten Stellung Frankreichs im Oberlieger-Unterlieger-Verhältnis.

Außerdem bedeuten die französischen Maßnahmen, daß z. B. die Abwasserleitung in den Rhein mit nur ca. 1,20 DM/EGW · a belegt werden soll, was im Vergleich zu der in der Bundesrepublik vorgesehenen Abgabenhöhe von 12 bis 40 DM/EGW · a verschwindend gering wäre. Die Folgen wären erheblich: ein Abwandern umweltbelastender Industrien in Grenzgebiete, internationale Wettbewerbsverzerrungen und ein Abschieben von Umweltbelästigungen auf die Nachbarländer – Konsequenzen, die dem europäischen Gedanken völlig zuwiderliefen.

Als Gegenbeispiel kann auf die biologische Großreinigungsanlage an der Emschermündung hingewiesen werden. Sie kostete den Oberlieger Bundesrepublik fast 250 Mill. DM und dient dem Schutz des Rheins vor der stark belasteten Emscher, eine Maßnahme, die fast ausschließlich dem Unterlieger Niederlande zugute kommt. Dieses Beispiel zeigt, daß immerhin Ansätze vorhanden sind, auch im Ober-/Unterlieger-Verhältnis die Überwälzung der Verschmutzung auf Nachbarstaaten zu reduzieren.

3. Die Entwicklung der europäischen Umweltpolitik[19]

Die Europäische Gemeinschaft stützt ihre Umweltpolitik auf verschiedene rechtliche Zielsetzungen in den *Gründungsverträgen*, welche umweltrelevant sind, ohne den Umweltschutz explizit zu betreffen. Hierzu gehören die Art. 3 und 55 des EGKS-Vertrages vom 18. 4. 51 und das gesamte Kapitel III des EAG-Vertrages vom 25. 3. 57. Sie behandeln vor allem

[19] Diese Angaben stimmen teilweise überein mit den Ausführungen des Verfassers in: Der Rat von Sachverständigen für Umweltfragen, Umweltgutachten 1974, Stuttgart u. Mainz (1974) und in: Bibliographie zur Umweltproblematik der EG und OECD, Europa-Archiv Heft 3/1975.

den Gesundheitsschutz am Arbeitsplatz und den Schutz der Bevölkerung vor radioaktiver Strahlung. In der Präambel des EWG-Vertrages vom 25.3. 57 wird als wesentlicher Grund für die Bildung der Wirtschaftsgemeinschaft die »stetige Besserung der Lebens- und Beschäftigungsbedingungen« genannt. Im Zusammenhang mit den Art. 3 und 100 bis 103, die den Rat ermächtigen, zum Schutze des Gemeinsamen Marktes vor Wettbewerbsverzerrungen und zur Gewährleistung eines freien Warenverkehrs bindende Richtlinien zu erlassen, läßt sich eine – wenn auch nur allgemeine – Grundlage für eine gemeinschaftliche Umweltaktivität sehen.

Auf dem geplanten Weg zu einer Wirtschafts- und Währungsunion kamen den *Wettbewerbswirkungen* und handelshemmenden Folgen umweltpolitischer Maßnahmen innerhalb der Gemeinschaft wachsende Bedeutung zu. Deshalb erklärte die Kommission am 7. Februar 1971 vor dem Europäischen Parlament, daß gemeinschaftliche Maßnahmen gegen die Umweltgefahren unternommen werden müßten, um Wettbewerbsverzerrungen oder neue Hindernisse für den Warenverkehr zu vermeiden. Im März 1971 wurde dieser Gedanke bei der Aufnahme des 3. Programms für die mittelfristige Wirtschaftspolitik durch den Rat akzeptiert: »Die Wirtschaftspolitik der Gemeinschaft kann sich nicht darauf beschränken, nur die beiden Ziele Wachstum und Stabilität anzustreben. Sie erhält ihren Sinn durch den Beitrag, den sie zur Verbesserung der Lebensbedingungen leistet.« (Kapitel I, Abschnitt c)

Am 22. März 1972 wiederholte die Kommission in einer Zweiten Mitteilung über die Politik der Gemeinschaft auf dem Gebiet des Umweltschutzes« (Dok. SEK (71) 2616) vor. Dieses umfangreiche Dokument schließt aus den o. g. Artikeln der Gründungsverträge eine Verpflichtung der Gemeinschaft für eine umfassende Umweltpolitik. Neben einer Aufstellung der bisherigen Umweltmaßnahmen der Mitgliedsstaaten und der Gemeinschaft enthält es ein vorläufiges Umweltprogramm für die EG. Zudem wird angeregt, die Römischen Verträge um einen allgemeinen Umweltschutzauftrag zu erweitern, da zur Zeit der Niederlegung der Verträge die Umweltproblematik noch nicht erkannt worden sei. Solange diese Novellierung nicht vorliegt, muß sich die Gemeinschaft neben dem schon angesprochenen Art. 100 auf Art. 235 stützen, der den Erlaß von Vorschriften für unvorhergesehene Fälle regelt.

Am 22. März 1972 wiederholte die Kommission in einer Zweiten Mitteilung an den Rat (Dok. SEK (72) 666) ihre Meinung, daß die Vermeidung unerwünschter Wettbewerbsauswirkungen, die durch abweichende nationale Umweltvorschriften entstehen könnten, als eine wichtige Triebfeder für eine gemeinsame Umweltaktion zu werten sei und zudem die Integration

innerhalb der EG fördern könnte. Am gleichen Tag übergab die Kommission dem Rat drei Beschlußentwürfe zur Verminderung der Umweltbelastung und zum Schutze der natürlichen Umwelt (Dok. KOM (72) 333), zur Abstimmung gesetzlicher und verwaltungsrechtlicher umweltrelevanter Vorschriften zwischen Mitgliedsländern und Kommission (Dok. KOM (72) 334) und zum Problem der Rheinverschmutzung (Dok. KOM (72) 335).
Das Drängen der Kommission auf gemeinschaftseinheitliche Regelungen läßt erkennen, daß die Verträge in der jetzigen Form die Mitglieder an der Realisierung einer wirksamen nationalen Umweltpolitik hindern – denn einzelstaatliche Maßnahmen, die z. B. strengere Produktnormen[20] als in der übrigen Gemeinschaft beinhalten, können wegen ihrer wettbewerbshemmenden Wirkung von der Gemeinschaft beanstandet werden. Aufgrund des im Ministerrat praktizierten Einstimmigkeitsprinzips besteht die Gefahr, daß der Erlaß von einheitlichen und ausreichend strengen Umweltnormen – vor allem wegen der unterschiedlichen ökologischen Situation der Mitgliedsländer – zum Scheitern verurteilt ist.
In Brüssel wird z. B. eine Richtlinie über die Begrenzung des *Bleigehalts im Benzin* vorbereitet, die in ihren Anforderungen dem Inhalt des deutschen Benzinbleigesetzes vom 5. August 1971 (0,15 g Blei/l Benzin ab 1976) in einigen wesentlichen Punkten nicht entspricht, da sie den Wünschen der Mehrheit der Mitgliedsstaaten folgend nur die Begrenzung auf 0,4 g Blei/l Superbenzin ab 1976 und 0,15 g Blei/l Normalbenzin ab 1978 vorsieht. Ohne deutsche Zustimmung kann die Richtlinie jedoch nicht verabschiedet werden; andererseits würde das Fehlen einer Richtlinie zu erheblichen wettbewerbspolitischen und damit wirtschaftlichen Folgen führen.
Nach über zweijährigem Zögern hat sich das Europäische Parlament im Dezember 1975 für eine Begrenzung des Bleigehaltes im Benzin auf 0,40 g/l ausgesprochen, allerdings erst ab 1. Januar 1977. Die vorgesehene Verschärfung der Regelung auf 0,15 g/l wurde abgelehnt. Dieser Kompromißvorschlag würde der Bundesregierung erlauben, die gesetzlich vorgevorgeschriebene Verringerung des Bleigehaltes auf 0,15 g/l ab 1. Januar 1976 beizubehalten. Die deutsche Norm stellt die strengste Regelung in Europa dar, in den USA und Japan sind die Bleigehalte allerdings noch niedriger festgelegt.
An der Diskussion zur Benzin-Blei-Regelung zeigt sich die vielschichtige Problematik und Interessenkonstellation bei der Durchsetzung normativer

---

20 Produktnormen legen die Grenzwerte an Schadstoffen oder Belästigungen fest, die in der Zusammensetzung oder bei den Emissionen eines Produktes nicht überschritten werden dürfen.

Umweltmaßnahmen. Nach einer weitverbreiteten Meinung ist die Bundesregierung in einer Phase der »Umwelt-Euphorie« Anfang der Siebziger Jahre zu weit vorgeprellt und hat damit ohne Berücksichtigung der technischen Durchführbarkeit und gesundheitlichen Notwendigkeit der europäischen Umweltpolitik einen schlechten Dienst erwiesen. Von dieser Seite wird auch darauf hingewiesen, daß die Anwendung der deutschen Normen zu einer Erhöhung des spezifischen Benzinbedarfs um 15% und zu einer erheblichen Verteuerung des Treibstoffs führen müßte. Das letztere stabilitätspolitische Argument fand besondere Beachtung in einer Zeit rapide steigender Lebenshaltungskosten.

Inzwischen scheint jedoch die Mehrzahl dieser Argumente hinfällig geworden zu sein. Nachdem sowohl die Treibstoffhersteller als auch die Autolobby bis Anfang 1975 von der Undurchführbarkeit der Maßnahmen überzeugt schienen, meldeten die Raffinerien im Februar 1975 genügende Kapazitäten für bleiarmes Benzin, und die Autohersteller erklärten dessen Verwendung in ihren Motoren fast durchweg für unbedenklich.[21]

Von einem Mehrbedarf an Kraftstoff ist nicht mehr die Rede, und auch die Schätzung der Zusatzkosten hat sich auf nur etwa 2 Pfg/l Benzin eingependelt. Und darin scheint sich sogar noch eine gute Gewinnspanne zu verstecken, denn damit können nach Aussage von Staatssekretär Baum »die Ölkonzerne ihre Raffinerien vergolden«.[22]

Um Engpässe in der Versorgung zu vermeiden, darf Benzin mit höherem Bleigehalt noch während einer Übergangzeit von zwei Jahren in der Bundesrepublik verkauft werden. Um dem geringer verbleiten Benzin zumindest Wettbewerbsgleichheit zu garantieren, muß für Benzin mit einem Bleianteil von bis zu 0,25 g eine Abgabe von 1 Pfg, für bis zu 0,40 g Bleianteil eine Abgabe von 2 Pfg/l entrichtet werden.

Für die Umweltpolitik der Gemeinschaft läßt sich hieraus der Schluß ziehen, daß auch Richtlinienentwürfe oftmals Neuland betreten können um anregend auf die durchaus vorhandene Innovationsfähigkeit der europäischen Industrie zu wirken; das bedeutet die Abkehr von einer reaktiven und die Hinwendung zu einer aktiven Umweltpolitik.

Aber auch die Erstellung von Betriebsnormen[23] sollte einheitlich in den Ländern der Gemeinschaft geplant werden, da andernfalls zumindest kurzfristige Nachteile für die einheimische Industrie eintreten können. Diese eventuell durch Subventionen auszugleichen, wäre wegen des allgemeinen

21 Sdt. Ztg. v. 31. 5. 75.
22 Der Spiegel Nr. 22 vom 26. 5. 75, S. 23.
23 Betriebsnormen legen die Spezifikationen fest, die beim Betrieb ortsfester Anlagen im Hinblick auf den Umweltschutz einzuhalten sind.

Subventionsverbots gemäß Art. 92 EWG-Vertrag nur über Ausnahmeregelungen möglich, wie z. B. auf den Gebieten der Agrar- und Regionalförderung.

Deshalb gilt die am 5. März 1973 wirksam gewordene Vereinbarung über *Informationsaustausch* und *Stillhaltefristen*[24] als ein wesentliches Instrument der EG-Umweltpolitik. Sie sieht vor, daß die Mitgliedstaaten die Kommission über alle normativen umweltrelevanten Vorhaben frühzeitig unterrichten und in Fällen, in denen die geplante Umweltnorm das Funktionieren des Gemeinsamen Marktes beeinträchtigen könnte, bestimmte Stillhaltefristen einhalten. In dieser Zeit kann die Kommission prüfen, ob sie eine Gemeinschaftsregelung vorschlagen will. Dadurch soll eine Harmonisierung innerhalb der Gemeinschaft erleichtert werden. Außerdem gibt diese Regelung den Mitgliedsländern die Möglichkeit, durch rechtzeitige Planung nationaler Maßnahmen auf Gemeinschaftsregelungen Einfluß zu nehmen und eine aktive Umweltpolitik im europäischen Rahmen zu betreiben.

Versuche, diese Vereinbarung, die bisher auf freiwilliger Basis eingehalten wurde, durch eine Ratsentscheidung für alle Mitgliedsländer verbindlich zu machen, sind gescheitert – die Rechte der nationalen Parlamente wären zu stark eingeschränkt worden.

Im April 1972 wurde innerhalb der Generaldirektion für Gewerbliche Wirtschaft, Forschung und Technologie eine Abteilung für Umweltfragen gebildet, wodurch die im Jahre 1971 begonnenen Arbeiten an einem umfassenden Umweltprogramm wesentlich beschleunigt wurden. So konnte während der Pariser Gipfelkonferenz der Staats- und Regierungschefs im Oktober 1972 als Termin für die Verabschiedung des Programms der 31. Juli 1973 festgelegt werden. Auf einer Konferenz der für die Umwelt zuständigen Minister in Bonn im Oktober 1972 schließlich wurden die Grundprinzipien einer europäischen Umweltpolitik in Fortschreibung der aktuellen Umweltdiskussion festgelegt, die im Aktionsprogramm ihren Niederschlag finden sollten. Hierzu zählt vor allem die europäische Anerkennung des Grundsatzes, keine Umweltbelastungen auf den Nachbarn abzuschieben: »Im Sinne der in Stockholm beschlossenen Erklärung zur Umwelt des Menschen ist dafür Sorge zu tragen, daß nicht durch Aktivitäten in einem Lande Schäden für die Umwelt in einem anderen Lande verursacht werden« (»Bonner Kommuniqué« vom 31. 10. 1972). Im Januar 1973 – als die Gemeinschaft der Sechs zur Neunergemeinschaft erweitert wurde

---

24 Veröffentlicht im ABl. C 9 vom 15. 3. 73 und ergänzt durch ABl. C 86 vom 20. 7. 1974.

– nahm der Rat ein Budget für die EG an, in dem zum ersten Mal auch Mittel für Umweltschutzaufgaben ausgeworfen waren. Im gleichen Monat wurde die Umweltabteilung aus der Generaldirektion herausgelöst und als eigenständige, direkt der Kommission zugeordnete Dienststelle für Verbraucherschutz und Umweltfragen bestätigt und mit horizontaler Kompetenz versehen. Dies zeigte deutlich die steigende Bedeutung, die man der Lösung von Umweltproblemen beimaß.

Das »*Aktionsprogramm* der Europäischen Gemeinschaften für den Umweltschutz« wurde fristgemäß am 19. Juni 1973 auf der 1. Ratstagung der Umweltminister in Brüssel angenommen, die endgültige Fassung am 22. 11. 73 verabschiedet.[25] Das Programm gliedert sich in zwei Hauptteile auf: Der erste Teil beinhaltet Ziele und Grundsätze einer gemeinschaftlichen Umweltpolitik, vor allem die europäische Anerkennung des Verursacher- und Vorsorgeprinzips – er ist bleibender Bestandteil des Programms. Der zweite Teil hingegen enthält eine Beschreibung der in den folgenden zwei Jahren durchzuführenden Aktionen, eine Fortschreibung soll Anfang 1976 vorgelegt werden.

Ziel einer Umweltpolitik der Gemeinschaft ist es, »die Lebensqualität, den Lebensrahmen, den Lebensraum und die Lebensbedingungen der zu ihrem Bereich gehörenden Völker zu verbessern. Mit ihrer Hilfe soll die wirtschaftliche Expansion in den Dienst des Menschen gestellt werden, indem für ihn eine Umwelt mit den bestmöglichen Lebensbedingungen geschaffen, und diese Expansion mit der immer dringlicher werdenden Notwendigkeit der Erhaltung des natürlichen Lebensraumes in Einklang gebracht wird.« Dies soll erreicht werden durch Verhütung, Verringerung und möglichst weitgehende Beseitigung der Umweltbelastungen, Erhaltung eines ökologischen Gleichgewichtes, gemeinsame Bewirtschaftung der Ressourcen und verstärkte Berücksichtigung der Umweltaspekte bei Strukturplanung und Raumordnung.

Bedeutsam ist die Anerkennung des Grundsatzes, daß Gemeinschaftsaktionen schon erreichte nationale Fortschritte auf dem Umweltsektor nicht beeinträchtigen sollen – jedoch unter der zwangsläufigen, wenn auch problematischen Einschränkung, daß derartige Fortschritte das Funktionieren des Gemeinsamen Marktes nicht gefährden dürfen.

Besonders hingewiesen wird auf den ressortübergreifenden Charakter der gemeinschaftlichen Umweltpolitik, die Wirtschaftspolitik, Verkehrspolitik, Agrarbereich, Rohstoffplanung, Arbeitsumwelt sowie Regional- und Strukturpolitik umfaßt.

25 Veröffentlicht im Amtsblatt der EG, Nr. C 112 vom 20. 12. 73.

Trotz der weitgehenden Übereinstimmung in umweltpolitischen Grundsatzfragen konnte z. B. über den Inhalt des akzeptierten *Verursacherprinzips* erst eineinhalb Jahre später[26] auf der 2. Ratstagung der Minister für Umweltfragen Übereinstimmung erzielt werden. In diesem Dokument werden Subventionen als Instrument der Umweltpolitik abgelehnt. Stattdessen wird die Anwendung von gemeinschaftseinheitlichen Normen und Abgaben empfohlen, welche eine Mindestqualität des europäischen Lebensraumes garantieren und gleichzeitig einen Anreiz geben sollen, die weitere Verschmutzung zu begrenzen oder gar zu vermeiden. Die Frage der Haftung des Umweltverschmutzers wurde nicht geregelt, statt dessen wurden Untersuchungen hierzu angeregt, vor allem auf dem Gebiet der grenzüberschreitenden Verschmutzung. Festgelegt wurde jedoch, daß jeder Staat das Verursacherprinzip ohne Rücksicht darauf anzuwenden habe, ob die Verschmutzung das eigene oder ein anderes Land betreffe. Wesentlichstes Ergebnis war jedoch die weitgehende Einigung über eine »Richtlinie betreffend die Qualitätsanforderungen an Oberflächenwasser für die Trinkwassergewinnung«, in welcher die Oberflächengewässer nach dem Reinheitsgrad und der Intensität der notwendigen Aufbereitung in drei Kategorien eingeteilt werden. Für die grenzüberschreitenden Gewässer und die Fristen verpflichteten sich die Mitgliedstaaten, alle notwendigen Bestimmungen zu erlassen, damit die inländischen und grenzüberschreitenden Gewässer gleichbehandelt werden und innerhalb der nächsten zehn Jahre eine wesentliche Güteverbesserung erreicht wird. Der Versuch der Niederlande, in Anwendung dieser Grundsätze und zum Schutz ihrer landwirtschaftlichen Interessen, kurzfristig zu Qualitätsnormen für den Rhein zu gelangen, scheiterte vorwiegend am Widerstand der Bundesrepublik, welche – um Wettbewerbsnachteile ihrer Industrie zu vermeiden – eine ausgewogene Regelung für alle europäischen Gewässer anstrebt, eine Sonderregelung für den Rhein somit ablehnt.

Über einen »Beschlußentwurf zur Eindämmung der Verunreinigung infolge der Ableitung bestimmter gefährlicher Stoffe in die Gewässer der Gemeinschaft« kam es erst auf der Tagung des Umweltministerrats am 8. Dezember 1975 zu einem Kompromiß. Zwar erkennen alle EG-Staaten darin an, daß die Gewässer über Emissionsnormen zu schützen sind, Großbritannien erhielt jedoch eine Sonderregelung, wonach solche Normen nur vorzuschreiben sind, sofern die Gewässergüte eine Mindestnorm unterschreitet. Die Forderung Großbritanniens resultierte aus der ökologischen

---

26 R/3014/74 (ENV. 139) vom 7. 11. 1974, veröffentlicht im ABl. L 194 vom 25. 7. 1975.

Besonderheit des Landes: Alle Flüsse haben nationalen Charakter und münden schon nach kurzem Lauf ins Meer, so daß sie keine große Verschmutzung aufbauen können. Und für die Ableitung schädlicher Stoffe in Küstengewässer besteht in Großbritannien nur eine Registrierungspflicht.

Unklar bleibt die Frage der *europäischen Kompetenzen* auf dem Gebiet der Umweltpolitik. Frankreich bezweifelt die juristische Grundlage des Gemeinschaftsprogramms, da in den europäischen Verträgen – wie oben gezeigt – kein »ausdrücklicher« Auftrag für eine gemeinsame Umweltschutzpolitik verankert sei. Gegenüber einer Ausweitung der EG-Zuständigkeiten zeigte Frankreich eine besorgte Haltung, da die Kommission wegen ihrer unzureichenden Ausstattung die auf sie zukommenden Kompetenzen nicht ausfüllen könne.

Die französischen Bedenken gegen eine europäische Zentralverwaltung in Brüssel lassen sich auf diesem Gebiet leicht zerstreuen, denn viele Aufgaben des Umweltschutzes können lokal oder regional gelöst werden. Industrie- und Verkehrslärm, Einleitung von Abfällen und Abwässern in Gewässer und Schadstoffemissionen in die Luft, sind oftmals lokal bestimmbar und somit auch lokal zu bekämpfen.

Die Gemeinschaft sollte somit nur dann tätig und mit Kompetenzen ausgestattet werden, wenn die Gemeinschaftsebene zur Lösung die optimale Entscheidungsebene ist. Dies gilt vor allem für Grundsatzentscheidungen (z. B. Verursacherprinzip, Vorsorgeprinzip u. ä.), für grenzüberschreitende Umweltbeeinträchtigungen und wenn das Funktionieren des Gemeinsamen Marktes gefährdet ist (so z. B. bei dem Erlaß von Produktstandards zur Vermeidung nichttarifärer Handelshemmnisse). Hierzu bietet sich neben der expansiven Auslegung des Art. 100 EWGV eine Anreicherung der Kompetenzen durch eine Ausschöpfung des Art. 235 EWGV an und – falls sich diese Bestimmung als unzureichend ergeben sollte – eine Überprüfung und entsprechende Änderung der Europäischen Verträge.

In einer Zeit, in der die internationale Zusammenarbeit auf dem Gebiet des Umweltschutzes deutlich aus der Phase programmatischer Absichtserklärungen in eine operative Phase eintritt, darf das EG-Aktionsprogramm *nicht nur eine politische Willenserklärung* darstellen. Es darf nicht in der Theorie steckenbleiben, die beschlossenen Aktionen müssen auf nationaler und Gemeinschaftsebene tatsächlich erfolgen. Auch sollte das Programm nicht als endgültig fixiert betrachtet werden, eine laufende Anpassung an sich ändernde gesellschaftliche und ökologische Bedingungen ist unbedingt erforderlich.

Das gilt auch für die internationale Zusammenarbeit: Die Gemeinschaft kann nicht davon ausgehen, Umweltprobleme allein in ihren Bereich lösen zu können, weil sogar die regionale Bekämpfung von Belastungen oftmals die Zusammenarbeit mit Staaten, die nicht der Gemeinschaft angehören, und internationalen Organisationen, vor allem dem Europarat, der OECD und den Vereinten Nationen, erfordert.

Nur unter diesen Bedingungen kann das Aktionsprogramm neben der sachlichen Bedeutung, die es zweifellos für die Gemeinschaft hat, zu einem Kristallisationspunkt einer internationalen Umweltpolitik werden und einen wichtigen Schritt auf dem Weg zu der angestrebten politischen Union darstellen.

4. Umweltaspekte der europäischen Wirtschafts- und Strukturpolitik

Es waren in erster Linie wirtschafts- und strukturpolitische Gründe, welche die europäischen Staaten veranlaßten, eine Integration zu betreiben. Dies ist aus den Gründungsverträgen der Montanunion und der EWG deutlich zu entnehmen – und auch bei der Gründung der EURATOM standen finanzpolitische Fragen im Hintergrund. Auch bei der Entwicklung zur Wirtschafts- und Währungsunion (WWU) wird die Schaffung eines gemeinsamen Marktes Hauptziel bleiben. Deshalb ist die Betrachtung von wirtschaftlichen Belangen der Umweltpolitik für die EG vorrangig.

Es verwundert daher ein wenig, daß der wirtschaftliche Aspekt im Umwelt-Aktionsprogramm nur sehr knapp und allgemein behandelt wird. Allerdings standen bei der Schaffung des Programms die sehr unterschiedlichen wirtschaftlichen Konsequenzen einer uneinheitlichen nationalen Umweltpolitik in einer entstehenden Wirtschaftsunion wohl deutlich vor Augen der Programmgestalter, vor allem bei Überlegungen zur Erhaltung eines verzerrungsfreien Wettbewerbs, zur Sicherung eines stetigen Wirtschaftswachstums und der Vollbeschäftigung. Auch bei den Diskussionen um eine europäische Strukturpolitik traten oftmals Umweltbedingungen als Bestimmungsfaktoren auf – hier zumeist als Restriktionen. Es soll im folgenden versucht werden, diese wechselnden Konsequenzen kurz aufzuzeigen.

4.1 Die Erhaltung der marktwirtschaftlichen Ordnung (Preis- und Wettbewerbspolitik)

Durch eine fehlende oder uneinheitliche Anwendung des Verursacherprinzips kommt es neben den historisch gewachsenen Unterschieden zu einer weiteren Verzerrung der *Preis- und Produktionsstruktur* in der Gemeinschaft, die einer Subventionierung umweltschädigender Produkte gleichkommt. Die gleichmäßig konsequente Anwendung des Verursacherprinzips würde jedoch in Zukunft die sozialen Kosten in die Wirtschaftsrechnung einbeziehen, weil volkswirtschaftliche Kosten wieder in die Betriebskosten eingehen und somit der Marktmechanismus nach den vorherrschenden Effizienzkriterien die Verteilung der Produktionsfaktoren wieder stärker übernehmen und gesamtgesellschaftlich gerechter gestalten könnte. Die Preisstruktur der Güter würde sich der volkswirtschaftlichen Kostenstruktur wieder annähern.

Verschiebungen in der Preisstruktur können sich ergeben, da die Anwendung des Verursacherprinzips in den einzelnen Produktionsbereichen unterschiedliche Aufwendungen erforderlich machen wird.[27] In welcher Art oder welchem Umfang dies zu Preisniveauänderungen führen wird, läßt sich derzeit kaum abschätzen. In diesem Zusammenhang werden zumeist nur Preissteigerungen für möglich gehalten. Einerseits werden jedoch mögliche höhere Konsumentenpreise durch die Reduzierung von social costs, die schließlich auch von allen getragen werden müssen, ausgeglichen – andererseits sollte berücksichtigt werden, daß die Anwendung der Umweltforschung schon in vielen Fällen zu Preissenkungen führte: wirtschaftliches Recycling, neue Technologien, Energie- und Kosteneinsparungen durch Änderungen im Produktionsprogramm und im Produktionsverfahren sowie Standortverlagerungen in Gebiete mit ausreichender natürlicher Selbstreinigungskapazität seien hier nur stichwortartig aufgezählt.

Aber auch ein Grundprinzip der Marktwirtschaft, der *freie Wettbewerb*, wird von umweltpolitischen Maßnahmen beeinflußt: Unterschiedliche Betriebsnormen auf der Ebene von Bundesländern, Einzelstaaten und zwischen der Gemeinschaft und der Außenwelt erfordern verschiedenartige Aufwendungen für Umweltschutzmaßnahmen und führen damit zu Wett-

---

27 Zu den unterschiedlichen Umweltbelastungen der Industriebranchen vergleiche man Bungarten, H. H., Auswirkungen künftiger Industrieansiedlungen in Kärnten auf Ökologie und Arbeitssituation, Gutachten für die Landesregierung Kärnten, Saarbrücken (1973).

bewerbsnachteilen. Selbst bei einheitlicher Gesetzgebung bliebe die Implementierung im Ermessen nachgeordneter Behörden, so daß eine Gleichbehandlung nicht unbedingt gewährleistet ist.

Durch bewußt großzügige Handhabung von Vorschriften oder – im internationalen Bereich – durch Verzicht auf jegliche Umweltschutzanforderungen, wird oftmals versucht, steuerkräftige Unternehmen ins eigene Land zu bringen (Attraktionswettbewerb), vor allem von den Entwicklungsländern, die (aus teilweise sehr verständlichen Gründen) mit allen Mitteln die Industrialisierung voranzutreiben suchen.

Unterschiedliche Produktnormen bilden eine weitere Gefahr für den Wettbewerb. Bei fehlenden Vorschriften können umweltfeindliche Produkte billiger angeboten werden, bei bestehenden Standards können einzelne Firmen, deren Produkte eventuell schon diesen Anforderungen genügen, zumindest einige Zeit eine Monopolstellung ausnutzen (z. B. über das Patentrecht). Im internationalen oder intragemeinschaftlichen Handel führen Produktstandards zu Handelsbeschränkungen, wenn die Einfuhr nicht standardkonformer Produkte behindert oder verboten wird. Gerade die Gesichtspunkte der volkswirtschaftlichen Gesamtrechnung und der Regionalpolitik fordern eine differenzierte Ermittlung der Umweltabgaben aufgrund der in einer ökologischen Region (die auch grenzüberschreitenden Charakter haben kann) bei der Wiederherstellung des ökologischen Gleichgewichts entstehenden gesamten social costs. Diese müßten auf alle Verschmutzer nach einer bestimmten Meßgröße anteilig umgelegt werden, was zur Folge hätte, daß z. B. ein Industriebetrieb an einem insgesamt nur schwach belasteten Gewässer eine geringere »spezifische Abgabenhöhe pro Schutzeinheit« zu leisten hätte (weil das Gewässer eine noch ausreichende Selbstreinigungskraft besitzt) als der gleiche Betrieb an einem schwach fließenden und deshalb stark belasteten Fluß. Bei Erreichen einer noch zu definierenden Belastungsgrenze müssen sogar Verbote eine weitere Einleitung verhindern. Hiermit wäre einerseits marktwirtschaftlich gesichert, daß Umweltfaktoren bei Industrieplanungen berücksichtigt würden, andererseits würde sich die Maßnahme weitgehend positiv auf die Regionalplanung auswirken, da einige Industrien aus Agglomerationen in schwach entwickelte (und deshalb zumeist auch schwach belastete) Regionen abwandern würden. Das schließt nicht aus, daß noch unbelastete Regionen durch extrem hohe Abgaben oder Verbote auch in Zukunft weitgehend frei gehalten werden von Verschmutzungen, wenn dies die Nutzung der Region, z. B. für Erholungs- oder Ausgleichszwecke, verlangt. Somit wird die materielle Belastung durch Abgaben auf Abwässer oder andere Emissionen stark abhängig sein von der bestehenden Belastung und Nutzungsplanung der betreffenden Region.[28] Steigende Nutzungsdichte würde also zu überproportionalen Kostenbelastungen führen, vor allem bei stark umweltverschmutzenden Einrichtungen.

Es läßt sich zusammenfassend feststellen, daß die Wirtschaft *des* Landes Wettbewerbsvorteile erlangt, das eine geringere Belastungsdichte,[29] weniger umweltbelastende Produktionszweige und eine günstige Größen- und Altersstruktur der Einrichtungen aufweisen kann. Ein Effekt, der bei einer Wirtschafts- und Währungsunion keineswegs unerwünscht wäre, da er tendenziell zu einer Harmonisierung der Wettbewerbssituation beiträgt, indem er einen optimalen Ausgleich ökonomischer und ökologischer Forderungen im Gesamtraum der Union ermöglicht. Z. B. könnte Frankreich aufgrund seiner geringen Belastungsdichte und der hierdurch möglichen schwächeren Emissionsnormen eine erhöhte Attraktivität für ansiedlungswillige Industrien erhalten. Solche regional unterschiedliche Normen müßten jedoch gemeinschaftlich unter Berücksichtigung der sich hieraus ergebenden ökologischen und ökonomischen Folgen festgelegt werden.

4.2 *Wirtschaftswachstum und Beschäftigung*

Noch bis vor wenigen Jahren wurde die Sicherung eines stetigen hohen Wirtschaftswachstums als vorrangige ökonomische und politische Aufgabe verstanden. Doch diese unkritische Wachstumsbegeisterung ist Anfang der 70er Jahre in breiten Kreisen sehr schnell in das anfangs ebenso unreflektierte Gegenteil umgeschlagen. Eine Fülle von Veröffentlichungen theoretischer und empirischer Art ist in wenigen Jahren zu dieser Frage erschienen, systemkritische Analysen und mathematische Modelle wurden aufgestellt.[30]

28 Vgl. Bungarten, Harald H., Zur Praxis der Abwasserabgabe und ergänzender Instrumente in der EG, in: Informationen zur Raumentwicklung, Heft 8/1976, Bonn (1976).
29 Vgl. S. 169–171.
30 Als Beispiele seien hier genannt:
  – Forrester, W., World Dynamics, Wright-Allen Press, Cambridge (1971)
  – Meadows, D. L. et al., The Dynamics of Growth in a Finite World, Wright-Allen Press, Cambridge (1973)
  – Buchwald, K., Umwelt und Gesellschaft zwischen Wachstum und Gleichgewicht, in: Raumforschung und Raumordnung, Heft 4–5/1972, S. 147–167
  – Frey, B. S., Umweltökonomie, Kleine Vandenhoeck Reihe Nr. 369, Göttingen (1972)
  – Walterskirchen, M. P. von, Umweltschutz und Wirtschaftswachstum, Referate und Seminarergebnisse des ersten Symposiums für wirtschaftliche und rechtliche Fragen des Umweltschutzes an der Hochschule St. Gallen 19.–21. Oktober 1971, BLV Verlagsgesellschaft, München (1972).

In diesen Arbeiten wird allgemein anerkannt, daß die weitere unqualifizierte Expansion wirtschaftlicher Tätigkeit zu einer lebensgefährdenden Umweltbelastung auf allen Bereichen führt; der gleichzeitig erreichte materielle Wohlstand erfreut sich nicht mehr allgemeiner Wertschätzung, da er die sogenannte Lebensqualität zu zerstören droht. Ein tiefgreifender Wandel der Wertvorstellungen bahnt sich an.

Da Wachstum letztlich dazu dienen soll, die Lebensqualität der menschlichen Gesellschaft zu erhöhen, muß – bevor eine Wertung des wirtschaftlichen Wachstums vorgenommen werden kann – kurz auf den Begriff »Lebensqualität« eingegangen werden. Daß z. B. eine Verschlechterung der Umweltbedingungen als Verringerung des Volksvermögens verstanden werden kann, ist zwar einzusehen, eine Erfassung der Wertänderung ist jedoch wegen der Kostenlosigkeit und Vielfalt der Nutzung schwierig und wird deshalb kaum praktiziert. Der Abbau der biologischen Substanz unseres Lebensraumes führt sogar oftmals zu einer Aufbauschung des gebräuchlichsten Wohlstandindikators, des Sozialprodukts: Die Ausnutzung der Bodenschätze, die Verringerung der Nutzungsmöglichkeit von Luft und Wasser werden in der Sozialproduktrechnung nicht als Verringerung des Volksvermögens vom Bruttosozialprodukt in Abzug gebracht (wie dies bei Anlagenverschleiß durch Abschreibung geschieht), d. h. Ressourcenverzehr wird nicht als Vermögensverlust betrachtet. Außerdem werden Aufwendungen für Krankenhäuser, Entsorgung u. ä. – die eigentlich Kostencharakter haben, da sie z. T. der Behebung von Umweltschäden dienen – als Wertschöpfung behandelt, was das ausgewiesene Sozialprodukt nochmals erhöht. Die Problematik dieser Meßgrößen liegt somit darin, daß die entscheidensten Wohlstandsmehrungen und -minderungen, diejenigen, die unsere Lebensgrundlage, die Umwelt, betreffen, sich nicht oder gar falsch in Änderungen des Sozialproduktes ausdrücken.

Gesunde Umweltbedingungen sind nur ein Teil – wenn auch ein wichtiger – der vielen Determinanten der menschlichen Wohlfahrt.[31] Eine »völlig saubere Umwelt« kann somit nicht als absolute Forderung gelten, da sie einen Verzicht auf Teile des gesellschaftlichen Wohlstands mit sich bringen würde – es ist somit ein Ausgleich zu schaffen zwischen den Forderungen materiellen Wohlstands und einem unvermeidlichen – wenn auch möglichst geringen – Maß an Umweltbeeinträchtigung.

Ein politisches Abbremsen des wirtschaftlichen Wachstums wäre jedoch einerseits für die Entwicklungsländer (auch wegen des weit verbreiteten

31 Man vergleiche hierzu die ausführliche Darstellung bei Swoboda, H., Die Qualität des Lebens – Vom Wohlstand zum Wohlbefinden, Stuttgart (1973).

Hungers) undiskutabel und hätte andererseits bei den Industrieländern schwere ökonomische, soziale und politische Konsequenzen, die heute nicht übersehbar sind und deshalb gefürchtet werden. Ein Ausweg aus diesem Dilemma scheint sich in einem anzustrebenden Wandel von quantitativem zu einem qualitativen Wachstum abzuzeichnen.

Einer europäischen Umweltpolitik bieten sich mehrere Möglichkeiten, um das Ziel des *qualitativen Wachstums* zu erreichen.[32] Bedingung ist jedoch ein einheitliches Vorgehen zumindest innerhalb der Gemeinschaft. Aber auch bei den Handelspartnern der EG ist auf die Verfolgung ähnlicher Ziele hinzuwirken, da andernfalls wegen der starken Handelsverflechtung ein Fehlschlag nur vermieden werden könnte, wenn zumindest für eine Übergangzeit Handelshemmnisse gegenüber den Nichtmitgliedern aufgerichtet würden.

Die Notwendigkeiten einer europäischen Umweltpolitik sind:
- Wecken eines neuen Umweltbewußtseins
- Veränderung der gesellschaftlichen Motivationsstruktur
- Bremsung des unqualifizierten Anstiegs von Produktion und Konsum
- Begrenzung der ökologischen Belastungen auf Werte, welche die Selbstreinigungskapazität der Umwelt nicht überschreiten
- Reduzierung des Rohstoffverschleißes, vor allem durch Wiedereinbeziehung der Abfälle in den Produktionsprozeß (Recycling)
- Ersatz umweltfeindlicher durch umweltfreundliche Prozesse und Produkte
- quantitative und qualitative Verbesserung der Entsorgung.

Insgesamt wird eine Steigerung der Investitionen im öffentlichen Bereich (vor allem der Infrastruktur) erforderlich, wodurch Teile der industriellen Produktion und des privaten Konsums eingeschränkt werden und eine Phase qualitativen Wachstums im Sinne einer »Ausgewogenheit zwischen privaten und sozialen Gütern«[33] entsteht.

Diese umweltpolitischen Maßnahmen werden bei ihrer Durchführung sukzessiv ein ökologisch gesünderes und sozialeres Europa schaffen. Da die Bewältigung dieser Aufgaben eine Aufbauphase mit all ihren Veränderungen hervorruft, wird – wie in allen Zeiten des Aufbaus – auch die anpassungsfähige Wirtschaft einen qualitativen Aufschwung erleben. Als Folge dieser Entwicklung wird auch die Beschäftigungspolitik neue Anre-

---

32 Man vergleiche hierzu die Ausführungen von Zahn, E., Wachstumsbegrenzung als Voraussetzung einer wirksamen Umweltpolitik, in: Walterskirchen, M. P. et al., Umweltpolitik in Europa, BLV-Verlagsgesellschaft, München (1973), S. 73–109.
33 Bombach, G., Konsum oder Investitionen für die Zukunft?, in: IG Metall, Qualität des Lebens, Band 7, Qualitatives Wachstum, S. 38–73, Europäische Verlagsanstalt, Frankfurt (1973), S. 60.

gungen erhalten. Der als Fehlentwicklung zu betrachtende Trend, Arbeitnehmer in die industriellen Verdichtungsräume zu ziehen,[34] wird mit der Verlegung von Betrieben aus Ballungsgebieten unterbrochen werden, wodurch die z. Z. zu beobachtenden Ballungstendenzen zusätzlich entschärft werden.

In Europa arbeiteten 1972 ca. 8 Mill. ausländische Arbeitnehmer. Der Anteil an der Zahl der Erwerbstätigen (Ausländerquote) betrug damit in der Bundesrepublik Deutschland ca. 11% in Frankreich rund 12% und in der Schweiz sogar 25%.[35]

Viele Menschen werden aufgrund von Betriebsverlagerungen in Entwicklungsgebiete wieder Arbeitsplätze finden, die nicht so weit von ihrer Heimat entfernt liegen. Das Lohnniveau in den Entwicklungsgebieten wird wegen des höheren Angebots an Arbeitsplätzen steigen. Es muß jedoch sichergestellt werden, daß die steigende ökologische Belastung durch zuwandernde Industriebetriebe in diesen Gebieten die natürliche Regenerationsfähigkeit der Ökosysteme nicht übersteigt und so eine Verschlechterung der Lebensqualität vermieden wird.

Die vielfach geäußerten Bedenken, durch Umweltschutzanforderungen kämen die Arbeitsplätze in Gefahr, lassen sich bei Verfolgung des aufgezeigten Konzeptes nicht aufrechterhalten. Zudem werden durch den Bedarf an Umweltschutzeinrichtungen u. Meßgeräten, die Erschließung neuer Produkte und Technologien und die verstärkten Bemühungen um die Entsorgung und das Recycling eine Vielzahl neuer Arbeitsplätze geschaffen. Und auf lange Sicht bildet gerade ein wirksamer Umweltschutz die Voraussetzung für eine reale Wachstumsrate und sichere und gesunde Arbeitsplätze.[36]

4.3 Regionalpolitik und Industrieansiedlung

Sowohl Regionalpolitik als auch Umweltschutz suchen die Lebensqualität zu verbessern und gleichwertige Lebensbedingungen in allen Gebieten eines Wirtschaftsraumes zu schaffen. Aufgabe der Regionalpolitik ist es, für

34 Höpfner, K., Transnationale Arbeitskräftewanderungen im Prozeß der europäischen Integration, in diesem Band S. 57 ff.
35 Höpfner et al., Ausländische Arbeitnehmer – Gesamtwirtschaftliche Probleme und Steuerungsmöglichkeiten, Gesellschaft für Regionale Strukturentwicklung, Bonn (1973).
36 Man vergleiche hierzu die Studie des amerikan. Council of Environmental Quality (CEQ) zur Schaffung von Arbeitsplätzen durch Umweltschutzaktivitäten: The Environmental Control Industry, Washington (1975).

eine optimale regionale Wirtschaftsstruktur zu sorgen, d. h. eine zu den Regionen passende und in ökologischer und ökonomischer Sicht gesamtwirtschaftlich sinnvolle Nutzung von Ressourcen festzulegen und der Bevölkerung einen ausreichenden Lebensstandard zu garantieren. Es besteht somit eine weitgehende Übereinstimmung mit den Zielen der Umweltpolitik.

Das bedeutet leider nicht, daß in der Vergangenheit diese engen Zusammenhänge genügend berücksichtigt worden wären – bei regionalpolitischen Entscheidungen wurde aus oft eigennützigen finanziellen Gründen der Planungsträger (Kreisbehörden, Landesregierungen) nach rein ökonomischen Aspekten entschieden (Attraktion von Steueraufkommen).

Zum Teil ist die Fehlentwicklung in der Vergangenheit auch darauf zurückzuführen, daß die Belastung mit sozialen Zusatzkosten nicht in ausreichendem Maße erkannt wurde. Dies führte zu der explosiven Entwicklung der Ballungsgebiete; die ökonomischen Aggregationsvorteile wurden privat genutzt, während die ökologischen Aggregationsnachteile und die hieraus entstehenden Belastungen auf die Allgemeinheit abgewälzt wurden. Allerdings zeigen sich bereits auch ökonomische Faktoren, die eine weitere Verdichtung hemmen wie steigende Grundstückspreise und wachsende Unwirtlichkeit durch zunehmende Umweltbelastung.

Es geht nicht darum, die Konzentrationen von Wohnungen und Arbeitsstätten, also die Verdichtung der Siedlungsstruktur als räumliches Gliederungsprinzip generell anzugreifen. Gerade durch die Möglichkeit, Infrastruktur zu bündeln und Kommunikationswege gering zu halten, entstehen ökonomische Vorteile, die auch Umweltschutzbemühungen zugute kommen (z. B. sind Entsorgungskosten pro Einwohner in Agglomerationen grundsätzlich niedriger als in ländlichen Räumen). Es geht vielmehr darum, das übermäßige Wachstum einzelner Ballungsgebiete dann zu bremsen, wenn ein (allerdings schwierig zu ermittelndes) Ballungsoptimum erreicht ist und der Nutzen der Verdichtung ins Gegenteil umschlägt.

Aus der Schaffung immer neuer Arbeitsplätze ohne Rücksicht auf das schon überlastete regionale Arbeitskräftepotential resultierte eine weitere Fehlentwicklung: die schon erwähnten Arbeitskräftewanderungen in die Verdichtungsräume, die wiederum den Agglomerationsprozeß beschleunigten. In den Randgebieten Europas entstand auf diese Weise ein Mangel an gewerblichen Arbeitsplätzen und ein relatives Absinken des Lebensstandards der dort verbleibenden Bevölkerung.

Eine auch ökologisch orientierte und regionalplanerische Infrastrukturpolitik hätte die Standortbedingungen strukturschwacher Regionen und damit die Wettbewerbsfähigkeit verbessern können, statt dessen wurde durch re-

aktive Bedarfsinvestitionen, die auf kurzfristige ökonomische Ziele ausgerichtet waren, der Agglomerationsprozeß noch unterstützt.[37]
Voraussetzung für eine regionale Strukturpolitik ist eine *europäische Nutzungsplanung*. Sie sollte ausgehen von den natürlichen Gegebenheiten der europäischen Regionen, aus denen sich die optimale zukünftige Nutzung ergibt. Entsprechend dem deutschen Raumordnungskonzept könnte man ein Planungsnetz über Europa legen, in dem Verdichtungsräume an Entwicklungsachsen vorgesehen sind, getrennt durch Naherholungsräume, die gleichzeitig ökologische Ausgleichsräume darstellen. Dies würde über eine Reduzierung der Arbeitskräftewanderungen, Pendlerwege und Transportentfernungen zu einer Erhöhung der Lebensqualität und Minimierung der Umweltbelastung führen. Zonen, die von den Verdichtungsräumen weiter entfernt liegen (Küsten, Gebirge) eignen sich als Fernerholungsgebiete. Auf diese Weise wird zudem der raumordnerischen Gefahr der Zersiedlung entgegengewirkt.

Schon bestehende Fehlentwicklungen können nach und nach revidiert werden, z. B. durch die erwähnte Internalisierung externer Effekte vor allem in den ökologisch überforderten Ballungszentren und durch Subventionen in Entwicklungsregionen.

Das Haupttätigkeitsfeld der Regionalpolitik liegt in den ländlichen und zurückgebliebenen Regionen, in denen durch Verbesserung der Wirtschaftskraft die Einkommensverhältnisse der Bevölkerung dem Gemeinschaftsdurchschnitt angenähert werden müssen.[38] Es sollte versucht werden, bestehende Arbeitsplätze langfristig zu sichern und zusätzliche Arbeitsplätze möglichst in wirtschaftlichen Wachstumsbranchen zu errichten. Das umweltpolitische Mittel der nach ökologischer Belastbarkeit der Region differenzierten Produktionsstandards oder Abgabenhöhen ergänzt auf diese Weise ideal die Regionalpolitik. Flankierende Maßnahmen können in Form einer Verbesserung der Infrastruktur und Anhebung des Freizeitwertes ergriffen werden.

Hieraus ergibt sich schon, daß *Industrieansiedlung* keineswegs ein Allheilmittel darstellt.[39] Sie sollte nur dann erfolgen, wenn die regionalen und

37 Bungarten, H. H., Infrastruktur und Umweltproblematik, Zusammenhänge von Infrastrukturausstattung und Umweltbelastung. Ursachen – Folgen – Lösungen, TH Darmstadt (1972).
38 Länderwirtschaftsminister-Konferenz, Strukturpolitik und Umweltschutz, Schlußbericht des Arbeitskreises »Strukturpolitik und Umweltschutz« auf der Konferenz der Länderwirtschaftsminister am 17. 10. 1973, unveröffentlichtes Manuskript.
39 Zur Problematik der Industrieansiedlung sei verwiesen auf: Isard, W., Location and Space Economy, A. General Theory Relating to Industrial Location, Market Areas, Land Use, Trade and Urban Structure, MIT-Press, Cambridge (1962) und Bungarten, H. H., Industrialisierung und Umweltproblematik, TH Darmstadt (1973).

gesamtwirtschaftlichen Gegebenheiten dies erfordern. In Fremdenverkehrsregionen ist jedoch darauf zu achten, daß saisonale Arbeitslosigkeit vermieden wird durch Errichtung ergänzender Arbeitsmöglichkeiten außerhalb der Saisonzeiten oder durch Ausdehnung auf eine ganzjährige Saison durch entsprechende Freizeitangebote.

Für die regionale Industriepolitik der Gemeinschaft ergeben sich aus den Umweltschutzanforderungen zwei Konsequenzen:

– Bestehende Betriebe: Falls die Umweltschutzanforderungen von den Betrieben aus eigener Kraft erfüllt werden können, entstehen keine Probleme. Ist dies nicht der Fall, muß entschieden werden, ob aufgrund der regionalen Situation ein Verbleib dieses Betriebes erwünscht ist. Falls ja, sind mit Mitteln aus dem Regionalfonds die erforderlichen Umweltinvestitionen zu subventionieren; andernfalls muß der Betrieb umsiedeln oder er scheidet aus dem Wettbewerb aus.[40]

– Neuansiedlung von Betrieben: Sind die Umweltschutzanforderungen aus eigener Kraft nicht zu tragen, kann aus regionalpolitischem Interesse Subventionshilfe gewährt werden. Andernfalls muß die Ansiedlung an einem andern Ort erfolgen.

Eine für die Europäische Gemeinschaft optimale Regionalpolitik kann somit nur in einer gemeinschaftlichen Planung entstehen, da andernfalls günstigere regionale Funktionsverteilungen und ökologische Belastungsminimierungen wegen der bestehenden Grenzen unterblieben. Auch die bisherigen Mängel der marktwirtschaftlichen Regulierung können am besten vermieden werden durch gemeinschaftseinheitliche Standard-, Abgaben- und Subventionsregelungen ohne Rücksicht auf nationale Egoismen.

4.4 Agrarpolitik und Landschaftsschutz

Landschaftsräume umfassen die natürliche und gebaute Umwelt der Gesellschaft, so daß Landschaftsschutz zu definieren ist als Bestrebung zur Erhaltung einer langfristig optimalen Nutzungsverteilung der natürlichen Umwelt für die Gesellschaft.

In der vorindustriellen Zeit entstand in Europa ein abwechslungsreiches und kleinflächiges Mosaik der verschiedensten Landschaftsnutzungen mit großer Vielfalt an Arten und ökologischen Strukturen. Trotz menschlicher

---

40 Diese Alternativen erscheinen momentan sehr hart. Sie sind jedoch unumgänglich, damit die aufgrund mangelnder Regionalpolitik entstandenen Fehlentwicklungen nicht festgeschrieben werden, was auf lange Sicht zu umso größeren Belastungen führen würde.

Eingriffe war eine Landschaft entstanden, die nach neuesten Forschungen gerade wegen ihrer Vielfalt eine hohe Stabilität aufwies.

Erst nach der industriellen Revolution wurden diese naturnahen Kulturlandschaften in naturferne Landschaften umgewandelt, vor allem in den Verdichtungsgebieten. Hiermit verbunden war eine exponentiell ansteigende Belastung der Umweltsektoren Boden, Wasser, Luft, Flora und Fauna. Neben einer landschaftlichen Vereinheitlichung und Verarmung eutrophierten die Ökosysteme, wurden vergiftet oder in einen labilen Zustand überführt, wozu eine unendliche Zahl von Beispielen aufgeführt werden könnte.

Die Aufgaben eines europäischen Landschaftsschutzes liegen somit vorrangig in der Wiederherstellung und Sicherung einer landschaftlichen Struktur, die biologisch und ökologisch stabil ist, eine ausreichende Vielfalt an Arten bietet und somit dem menschlichen Bedürfnis an visueller Vielfalt und unterschiedlichen Nutzungsmöglichkeiten entgegenkommt.

Hierzu zählt beispielsweise die schon erwähnte Kombination von ökologischen Ausgleichsräumen und Ballungsgebieten. Als Struktur für die Ausgleichsräume bietet sich die stabile naturnahe Kulturlandschaft an, wie sie derzeit in vielen agrarischen Problemgebieten noch vorhanden ist. »Noch vorhanden« deswegen, weil mit zunehmender Entleerung dieser Gebiete auch die Vielfalt der Struktur stirbt. Aus diesem Grunde sind die Probleme der Landwirtschaft nicht nur ökonomischer und sozialer Art, sie haben auch eine ökologische Seite. Der Landwirt sollte nicht nur als Erzeuger von Nahrung gelten, sondern es sollte auch seine Rolle bei der Erhaltung des europäischen Ökosystemgefüges gewürdigt werden.[41]

Zur Erfüllung dieser Aufgabe bedarf es in Europa keiner intensiven Landwirtschaft. Das wird allzu oft übersehen, zumal die heute weitverbreiteten intensiven Landwirtschafts- und Viehzuchtbetriebe ebenfalls zu Umweltbelästigungen führen – sei es wegen der Einrichtung labiler Monokulturen, dem Einsatz von zu hohen Kunstdünger- und Pestizidmengen, oder durch die Verwendung von Antibiotika, wachstumsfördernden Stoffen und dem Entstehen von Tierabfällen auf so konzentrierter Fläche, daß die natürliche Regenerationsfähigkeit versagt. Ob allerdings auf mondialer Ebene angesichts der Ernährungskrise derzeit auf diese Maßnahmen verzichtet werden kann, ist unwahrscheinlich. Vorschläge einer optimalen Kombination von Verdichtungsräumen, Verdichtungsbändern, agrarischen Produktionsgebieten, Ausgleichsräumen und Freizeitregionen sind noch nicht ausge-

---

41 Man vergleiche hierzu: v. Urff, W., Regionale Auswirkungen der gemeinsamen Agrarpolitik, in diesem Band S. 40 ff.

reift. Selbst die Nutzungsverteilung innerhalb der Ausgleichsräume ist noch nicht endgültig geklärt. Bierhals/Scharpf[42] haben vier Vegetationsformen auf ihre ökologische Wirkung überprüft und in einer Nutzwertanalyse verglichen. Das Resultat zeigt untenstehende Tabelle. Sie weist dem Wald den besten ökologischen Nutzwert zu, gefolgt von Brachflächen, Grünland und Ackerland.

Tab.: Ökologische Beurteilung der Nutzungsformen

Zielsetzungen / Kriterien		Alternativen								
		Wald		Gründland		Ackerland		Sozialbrache		
	Gewicht	Rang	Zielwert	Rang	Zielwert	Rang	Zielwert	Rang	Zielwert	
– Schutz vor extremen Abflußschwankungen	20	1	20	3	60	4	80	2	40	
– Geringe Belastung der Gewässer d. Dünger und Pestizide	30	1	30	2	60	3	90	1	30	
– Schutz vor Bodenerosion	20	1	20	2	40	3	60	2	40	
– Schutz vor Kaltluftentstehung	10	1	10	3	30	2	20	3	30	
– Schutz vor Artenverarmung in Flora u. Fauna	20	1	20	2	40	3	60	1	20	
	100	Nutzwert	100	230		310		160		
		Rang	I	III		IV		II		

Die positiven Wirkungen des Waldes dürfen allerdings nicht zu der Schlußfolgerung führen, die Lösung z. B. der Agrarprobleme läge in einer großflächigen Aufforstung ganzer Regionen. Dies würde zu den vielfältigen Nachteilen der Monokultur oder landschaftlichen Monotonie führen. Zudem ist die Nutzbarkeit des Waldes für Freizeit- und Erholungsaktivitäten in mancher Weise eingeschränkt. Eine Lösung zeichnet sich somit nur ab in der Schaffung oder Erhaltung einer natürlichen Vielfalt – als Beispiel

42 Bierhals, E. und Scharpf, H., Zur ökologischen und gestalterischen Beurteilung von Bracheflächen, in: Natur und Landschaft 2 (1971).

sei hier auf die Rekultivierung des deutschen Braunkohlenreviers hingewiesen.

Auch der hohe ökologische Rang von Brachflächen ist mit Vorsicht zu beurteilen: neben der in der Tabelle ausgewiesenen Gefahr der Kaltluftentstehung ist der geringe ästhetische Wert verwilderter und verwachsener Flächen zu berücksichtigen sowie die durch wuchernde Hecken erfolgende Einschränkung der Nutzungsmöglichkeit für die Erholung. Besonders in Bergregionen ist die Entstehung von Brachflächen wegen der Gefahr der Erosion abzulehnen. Da starke Hangneigung, ertragsschwache Böden und klimatisch bedingte kurze Vegetationsdauer den Bodenertrag gering halten, müßte den Bergbauern ihre Tätigkeit zur Erhaltung der Kulturlandschaft so honoriert werden, daß die Erzeugung von meist tierischen Produkten nur als Nebeneffekt anzusehen wäre. Die Subventionen könnten evtl. dadurch gesenkt werden, daß man die Berge in ökologisch vernünftigem Maß für Erholungszwecke erschließt.

Für einen europäischen Landschaftsschutz gelten die gleichen Bedingungen, wie sie schon im Kap. 4.3 aufgeführt wurden, d. h. eine Gesamtplanung und -finanzierung erfolgt am effektivsten im Gemeinschaftsrahmen. Dies sollte jedoch für Einzelpläne nicht zu einer zentralisierten Entscheidung führen – hier erkennen nationale und sogar regionale Planungsgremien die Bedürfnisse von kleinen Regionen am besten.

Bei grenzüberschreitenden Räumen sollten multilaterale oder bilaterale Raumordnungskommissionen die Entscheidung vorbereiten, wie sie schon in Grenzregionen der Bundesrepublik Deutschland und Hollands, der Schweiz, Österreichs, Frankreichs und Luxemburgs bestehen.

5. *Zusammenfassung: Konsequenzen für eine Umweltpolitik in Europa (Thesen)*

1. Die Mehrzahl der Umweltprobleme ist ihrer Natur nach grenzüberschreitend, also international oder gar global und zudem untereinander und mit anderen Politikbereichen in vielfältiger Weise verknüpft.

2. Das vorrangig angestrebte Ziel der Europäischen Gemeinschaft ist die wirtschaftliche Einigung der Mitgliedstaaten – nicht als Selbstzweck, sondern zur Verbesserung der Lebensbedingungen der europäischen Bevölkerung. Dieses Ziel beinhaltet nicht nur die Hebung des materiellen Lebens-

standards, sondern auch die Sicherung einer ausgeglichenen sozialen und gesunden ökologischen Umwelt.

3. Da dieses Ziel vor allem auf den Umweltsektoren Luft, Wasser und Nahrungsmittel mit einzelstaatlichen Maßnahmen nicht zu realisieren ist, ergibt sich die Notwendigkeit einer zumindest europäisch koordinierten Umweltpolitik.

4. Der Auftrag für eine europäische Umweltpolitik ist in den Europäischen Verträgen nicht explizit enthalten. Er läßt sich jedoch indirekt aus den Forderungen nach verbesserten Lebens- und Arbeitsbedingungen (EGKS-Vertrag), Schutz vor radioaktiver Belastung (EURATOM-Vertrag), Verbesserung der Lebensqualität und Sicherung harmonischer Entwicklung des Wirtschaftslebens (EWG-Vertrag) ableiten.

5. Als wesentliche Hemmfaktoren für eine gemeinschaftliche Umweltpolitik sind die unterschiedlichen ökologischen Belastungsdichten zu nennen, das – teilweise hieraus resultierende – ungleiche Umweltbewußtsein in den Mitgliedstaaten und die oft bereitwillig ergriffene Möglichkeit, Umweltbelastungen auf den Nachbarstaat abzuwälzen.

6. Die kurzfristige Konsequenz eines Verzichts auf eine europäische Umweltpolitik wäre das Entstehen eines erheblichen politischen Konfliktpotentials, vor allem zwischen den geo- und sozioökonomisch eng verflochtenen Nachbarstaaten in Europa, verbunden mit der Gefahr stark desintegrativer Effekte.

7. Langfristig würde eine wie bisher zunehmende Umweltbelastung zu einer Zerstörung des ökologischen Gleichgewichts in den europäischen Flüssen, Seen und angrenzenden Meeren führen und eine Vergiftung des Grundwassers sowie irreparable Veränderungen in der Atmosphäre mit ihren vielfältigen Klima- und Gesundheitsfolgen bewirken.

8. Konfliktstoffe würden auch in den außenpolitischen Beziehungen der EG entstehen durch die Zerstörung natürlicher Ressourcen zu Lasten außergemeinschaftlicher Länder (Sauerstoffhaushalt der Erde, Belastung der Meere, weiträumiger Schwefeldioxydtransport usw.).

9. Isolierte nationale Umweltschutzmaßnahmen würden in der Gemeinschaft zu Wettbewerbsverzerrungen führen, die den Römischen Verträgen

widersprächen: Unterschiedliche Produktstandards verursachen in erster Linie Wettbewerbsnachteile durch Produktionsverteuerungen, ungleiche Produktstandards nichttarifäre Handelshemmnisse.

10. Dies erfordert jedoch nicht eine europäische zentralistische Umweltpolitik auf allen Bereichen, da viele Aufgaben des Umweltschutzes sich lokal oder regional am besten lösen lassen (Industrie- und Verkehrslärmemissionen, Einleitung von Abwässern, Beseitigung von Abfällen etc.). Die Gemeinschaft sollte nur dann mit Kompetenzen ausgestattet und tätig werden, wenn die Gemeinschaftsebene zur Problemlösung die optimale Ebene darstellt. Dies gilt vor allem für Grundsatzentscheidungen (Verursacherprinzip, Vorsorgeprinzip), für grenzüberschreitende Umweltbeeinträchtigungen (wenn sich die beteiligten Länder durch fehlende Druckmittel einer Seite nicht einigen können) und wenn das Funktionieren des Gemeinsamen Marktes gefährdet ist (beim Erlaß von Produktstandards usw.).

11. Die Erhaltung des ökologischen Gleichgewichts einerseits und des wirtschaftlichen Wettbewerbs andererseits erfordert einen ökologischen Nutzungsgesamtplan für Europa mit einer Festlegung von maximal zulässigen Belastungsquoten für alle europäischen Regionen, der nur in einem weitgehend integrierten Europa politisch durchführbar ist. Grundlagen hierfür sind Verwirklichung des Verursacherprinzips, Einführung einheitlicher europäischer Meß- und Bewertungsmethoden sowie kompatible Umweltschutzgesetze.

12. Die regionalpolitische Fehlentwicklung der Vergangenheit ist größtenteils darauf zurückzuführen, daß die Belastung mit sozialen Zusatzkosten nicht erkannt wurde, die einerseits durch übertriebene Ballungen an Industrie, Verkehr und Siedlung und andererseits durch die Entleerung weiter Räume entstanden.
Ein europäisches Raumordnungs- und ein ökologisches Nutzungskonzept werden zu weitgehend übereinstimmenden Ergebnissen führen: Begrenzung der Ballungszentren auf ein noch zu ermittelndes Optimum, Errichtung von Regionalzentren an Entwicklungsachsen, getrennt durch Nah- und Fernerholungsgebiete, die gleichzeitig ökologische Ausgleichsräume darstellen. Durch eine solche europäisch abgestimmte Gesamtplanung werden Arbeitskräftewanderungen, Pendlerwege, Transportentfernungen, Zersiedlungsgefahren, Umweltbelastungen usw. minimiert und die Lebensqualität erhöht.

13. In der Landwirtschaftspolitik sollte einerseits die Überbauung ertragreicher Böden gebremst und ausgedehnte – ökologisch labile – Monokulturen vermieden werden, andererseits die Überdüngung guter Böden (und damit z. T. die Eutrophierung der Gewässer) gestoppt und auf weniger ertragreiche Böden ausgewichen werden, um damit ein Brachfallen ganzer Landschaften zu vermeiden. Der Landwirt sollte für seine Leistung bei der Erhaltung des europäischen Ökosystems eine Grundrente erhalten; die Mittel hierzu könnten evtl. durch eine Steuer auf überhöhte Düngemittelverwendung erbracht werden.

14. Die seit Jahresbeginn 1975 in verschiedenen Mitgliedsländern der Gemeinschaft zu beobachtende Tendenz, wegen wachsender wirtschaftlicher Schwierigkeiten in den Umweltschutzbemühungen nachzulassen, ist abzulehnen.
Gerade eine europäisch koordinierte Umweltpolitik verhindert einerseits die Entstehung von Wettbewerbsunterschieden (die bei national willkürlichen Normen unvermeidlich wäre) und gleicht andererseits Wettbewerbsunterschiede aus, die aufgrund der Standortvorteile von Industrieagglomerationen bisher bestanden. In beiden Fällen werden die Ziele der europäischen Regionalpolitik unterstützt.

15. Vorübergehend mögliche Preisniveau-Änderungen werden unter der Voraussetzung der EG-koordinierten Anwendung vom Umweltnormen durch die positiven Einkommens- und Beschäftigungswirkungen der Umweltschutzinvestitionen und -maßnahmen zumindest gemildert, wenn nicht gar ausgeglichen. Langfristig wird jedoch eine Verbesserung der Lebensqualität eintreten.

16. Insgesamt ergibt sich somit die klare Notwendigkeit einer europäisch abgestimmten, jedoch regional differenzierten Umweltpolitik der Gemeinschaft. Die Erhaltung der Umwelt bringt eine Vielzahl von Problemen mit sich, deren gemeinsame Bekämpfung zu einem Motor der europäischen Integration werden, deren Vernachlässigung jedoch zu einem Zerfallen der Gemeinschaft führen könnte.

Kurt Reding

Zur Problematik eines Finanzausgleichs in der Europäischen Gemeinschaft

A. *Die allgemeine Problemstellung*

I. *Der Zusammenhang zwischen Integration und Finanzausgleich*

1. *Definitorische Vorbemerkung*

Die wirtschaftliche und politische Integration von souveränen Einzelstaaten – etwa der Europäischen Gemeinschaften – bedingt, daß auf den jeweiligen Integrationsstufen bestimmte Aufgabenverteilungen festgelegt werden müssen, die sich sowohl auf die möglichen Beziehungen zwischen den Einzelstaaten als auch zwischen diesen und neu zu errichtenden supranationalen Organisationseinheiten beziehen. Da auf diese Weise in unterschiedlichem Ausmaß bisher auf nationaler Ebene zu lösende Probleme (z. B. der Regionalpolitik) »internationalisiert« werden können, stellt sich gleichzeitig die Frage nach einem angemessenen Zuordnungsschema der bei der Aufgabenerfüllung anfallenden Ausgaben und der zu deren Finanzierung erforderlichen Einnahmen (Finanzausgleich im weiteren Sinne). Neben dieser weiten Umschreibung der mit dem Finanzausgleich angesprochenen Probleme,[1] zu denen hierbei auch die Aufgabenverteilung zu rechnen ist, läßt sich ein engerer Begriffsrahmen konstruieren, der lediglich auf die Finanzströme, d. h. die Einnahmen und Ausgaben der einzelnen Ebenen (Finanzausgleich im engeren Sinne), abstellt. Die folgenden Ausführungen beziehen sich sowohl auf die Aufgaben- als auch auf die Einnahmen- und Ausgabenverteilung, d. h. auf den Finanzausgleich im weiteren Sinne.

---

1 Vgl. Keller, T.: Finanzausgleich I, in: HdSW, Band 3, Stuttgart-Tübingen-Göttingen 1961, S. 542. Daneben sind in der finanzwissenschaftlichen Literatur eine Reihe von überwiegend klassifikatorischen Ansätzen entwickelt worden, von denen lediglich die Unterscheidung in horizontale und vertikale Finanzausgleichsströme bei Gelegenheit aufgegriffen werden soll.

199

2. Der Finanzausgleich im Integrationsprozeß

Die Hoffnung, den Endzustand des europäischen Integrationsprozesses, die politische Union, über eine fortschreitende wirtschaftliche Integration zu erreichen, kann bisher als nicht erfüllt bezeichnet werden. Die Währungskrisen, die Schwierigkeiten einer Einigung im Zusammenhang mit der Errichtung des Regionalfonds und krisenhafte Zuspitzungen bei der Neufestsetzung der Agrarpreise haben deutlich gemacht, daß im Widerstreit nationaler Interessen »nur« auf wirtschaftlichem Gebiet europäische Lösungen zu finden nahezu unmöglich ist, weil die betroffenen Mitgliedsstaaten nur höchst ungern mit bestimmten Verzichten verbundene Vorleistungen zugunsten der europäischen Sache erbringen. Dies mag darauf beruhen, daß die Institutionalisierung einer Integrationsverpflichtung für sich genommen noch nicht die Notwendigkeit schafft, eingespielte nationale Politiken aufzugeben, zumal a priori nicht gesagt werden kann, ob ein solcher Verzicht dazu führt, daß Gemeinschaftspolitiken an die Stelle der nationalen treten, ohne daß damit eine Unterversorgung auf dieser nachgelagerten Körperschaftsebene[2] eintritt.

Die Entwicklung der Bemühungen um eine Steuerharmonisierung zeigt allerdings beispielhaft, daß Fortschritte in Richtung auf eine Gemeinschaftslösung möglich sind, freilich zunächst nur in einem Teilbereich, dessen Reformierung nicht nur aus der Sicht internationaler, sondern auch nationaler Wettbewerbsverzerrungen vordringlich erschien.

Das Problem des Finanzausgleichs bietet hier möglicherweise ein noch größeres Konfliktpotential insofern, als unmittelbar internationale Vergleiche »vor- und- nach-Finanzausgleich« möglich werden, die die relative Besser- bzw. Schlechterstellung einzelner Mitgliedsstaaten auf Kosten bzw. zu Gunsten anderer ausweisen, während Manipulationen, z. B. am Tarif einzelner Steuern, zunächst nur auf den nationalen Rahmen bezogen bleiben. Indem die Frage des »juste retour« beim Finanzausgleich eine derartig starke Akzentuierung erfährt, läßt sie den grundlegenden Integrationskonflikt deutlich werden: Integration bedingt Verzicht auf Durchsetzung von Nationalinteressen, diesen zu leisten wird aber erst dann in aller Regel politisch vertretbar, wenn bereits ein Integrationsstand erreicht ist, der für alle beteiligten Länder überwiegend als vorteilhaft gilt, weil gemeinschaftliche Aktivitäten auch auf der Ebene der einzelnen Mitgliedsländer einen höheren Nutzen bringen als rein nationale.

---

2 Z. B. dadurch bedingt, daß regionalpolitische Fördermaßnahmen, die, am nationalen Durchschnitt gemessen, vertretbar sind, wegfallen, weil am Durchschnitt der Gemeinschaft gemessen die betreffenden Regionen bereits als entwickelt gelten.

Fragt man vor diesem Hintergrund zunächst nach der Rollenverteilung zwischen Integration und Regelung des Finanzausgleichs, so sind mehrere Möglichkeiten denkbar: Einmal könnte davon ausgegangen werden, daß ein funktionsfähiger Finanzausgleich in der Gemeinschaft eine Vorleistungsfunktion für die weitere Integration zu erfüllen hätte, die darin bestünde, für klare Finanzierungsverhältnisse zu sorgen, die dann bei weiteren Überlegungen als gelöst betrachtet werden könnten und damit als Integrationshemmnis weitgehend neutralisiert wären. Anders stellt sich das Problem, wenn man in gewissem Gegensatz hierzu davon ausgeht, daß erst einmal ein bestimmtes Maß an Integration erreicht sein muß, bevor adäquate Finanzausgleichsüberlegungen zum Tragen kommen können. Der Finanzausgleich hätte dann vor allem die Funktion eines Zahlungsmechanismus, der die monetäre Seite eines erreichten Integrationsstandes abbilden würde. In der Realität wird man allerdings davon auszugehen haben, daß beide Aspekte der Rollenverteilung zutreffen, d. h. es besteht eine wechselseitige Abhängigkeit zwischen Finanzausgleich und Integration.

Bevor im folgenden versucht wird, die Kriterien herauszuarbeiten, die ein Finanzausgleichsmodell unter verschiedenen Integrationsperspektiven zu konstruieren erlauben, sollen zuvor jedoch noch zwei Fragestellungen aufgezeigt werden, die die Finanzausgleichsproblematik allgemein betreffen. Als erstes geht es hierbei um die Rolle einzelner Fonds als Institutionen zur Regelung des Finanzausgleichs; daneben stellt sich das Problem, daß bestimmte Finanzausgleichsregelungen nicht nur primär wirtschafts- und finanzpolitischen Zielsetzungen dienen können, sondern darüber hinaus eine im weitesten Sinne »politische« Dimension beinhalten, in der die monetären Transfers als Kompensation von Integrationszugeständnissen erscheinen.

II. Die Erfüllung und Finanzierung einzelner Aufgaben

1. Die Rolle einzelner Fonds im Finanzausgleich

Bereits bei der Gründung der EWG wurde deutlich, daß einzelne Aufgaben der Gemeinschaft nur dann gemeinschaftlich zu erfüllen sind, wenn alle Mitgliedsstaaten je nach Wirtschaftskraft zu ihrer Finanzierung herangezogen werden. Daß man hierbei auf das in der Finanzwissenschaft auf weitgehende Ablehnung stoßende Fondssystem zurückgriff, läßt sich möglicherweise aus dem Wunsch erklären, die Zahlungs- und Leistungsverflechtungen in einem bestimmten, einigermaßen klar definierbaren Objektbereich transparent zu gestalten und so die Zahlungswiderstände durch eine Art der

Zweckbindung zu reduzieren. Wenn man davon ausgeht, daß auf unteren Integrationsstufen der Wunsch nach größtmöglicher Zurechnung von Finanzierungsbeiträgen auf bestimmte Leistungsempfänger dominiert, dann stellt sich das Problem der Bewertung dieser Leistungsempfänge, die in manchen Bereichen nicht nur rein monetär erfolgen kann. Abstrahiert man zunächst von dieser Schwierigkeit und unterstellt man die Gültigkeit der Hypothese, daß in einem Fondssystem zumindest die formale Inzidenz von Zahlungen und Bonifikationen leichter ermittelt werden kann als in einem System mit Nonaffektation, so stellt sich im Hinblick auf die weitere Integration der Staaten der EG die Frage, ob die Fondswirtschaft nicht ein Modell darstellt, das im Hinblick auf einen umfassenderen Finanzausgleich ausbaufähig erscheint. Die (sich auf den ersten Blick bietenden) Vorteile müßten also möglichen Nachteilen gegenübergestellt werden, die sowohl im Bereich der engeren finanzwissenschaftlichen Problematik (unkoordinierte Aufgabenerfüllung durch mehrere Instanzen, »Subventionsautomatismus« etc.) als auch im weiteren Bereich des integrationspolitischen Klimas überhaupt (Schaffung eines Konfliktpotentials durch einseitige Belastung einzelner Staaten) zu suchen wären.

2. *Die »politische« Dimension des Finanzausgleichs*

Wie sich etwa am Beispiel des Agrarfonds nachweisen läßt, bietet auch ein auf eine relativ eng definierte Aufgabe bezogener Finanzausgleich nicht unbedingt die Gewähr für eine Aktivierung des für die weitere Integration notwendigen Solidaritätsbewußtseins der einzelnen Mitgliedsstaaten. Die Rollenverteilung, die einzelne Staaten auf eine eindeutige Nettonutznießer- und andere auf eine eindeutige Nettozahlerposition fixiert, gibt den Empfängerländern die Möglichkeit, die Zahlungen als Entgelt für ihre Integrationsbereitschaft anzusehen, während in den Zahlerländern der Unwille zu weiteren Leistungen mehr und mehr zunimmt, je weniger Integrationsfortschritte tatsächlich erzielt werden. Man kann das Problem auch anders formulieren, indem man die Frage stellt, ob eine rein an monetären Leistungsverflechtungen orientierte, eindimensionale Bewertung der Fonds sozusagen in Form einer verengten Kosten-Nutzen-Analyse tatsächlich die Gesamtheit des zwischenstaatlichen »do ut des« zu erfassen vermag.

a) *Der »Vorleistungscharakter« finanzausgleichsrelevanter Bereiche*

Als eine Konsequenz aus der Schaffung der europäischen Gemeinschaften, nationale Teilmärkte auf der Basis des freien Verkehrs von Waren und

Dienstleistungen in einen gemeinsamen Markt zu integrieren, folgt, daß einzelne Staaten in bestimmten Produktionssektoren durch die Öffnung der Märkte zunächst massive Wettbewerbsnachteile in Kauf nehmen müssen. Diese Nachteile stellen quasi den Einsatz dar, den diese Staaten zahlen. Wenn man nun davon ausgeht, daß die Bildung einer Gemeinschaft allen Mitgliedsstaaten Nutzen bringen soll, dann erscheint es billig, auch von den anderen Staaten einen solchen Einsatz zu verlangen, mit dessen Hilfe ein Ausgleich bei den benachteiligten Staaten finanziert werden kann.

Ein Beispiel für die Erbringung bestimmter Vorleistungen, d. h. eines solchen Einsatzes in Form der Inkaufnahme von Nachteilen, bietet der Agrarfonds, der mit der mehr oder weniger deutlich artikulierten Absicht gegründet wurde, einzelne Mitgliedsländer durch eindeutige Besserstellung bei der Abgabe von Leistungen aus dem Fonds für ihre Integrationsbereitschaft zu entschädigen.

Ähnlich verhält es sich mit dem Beitritt Großbritanniens zur Gemeinschaft: Auch hier bildete der Regionalfonds das Instrument, die Vorleistungen, die sich in zu erwartenden Wettbewerbsnachteilen manifestierten, durch bevorzugte Behandlung bei der Mittelvergabe zur Sanierung der Entwicklungsregionen auszugleichen. In beiden Fällen lag also die Absicht zugrunde, (integrations-)politisches Wohlverhalten in Form bestimmter Finanzierungsleistungen abzugelten; diesen Sachverhalt könnte man als die »politische« Dimension des Finanzausgleichs bezeichnen. Insofern läßt sich festhalten, daß das Ausmaß des Ausgleiches, den die Fonds leisten, weit über das hinausgeht, was sich in den Kostensalden der einzelnen beteiligten Länder niederschlägt. Die Berücksichtigung dieser Dimension führt dazu, daß Finanzierungsregelungen getroffen werden können, die über eine Abgeltung monetär zu bewertender Leistungen hinausgehen. Damit vervielfältigen sich aber gleichzeitig die Schwierigkeiten, konkrete Quoten festzulegen, die sowohl den ökonomischen wie den politischen Vor- und Nachteilen entsprechen, die aus einer wirtschaftlichen Kooperationsregelung resultieren, welche allen Beteiligten »gerecht« zuteil werden soll.

b) *Von der Kostenumlagefunktion zur Distributionsfunktion des Finanzausgleichs*

Es gibt Aufgaben, bei deren Erfüllung – räumlich betrachtet – die Interessensphären mehrerer Staaten tangiert werden (z. B. Reinhaltung des Rheins), wodurch eine Kooperationsbereitschaft in Form wechselseitiger Abkommen initiiert werden kann, ohne daß es eines Eingriffs durch eine übergeordnete Instanz bedarf. Infolge der einigermaßen klar ermittelbaren regionalen

Inzidenz der Nutzen dieser Aufgabenerfüllung wird auch zu erwarten sein, daß eine Kostenumlage als adäquate Finanzausgleichsregelung installiert werden kann, die die Einzelstaaten gemäß ihren Vorteilen belastet.

Daneben gibt es jedoch Probleme, bei denen eine derartige Kongruenz zwischen Einzel- und Gesamtinteresse auf Anhieb nicht ersichtlich ist (z. B. Regionalpolitik) und bei denen die Kooperationsbereitschaft zwischen einzelnen Staaten z. B. durch die Tatsache erheblich erschwert wird, daß eine regionale Nutzeninzidenz kaum ermittelbar ist, oder daß der Nutzen nur einigen wenigen (im Extremfall einem einzigen) Staaten zugute kommt, während die anderen lediglich mit Finanzierungsbeiträgen belastet werden. Die Artikulation solcher Probleme als gemeinschaftlich zu lösender Aufgabe kann nur von einer übergeordneten Instanz wahrgenommen werden, und es fragt sich, ob Kriterien entwickelt werden können, nach denen eine Zuordnung von Aufgaben auf solche Zentralinstanzen vorgenommen wird, und aus denen sich dann wiederum Regelungen für die Finanzierung ableiten lassen.

Bei der in der Finanzwissenschaft geführten Diskussion um die Frage: »Private oder öffentliche Aufgabenerfüllung?« sind Kriterien der Zuordnung von Aufgaben zum öffentlichen oder privaten Sektor entwickelt worden, die sich auch auf die Zuordnungsproblematik bei verschiedenen öffentlichen Trägern der Aufgabenerfüllung (z. B. Bund-Land) übertragen lassen; dabei ist eine analoge Behandlung der oben dargelegten Problemstellung im internationalen Rahmen bei einer Trägerstruktur möglich (z. B. EG), bei der eine oder mehrere supranationale Instanzen bei der Aufgabenerfüllung in Konkurrenz mit Einzelstaaten stehen.

In Anlehnung an Wittmann[3] lassen sich denkbare Kriterien für die Aufgabenverteilung z. B. systematisieren in:
- staatspolitische,
- finanzwirtschaftliche und institutionell-technische
  und
- ökonomische Kriterien.

Wenn auch die Trennschärfe zwischen diesen drei Gruppen im Einzelfall für eine eindeutige Zuordnung eines Kriteriums nicht voll ausreichen mag, so zeigt dieser Katalog doch auf, daß eine sinnvolle Zuordnung von Aufgaben nicht nur eindimensional möglich ist. Auf frühen Integrationsstufen erscheint eine überwiegende Orientierung an einem ökonomischen

---

3 Vgl. Wittmann, W.: Kriterien für die Aufgabenverteilung zwischen öffentlichen Körperschaften, in: Sozialwissenschaften im Dienste der Wirtschaftspolitik, W. Bickel zum 70. Geburtstag, Tübingen 1973, S. 157 ff.

Kriterium (z. B. dem der externen Effekte) jedoch insofern eher möglich, als Umverteilungsgesichtspunkte zwischenstaatlicher Natur zurücktreten. Je mehr diese (z. B. im Rahmen der Regionalpolitik) an Bedeutung gewinnen, desto eher bietet sich eine Lokalisierung der Aufgabenhoheit bei einer supranationalen Instanz an, wobei es allerdings von Fall zu Fall sinnvoll sein kann, die Durchführungshoheit einer regionalen Körperschaft zu überlassen, da diese zumeist eine bürgernähere Aufgabenerfüllung erwarten läßt. Auf den Integrationsprozeß bezogen läßt sich freilich nur die Feststellung treffen, daß der Konflikt zwischen normativen Aussagen, wie eine Aufgabenverteilung auszusehen hat, und den tatsächlichen Aufgabenstrukturen bislang lediglich auf der Basis von Kompromissen neutralisiert werden konnte. Es stellt sich jedoch die Frage, ob mit weiteren Integrationsfortschritten die Möglichkeit, Kompromisse zu schließen, nicht immer mehr abnimmt, da die Erfüllung einzelner Aufgaben ohne zentralen Eingriff dann nicht mehr erfolgen kann.

Für den Finanzausgleich bedeutet dies, daß er insofern einem teilweisen Funktionswandel unterliegt, als das Abrücken vom für frühe Integrationsstufen charakteristischen Prinzip des juste retour bedingt, daß eine – auf die Mitgliedsländer bezogene – regionale Umverteilung einsetzt, der z. B. dadurch Rechnung getragen werden kann, daß reichen Ländern höhere Finanzierungsquoten auferlegt werden als armen, d. h. der Finanzausgleich wird zu einem echten Distributionsinstrument.

B. *Die spezielle Problemstellung*

Die integrationspolitische Szene der Gegenwart ist mehr denn je von Pessimismus hinsichtlich der Verwirklichung des angestrebten Endziels »Politische Union« geprägt, der dazu geführt hat, bereits ein Erhalten des Status-quo der Integration als »Fortschritt« zu apostrophieren. Die Vermutung, daß eine solche Phase der Stagnation noch einige Zeit andauern wird, kann zweifellos als realistisch gelten, und es stellt sich einmal die Frage, wie zumindest eine Konsolidierung des Status-quo erreicht werden kann, die weitere Integrationsrückschritte verhindert; darüber hinaus bleibt jedoch zu prüfen, ob bei diesem Konsolidierungsprozeß gleichzeitig schon Ansätze entwickelt werden können, mit deren Hilfe später eine Wiederaufnahme der eigentlichen Integration in Richtung auf eine Wirtschafts- und Währungsunion bzw. politische Union wieder in Gang gesetzt werden kann.

Im folgenden soll nach einer kurzen Skizzierung der einzelnen Finanzausgleichsebenen versucht werden, für einige Politikbereiche die Voraussetzungen und Möglichkeiten einer solchen Integrationspolitik zu prüfen und damit die Rolle des Finanzausgleichs für die nähere und weitere Integrationsperspektive zu verdeutlichen.

I. Die Ebenen des Finanzausgleichs

Bei der Diskussion von Finanzausgleichsregelungen lassen sich mehrere Problemebenen trennen, die in der Realität in wechselseitiger Abhängigkeit stehen:
– die Ebene der Aufgabenverteilung, auf der entschieden wird, welche Instanz welche Aufgabe wahrnimmt,
– die Ebene der Ausgabenverteilung, auf der festgelegt wird, welche Instanz die zur Aufgabenerfüllung notwendigen Ausgaben tätigt und
– die Ebene der Einnahmenverteilung, auf der die zur Ausgabendeckung notwendigen Einnahmen verteilt werden.
Dabei läßt sich für die Ebene der Aufgabenverteilung feststellen, daß einzelne Bereiche sehr stark in die gemeinschaftliche Obhut übernommen sind (z. B. Agrarpolitik), während andere noch überwiegend der nationalen Autonomie anheimgestellt sind (z. B. Konjunkturpolitik). Stellt man in diesem Zusammenhang die Frage, welche Aktivitäten der integrationspolitischen Konsolidierung des Status-quo am ehesten dienlich sein könnten, so wird unmittelbar deutlich, daß die Diskussion die Probleme der Ausgaben- und Einnahmenverteilung miteinbeziehen muß. Stimmt nämlich die These, daß die einzelnen Mitgliedstaaten lieber Ausgaben im eigenen Bereich tätigen als Zahlungen an andere Partnerländer,[4] und trifft es gleichfalls zu, daß diese negative Finanzausgleichsmentalität vor allem auf unteren Integrationsstufen dominiert, dann könnte eine Schlußfolgerung lauten, in der Konsolidierungsphase das Schwergewicht auf solche Aufgaben zu legen, die relativ wenig ausgabenintensiv[5] sind. Zu nennen wären hier in erster Linie Bemühungen in den Bereichen, die unter der Überschrift »Harmonisierung« zusammenzufassen sind (z. B. Steuerharmonisierung), da diese zu-

---

4 Vgl. Andel, N.: Zur Harmonisierung öffentlicher Ausgaben in einem Gemeinsamen Markt, in: Finanzarchiv, NF Bd. 24 (1965), S. 26.
5 Zum Begriff der Ausgabenintensität und der mit ihr verbundenen Problematik vgl. Zimmermann, H.: Die Ausgabenintensität der öffentlichen Aufgabenerfüllung, in: Finanzarchiv, NF Bd. 32 (1973), S. 1 ff.

nächst nur die Verwaltungsgemeinkosten der damit beschäftigten Beamten und Sachverständigen verursachen.

Zusätzlich könnten Überlegungen angestellt werden, ob den Gemeinschaften nicht eine modifizierte Aufgabenhoheit in der Form übertragen werden könnte, daß sie eine Rahmenkompetenz erhalten, die zwar den einzelnen Mitgliedsstaaten Richtlinien vorschreiben, ihnen aber die Durchführungshoheit überlassen würde. Allerdings würde sich hier das Problem eines Ausgleichs im Sinne einer Lastenverteilung dann stellen, wenn die Durchführung solcher Aufgaben (z. B. im Rahmen der regionalen Strukturpolitik) die finanziellen Ressourcen eines Landes übersteigen würde. Dies könnte als weitere Konsequenz für den vorwärtsorientierten Ausbau des Status-quo bedeuten, zunächst Entwicklungsprogramme für die verschiedenen Politikbereiche vorzubereiten, die ebenfalls zunächst ausschließlich mit Fixkosten im oben geschilderten Sinne belastet wären, deren Realisierung aber in einer take-off-Phase günstigerer Voraussetzungen für den Finanzausgleich in Angriff genommen werden könnte. Sowohl hinsichtlich einer möglichen Inangriffnahme von Schubladenprogrammen als auch der Finanzierung gegenwärtiger Aktivitäten erlangt die Problematik der Beschaffung entsprechender Einnahmen eine für den Integrationsprozeß zentrale Bedeutung. Dabei wäre in der allgemeinen Forderung, den Übergang vom Umlagen- bzw. Beitragssystem der Finanzierung der Gemeinschaftshaushalte zur Ausstattung mit eigenen Finanzierungsquellen zu forcieren, ein erfolgversprechender Ansatzpunkt zu sehen, da hier in erster Linie Harmonisierungsaufgaben zu bewältigen wären, die aus der Sicht des Finanzausgleichs den Vorteil hätten, relativ wenig ausgabenintensiv zu sein. Gleichzeitig könnte die mit dem bisherigen Finanzausgleichssystem in gewissem Umfang begründete Kostgängerschaft der Gemeinschaften reduziert werden. Neben den aus einer Harmonisierung der direkten Steuern zu erwartenden Integrationsimpulse verspricht außerdem ein auf eine gewisse »dynamische Limitierung«[6] des finanziellen Spielraums der Gemeinschaften ausgelegter Steuerverbund bei der Mehrwertsteuer sowohl Aussichten auf Erfolg bei der Stabilisierung des Status-quo als auch Aussichten auf einen späteren Integrations-take-off, da einerseits die finanzielle Belastung der Mitgliedsstaaten zunächst jedenfalls nicht ausgeweitet zu werden brauchte, andererseits aber ein konkreter Integrationserfolg erzielt wäre.

6 Vgl. Schüler, M.: Die vierte Ebene, haushalts- und finanzpolitische Probleme der Europäischen Gemeinschaften, in: Europa-Archiv, 2 (1974), S. 47.

II. Die Schlüsselproblematik im Finanzausgleich

Die wohl entscheidendste Konkretisierung der mit dem Finanzausgleich verbundenen Be- und Entlastungswirkungen findet sich in den Schlüsseln, nach denen die Zahlungs- bzw. Empfangsquoten festgelegt werden. Obwohl im Prinzip eine rein technische Fragestellung, bildet sie doch den zentralen Diskussionspunkt für Verhandlungen, in denen es um die Lastverteilung in der Gemeinschaft geht. Fragt man nach den Anforderungen, die an einen »rationalen« Verteilungsschlüssel zu stellen wären, so wird man wohl auf einen ähnlichen Zielkonflikt stoßen, wie er sich auch in der Besteuerung stellt, nämlich zwischen jeweils größtmöglicher Gerechtigkeit und Ergiebigkeit. Allerdings ist die Fragestellung beim Finanzausgleich insofern komplexer, also sowohl direkte Beziehungen auf horizontaler Ebene zwischen den einzelnen Mitgliedsstaaten als auch Beziehungen in vertikaler Richtung zwischen diesen und den übergeordneten Gemeinschaftsbehörden geregelt werden müssen. Das Kriterium der Ergiebigkeit wird dabei eher die letztgenannten Beziehungen tangieren, da das Interesse der Gemeinschaftsorgane auf möglichst hohe Finanzausstattung zur Lösung der übergeordneten Probleme gerichtet ist, während das – hiervon nicht zu trennende – Kriterium der Gerechtigkeit auf die Position der Einzelstaaten untereinander abstellt. Der Konflikt besteht nun darin, daß das Streben nach möglichst hoher fiskalischer Ergiebigkeit der an die Gemeinschaft zu leistenden Beiträge dazu führen kann, daß relativ arme Länder bei annähernder Gleichbehandlung schlechter gestellt wären als reiche, oder anders ausgedrückt: In dem Moment, in dem die Verteilungsschlüssel der länderspezifischen Leistungsfähigkeit Rechnung tragen, wird die Summe der den Gemeinschaftsorganen zufließenden Mittel geringer, da arme Länder weniger zahlen, es sei denn, dieser Effekt würde durch Höherbelastung der reichen Mitglieder kompensiert.

Geht man davon aus, daß jedes Land bestrebt ist, seine Beiträge möglichst niedrig zu halten, dann folgt daraus vor dem Hintergrund des gegenwärtigen Integrationsstandes, daß Erhöhungen der Quoten auf erheblichen Widerstand der betroffenen Mitgliedsstaaten stoßen würden, der Finanzausgleichsschlüssel also allenfalls einen Kompromiß zwischen den beiden genannten Zielen anstreben kann. Geht man zudem noch davon aus, daß reiche Länder möglicherweise mehr und kostenintensivere Aufgaben zu erfüllen haben als arme, also ggf. auch mehr Zuweisungen »von oben« verlangen können, dann wird deutlich, daß der »horizontale Effekt des vertikalen Finanzausgleichs«[7] nicht allein durch Festlegung von unterschiedli-

7 Vgl. Schmölders, G.: Finanzpolitik, 3. Aufl., Berlin, Heidelberg, New York 1970, S. 166.

chen Beitragsschlüsseln erreicht wird; vielmehr müßte im Einzelfall die Nettoposition eines Landes geprüft werden, die sich aus dem Saldo der Beiträge und Zuweisungen ergibt, d. h. die Schlüsselproblematik stellt sich auch für die Phase der Zuteilungsquotenfixierung.

Betrachtet man zunächst den Finanzausgleich, wie er sich in der Festlegung der Quoten der an die Gemeinschaftsorgane zu leistenden Beiträge dokumentiert, stellt man fest, daß gewisse Leistungsfähigkeitsüberlegungen sich in den unterschiedlichen Quoten für einzelne Mitglieder niederschlagen. Es können jedoch auch einige Kritikpunkte am bisher üblichen System ins Feld geführt werden, die sowohl im Hinblick auf mögliche zusätzliche Belastungen der Gemeinschaftshaushalte beim Ziel einer kurz- bzw. mittelfristigen Integrationsstabilisierung als auch auf einen neu zu regelnden Finanzausgleich in einer Wirtschafts- und Währungsunion einer näheren Betrachtung wert sind.

Zunächst ist festzustellen, daß die Schlüssel durch ihre gesetzliche Fixierung ein Moment der Statik in den Finanzausgleich bringen, das die realen Verteilungseffekte, die mit dieser Festschreibung ursprünglich intendiert waren, kompensieren kann. Daneben führt eine solche statische Ausgestaltung der Schlüssel aber auch zu Verzerrungen, wenn sich die Bemessungsgrundlagen verändern. Wird beispielsweise der Schlüssel nach der Wirtschaftskraft eines Mitglieds – diese gemessen etwa am Bruttosozialprodukt – festgelegt, und verbessert sich im Zeitablauf die wirtschaftliche Situation des betreffenden Landes, dann hätte es einen relativen Vorteil dadurch, daß sich sein abzuführender Beitrag, gemessen an diesem Indikator, relativ verringert, es sei denn, dieser Effekt würde durch ein entsprechendes Anwachsen der Gemeinschaftshaushalte ausgeglichen.

Ein anderes Beispiel aus dem nationalen Bereich bildet die Wahl der Bevölkerungsgröße einzelner Gebietskörperschaften (Gemeinden, Länder) als »Hauptansatz« für die Bemessung der Leistungen bzw. Zuflüsse im Finanzausgleich. Demographische Veränderungen im Zeitablauf (z. B. Wanderungen, Geburtenratenentwicklung etc.) können dazu führen, daß die realen Verhältnisse in den Schlüsseln nicht mehr abgebildet werden, was zu der Forderung führt, diese Größe zu dynamisieren (z. B. durch laufende Anpassung an den tatsächlichen Bevölkerungsstand), um so zu einer realistischen Lastverteilung zu gelangen.

Ein weiterer Kritikpunkt richtet sich gegen die Verwendung nur eines einzigen Indikators zur Messung der Leistungsfähigkeit eines Landes, selbst wenn dieser, wie oben angedeutet, dynamisiert würde. Ein möglichst hohes Maß an Gerechtigkeit im Finanzausgleich herzustellen bedeutet, der sozioökonomischen Struktur eines Mitgliedsstaates möglichst gerecht werden zu müssen, was zur Konsequenz hätte, neben einem Hauptansatz noch mehrere »Neben- oder Ergänzungsansätze« zu berücksichtigen, wie etwa Arbeitslosenquote, Altersstruktur, Steuerkraft etc. und in einem Gesamtleistungsfähigkeitsindikator zusammenzufassen.

Diesen Maximalanspruch in die Tat umzusetzen dürfte zumindest auf absehbare Zeit an den Problemen scheitern, die sich einmal im technisch-statistischen, zum anderen im politischen Bereich finden. Immerhin hat aber die Diskussion um den Regionalfonds gezeigt, daß die Implementierung von einigen der oben skizzierten Ergänzungsansätze möglich ist. Aber auch hier gilt, daß laufende Anpassungen notwendig sind, d. h. je erfolgreicher Interventionen auf wirtschaftlichem Gebiet sind (gemessen etwa an der Entwicklung des Gesamtindikators im Zeitablauf), desto größer müßte auch die Quote werden, die von dem betreffenden Land einzuzahlen wäre.[8]

III. *Finanzausgleich und einzelne Politikbereiche*

Wie oben gezeigt, umfaßt der Finanzausgleich auch die Lösung der Aufgabenverteilung, aus der sich die Zahlungs- und Leistungsverflechtungen monetärer Art ableiten lassen. Im folgenden soll der Versuch unternommen werden, dieses Schema für einzelne Aufgaben- bzw. Politikbereiche (z. B. Agrarpolitik, Regionalpolitik etc.) durchzudiskutieren, ohne allerdings – dies sei als Einschränkung vorweggeschickt – einen »optimalen« Finanzausgleich offerieren zu wollen, da je nach zugrundegelegtem Optimalitätskriterium (z. B. maximale politische Durchsetzbarkeit, minimale Kostenbelastung der Mitglieder usw.) ein anderes System erforderlich werden würde. Sinn der folgenden Überlegungen kann es daher nur sein, bestimmte Konsequenzen aufzuzeigen, die sich aus der mehr oder weniger gemeinschaftlichen Lösung einzelner Probleme ergeben, um so möglicherweise eine Orientierungshilfe dafür zu liefern, wo das Schwergewicht der politischen Aktivitäten unter Beachtung des zugrundeliegenden Integrationsziels sein könnte.

1. *Regionalpolitik*[9]

Für das Volumen eines Finanzausgleichs zur Finanzierung gemeinschaftlicher regionalpolitischer Maßnahmen können zwei Faktoren als ausschlaggebend angesehen werden: Erstens die Aufgabenverteilung zwischen den

---

8 Eine Reduzierung der Zahlungen an dieses Land hätte den gleichen Effekt.
9 Vgl. hierzu auch Zingel, P.-W.: Grundsätzliche Fragen einer europäischen Regionalpolitik, in diesem Band.

Gemeinschaften und den einzelnen Mitgliedern, d. h. die Frage der diesbezüglichen Kompetenzverteilung und zweitens die Ausgabenintensität der zum Einsatz gelangenden Instrumente.

Bezüglich der Aufgabenverteilung gilt es zunächst festzustellen, daß die gemeinschaftliche Regionalpolitik hinsichtlich der bisherigen und zukünftigen nationalen regionalpolitischen Aktivitäten keine Substitutions-, sondern eine Komplementaritätsfunktion zu erfüllen haben wird; allerdings stellt sich gleichzeitig die Frage nach Operationalisierungsmöglichkeiten dieses globalen Zuordnungsschemas. Dabei kann davon ausgegangen werden, daß sich diese Ergänzungsfunktion der Gemeinschaften keinesfalls darauf zu beschränken haben wird, Finanzierungslücken in der Regionalpolitik der einzelnen Mitgliedsstaaten zu füllen. Vielmehr wird es notwendig sein, die unterschiedlichen nationalen Entwicklungsplanungen mit einem »Gemeinschaftsentwicklungsplan« kompatibel zu gestalten, d. h. nationale Konkurrenzen auszuschalten, um so gewissermaßen als Kuppelprodukt gemeinschaftsorientierte Strategien im einzelstaatlichen Handeln zum Tragen kommen zu lassen. Dabei sind unterschiedliche Regelungen denkbar, mit deren Hilfe ein solcher Kooperations- bzw. Koordinationszwang institutionell abgesichert werden könnte. Wie auch immer eine Rahmenkompetenz der Gemeinschaften, auf die alle diesbezüglichen Überlegungen in irgendeiner Form hinauslaufen, aussähe, so steht doch zu erwarten, daß eine hiermit verbundene Intensivierung der Koordinierungs- und Planungsfunktion dem integrationspolitischen Konsolidierungspostulat durchaus entspricht. Schließt man sich der Unterscheidung in Koordinierungs- und Planungsfunktion einerseits und Finanzierungsfunktion andererseits an,[10] so ist mit der letztgenannten Funktion die Installierung eines Finanzausgleichs direkt angesprochen. Dieser hätte im Idealfall zwei Forderungen zu erfüllen: Erstens: Er müßte vom Umfang her ausreichend sein, um die Gemeinschaften in die Lage zu versetzen, tatkräftig zum Abbau der allseits als vordringlich angesehenen regionalen Probleme im oben geschilderten Sinne beizutragen. Zweitens: Er müßte in seiner Zahlungs- und Leistungsstruktur so aufgebaut sein, daß tatsächlich eine gewisse regionale Umverteilung[11] bewirkt würde. Daß hierbei ein solch hochentwickeltes System etwa nach dem Muster der Bundesrepublik von vornherein ausscheidet, dürfte außer Frage stehen. Umso mehr Anstrengungen werden notwendig, das eigentliche Institut der

10 Vgl. DIW: Wirtschaftspolitische Prioritätsunterschiede in der EG als Hindernis für die Errichtung der Wirtschafts- und Währungsunion und Instrumente zu ihrer Überwindung, Gutachten im Auftrage der EG-Kommission, Bearb. F. Franzmeyer u. B. Seidel, Berlin 1973, S. 102 ff.
11 Vgl. Jahresgutachten 1973 des SVR, Bundestagsdrucksache 7/1973, Tz. 444.

gemeinschaftlichen Regionalpolitik, den Regionalfonds, funktionsfähig zu gestalten, wobei auch geprüft werden müßte, ob bzw. inwieweit die regional-politischen Aktivitäten der verschiedensten Gemeinschaftsinstitutionen nicht an diesen einen Fonds delegiert werden könnten. Dieser »neue« Regional-fonds wäre dann hinsichtlich seiner Mittelausstattung wesentlich besser ge-stellt, gleichzeitig könnten die einzelnen Maßnahmen infolge einheitlicher Richtlinien effizienter gestaltet werden.

Unabhängig von der qualitativen Zielkomponente, via Regionalfonds Um-verteilungseffekte zwischen reichen und armen Regionen der Gemeinschaft induzieren zu wollen, spielt das quantitative Moment eines solchermaßen problembezogenen Finanzausgleichs eine erhebliche Rolle, die aus der Wahl der in diesem Bereich einzusetzenden Instrumente resultiert. Dabei ist vor allem die sich immer mehr durchsetzende Erkenntnis ausschlaggebend, daß in Zukunft dem Ausbau der Infrastruktur eine wichtige Funktion bei der Förderung von Entwicklungsregionen zukommen wird. Somit lassen sich bezüglich des hiermit notwendig verbundenen steigenden Finanzausgleichs-volumens zwei Aspekte herausstellen: Einmal ist eine Verstärkung des In-frastrukturausbaus, möglicherweise sogar auf Kosten der sog. »Direktför-derung«, mit Mehrkosten verbunden, da Infrastrukturinvestitionen die Be-träge einer Subventionierung der Unternehmen auf direktem Wege erheb-lich übersteigen.[12] Wenn sich dabei der Infrastrukturausbau nicht mehr am Bedarfs-, sondern am Entwicklungsprinzip orientiert,[13] d. h. wenn derartige Investitionen statt in den Ballungsgebieten in verstärktem Umfang in den Entwicklungsgebieten getätigt werden sollen, dann wird dies nur bei ent-sprechender Ausdehnung des Finanzierungsvolumens möglich sein.

Schließlich kann ein zusätzlicher Bedarf an regionalpolitischen Interventio-nen und damit die Notwendigkeit einer Erweiterung des Finanzausgleichs entstehen, wenn durch eine vorzeitige Paritätenfixierung die unterentwickel-ten Regionen (Mitgliedsstaaten) benachteiligt werden.[14] Dabei ist die Frage allerdings offen, ob der Verzicht auf feste Wechselkurse aus integrations-politischer Sicht einem gemeinschaftlichen System monetärer Transfers so-zusagen zur Kompensation von »Paritätsfixierungsnachteilen« vorzuziehen ist. Zwar wären bei freien Wechselkursen die bereits mehrfach zitierten Schwierigkeiten im Zusammenhang mit dem Aushandeln der Beteiligungs-

---

12 Vgl. Zimmermann, H.: Öffentliche Ausgaben und regionale Wirtschaftsentwicklung, Veröffentlichungen der List-Gesellschaft, Band 61, Basel-Tübingen 1970, S. 280.
13 Vgl. Biehl, D.: Ursachen interregionaler Einkommensunterschiede und Ansatz-punkt für eine potentialorientierte Regionalpolitik in der Europäischen Gemein-schaft, in diesem Band.
14 Vgl. Bildungswerk Europäische Politik (Hrsg.): Gutachten zur Übergangsphase der Wirtschafts- und Währungsunion, Bonn 1973, S. 12 u. 34.

quoten dieses speziellen Finanzausgleichs nicht vorhanden; sollte es allerdings gelingen, diese Schwierigkeiten auszuräumen, dann wäre ein aus integrationspolitischer Sicht nicht zu unterschätzendes Identifikationsobjekt gemeinschaftlicher Solidarität installiert, das auszubauen möglicherweise leichter fällt als die Wiederbelebung eines im ersten Falle »eingefrorenen« Integrationsbewußtseins.

Was nun den zur Finanzierung der gemeinschaftlichen Regionalpolitik erforderlichen Finanzausgleich auf der Einnahmeseite, d. h. die Frage der Mittelaufbringung, angeht, so steht zunächst zu erwarten, daß durch die zukünftige Ausstattung der Gemeinschaften mit eigenen Einnahmen eine größere Unabhängigkeit von den Mitgliedern und damit eine erhöhte Bewegungsfreiheit verbunden sein wird. Daneben passen aber auch andere Überlegungen, sei es auf dem Gebiet der Aktivierung privatwirtschaftlicher Aktivitäten, sei es vor allem aber auch auf steuerlichem Gebiet, in das skizzierte Konsolidierungskonzept, da – wie bereits dargelegt – Aktivitäten im Bereich »Harmonisierung« wegen ihrer relativ niedrigen Kostenintensität leichter einzuleiten bzw. fortzusetzen sein dürften als ausgabenträchtige Vorhaben.

Unabhängig von einer regionalpolitisch sinnvollen Differenzierung bei Bemessungsgrundlagen und/oder Tarifen im Rahmen neu zu installierender Steuern, wie etwa einer europäischen Bodenwertzuwachssteuer, könnte bereits bei der projektierten Mehrwertsteuerharmonisierung bzw. bei deren Einbezug in den gemeinschaftlichen Steuerverbund ein ähnlicher Effekt durch eine regionale Differenzierung des Tarifs zugunsten der Entwicklungsregionen angestrebt werden. Neben den primär auf den Faktor Kapital abgestellten steuerlichen Maßnahmen würde damit zusätzlich auch ein Anreiz für Arbeitskräfte geschaffen, da diese Regionen dann z. B. einen relativen »Einkaufsvorteil« böten, was aus mobilitätspolitischer Sicht wünschenswert sein könnte.

Alternativ oder zusätzlich könnten Teile des regionalen Steueraufkommens der Mehrwertsteuer dieser Gebiete etwa für den Regionalfonds zweckgebunden werden, was durchaus in Gegensatz zu dem heute vorherrschenden Nonaffektationsprinzip stünde, angesichts der Notwendigkeit der für die regionalpolitischen Gemeinschaftsaktivitäten ausreichenden Mittelbeschaffung als Übergangslösung jedoch zu diskutieren wäre.

2. Agrarpolitik

Bildet die gemeinschaftliche Regionalpolitik einen Bereich, der, sollte sein bislang mehr in politischen Deklamationen beschworener hoher Stellenwert in Zukunft tatsächlich in gemeinschaftlich zu erstellenden und zu finanzierenden Programmen seine konkrete Ausprägung finden, auf absehbare Zeit zu erheblichen Ausgabebelastungen erst noch führen wird, so unterscheidet sie sich insofern von der Agrarpolitik, als diese bereits heute als Hauptkostenfaktor der Gemeinschaften ca. 80% der Ausgaben der EG-Haushalte ausmacht. Selbst wenn man unterstellt, daß im relativen Vergleich der Gesamtausgaben in diesem Sektor die Marktstützungsausgaben zurückgingen,[15] so kann doch nicht übersehen werden, daß insgesamt gesehen das Volumen des Agrarfonds laufend gestiegen ist. Dabei gibt nicht nur das quantitative Argument, daß hier ein Finanzausgleich von erheblichen Ausmaßen installiert worden ist, Anlaß, diesen euphemistisch so bezeichneten »Jahrhundertwurf«[16] auf seine Allokationseffizienz hin zu untersuchen, sondern es stellt sich auch die Frage nach den ›benefits‹ dieses Mechanismus, d. h. die Frage nach dem intendierten Zielerreichungsgrad und möglichen Verbesserungsvorschlägen.[17]

Zunächst gilt es festzustellen, daß trotz – oder möglicherweise gerade wegen – der hohen zur Durchführung einer gemeinsamen Markt- und Preispolitik aufgewendeten Fondsmittel die integrativen Impulse der Agrarpolitik auf die Gesamtentwicklung der Gemeinschaft ausgeblieben sind. Nationalstaatlicher Protektionismus, wie er sich z. B. im Grenzausgleich niedergeschlagen hat, führte dazu, daß der EWG-Agrarmarkt de facto beinahe wieder aus so vielen nationalen Teilmärkten besteht, wie die Gemeinschaft Mitglieder hat.[18] Wenn man der These zustimmt, daß die Aufgabe des gemeinsamen Preisniveaus einer aus strukturellen Unterschieden der Mitglieder resultierenden Notwendigkeit entspricht,[19] und daß die bisherigen agrarpolitischen Aktivitäten insofern zusätzlich noch einen regressiven Effekt aufweisen, als sie den an sich schon von Natur aus benachteiligten peripheren Regionen keine wesentlichen agrarstrukturellen Verbesserungen zu bringen vermochten, so erscheinen die Forderungen, die Agrarstrukturpoli-

---

15 Vgl. Kommission der EG: Die Lage der Landwirtschaft in der EWG, Bericht 1972, Kom (72) 900 endg., Brüssel 1972, S. 113.

16 So Bundeskanzler Schmidt in einer Rede, die er als Bundesfinanzminister am 9. 11. 1973 vor dem Institut für das Studium der internationalen Politik in Mailand hielt. Erschienen als Anhang zu den »Finanznachrichten«, 14/73, vom 28. 9. 1973, S. 4.

17 Als neueren Vorschlag vgl. z. B. Institut für Weltwirtschaft an der Universität Kiel (Hrsg.): Economic Policy for the European Community. The Way Forward, unveröffentlichtes Manuskript, Kapitel 4.

18 Vgl. Rodemer, H.: Wechselkursänderungen und EWG-Agrarmarkt – Die Kontroverse um den Grenzausgleich, Kieler Diskussionsbeiträge Nr. 33, Kiel 1974, S. 8.

19 Vgl. v. Urff, W.: Regionale Auswirkungen der gemeinsamen Agrarpolitik, in diesem Band.

tik auf Kosten der Markt- und Preispolitik zu intensivieren, nur allzu berechtigt.

Implikationen für den Finanzausgleich ergeben sich dabei sowohl aus der relativen Gewichtung dieser zwei Agrarpolitiken als auch aus der Wahl des jeweils anzuwendenden Instrumentariums. Ohne die spezifisch agrarpolitischen Lösungsvorschläge zur Neugestaltung des Agrarmarkts an dieser Stelle weiterführen zu wollen, kann vermutet werden, daß sich zunächst das Finanzausgleichsvolumen bei einer zur Diskussion stehenden Senkung des Interventionspreisniveaus nicht verringern müßte, selbst wenn es damit gelingen würde, die einkommenspolitische Funktion aus den Erzeugerpreisen herauszulösen. Eine Reduzierung wäre nur dann zu erwarten, wenn die den Landwirten entstehenden Erlöseinbußen nicht via Agrarfonds kompensiert würden, sondern Einkommenstransfers im nationalen Rahmen geleistet würden. Für eine derartige partielle Renationalisierung der Einkommenspolitik für die Landwirte spräche dabei, daß die höchsten Einkommensbeihilfen in den Ländern anfielen, die aufgrund ihrer Wirtschaftskraft diese am leichtesten aufbringen könnten.[20] Dagegen spräche allerdings, daß bei exzessivem Einsatz dieses Instruments in den wirtschaftlich leistungsstarken Ländern der notwendige Anpassungsdruck völlig von den Landwirten ferngehalten würde, während die leistungsschwachen Länder sehr bald an den Grenzen einer solchen Politik angelangt wären,[21] so daß nach wie vor ein Finanzausgleich zur Alimentierung dieser Vorgehensweise nötig wäre. Welcher Lösung man sich auch anschließt, in jedem Falle wäre darauf zu achten, daß in einem Abbauplan die stufenweise Zurücknahme dieser Transfers fixiert würde; des weiteren wären die Zahlungen produktionsneutral auszugestalten (d. h. als Verteilungsschlüssel käme ausschließlich der Umfang der LN in Frage), damit gleichzeitig ein Umverteilungseffekt zugunsten der Landwirte in den schwachen Regionen erreicht würde.[22] Freilich gilt es zu bedenken, daß die mit einem derartigen System begrenzter gemeinsamer Gleichgewichtspreise und nationaler Einkommensbeihilfen cete-

20 Vgl. Priebe, H.: Landwirtschaftspolitik, in: von der Groeben, H., Mestmäcker, E.-J. (Hrsg.): Ziele und Methoden der europäischen Integration, Frankfurt/M. 1972, S. 166.
21 Vgl. v. Urff, W.: Regionale Auswirkungen, a.a.O. Freilich muß hier die Gefahr gesehen werden, daß der auch in diesen Ländern notwendige Anpassungsdruck neutralisiert wird, wenn die an sie fließenden Finanzausgleichszahlungen den Charakter von »Rückversicherungsbeiträgen« ohne zeitliche Limitierung annehmen. Vgl. hierzu Institut »Finanzen und Steuern«: Die Agrarfinanzierung in der EWG – Eine Zusatzbelastung für den Bundeshaushalt, Brief Nr. 80, Bonn 1966, S. 20.
22 Durch eine (zusätzliche) Berücksichtigung regionalspezifischer Daten bei der Berechnung der Beihilfen könnte dieser Effekt ebenfalls erreicht bzw. verstärkt werden. Vgl. hierzu v. Urff, W.: a.a.O.

ris paribus verbundene Verkleinerung des Agrarfondsvolumens[23] (d. h. der Finanzausgleichsbelastung der bisherigen Zahlerländer) ohne wirkungsvolle strukturpolitische Absicherung keine langfristig tragfähige Lösung darstellt. Was nun die Kosten einer im obigen Sinne neugeordneten Agrarpolitik anbelangt, so gilt zunächst die allgemeine Feststellung, daß diese schwer abzuschätzen sind.[24] Selbst wenn es gelingen würde, den faktisch einer unbegrenzten Nachschußpflicht unterliegenden Bedarf der Abteilung Garantie zu kürzen, so wäre dies – wie dargelegt – doch nur unter verstärkter Belastung der Abteilung Ausrichtung möglich, deren jährlicher Plafonds von z. Zt. 285 Mio. RE ausgeweitet werden müßte. Auch wenn sich damit keine Verringerung des Gesamtvolumens des Agrarfonds ergäbe,[25] so wäre doch zu erwarten, daß Zahlungswiderstände der Länder (z. B. BRD) abgebaut werden könnten, die bislang die Hauptlast der Stützung des gemeinschaftlichen Preisniveaus trugen, da jetzt die Mittel »produktiv«, d. h. zur Förderung des wirtschaftlichen Wachstums in den ländlichen Gebieten eingesetzt würden. Allerdings ist dieser Umstrukturierungseffekt nur dann derart positiv, wenn die Senkung des Agrarpreisniveaus nicht drastisch, sondern schrittweise durchgeführt wird, da sonst allein das Volumen der notwendigen Kompensationszahlungen an die betroffenen Landwirte die bislang erforderlichen Summen zur Stützung des Agrarpreisniveaus übersteigen könnte.[26] Eine gewisse Flankierung bietet hier der Sozialfonds, dessen Mittel durch Beschluß des Ministerrates vom 1. 2. 1971 als ab 1. 5. 1972 für Maßnahmen auf dem Gebiet der Regionalpolitik einsetzbar gemacht wurden, dessen Volumen von gut 1 Milliarde DM aber nur bei etappenweiser Senkung des Interventionspreisniveaus zur Erreichung des gewünschten Effekts wird beitragen können.

3. *Umweltschutz*

Wenn auch die Notwendigkeit internationaler Zusammenarbeit gerade im Bereich des Umweltschutzes von niemandem mehr bestritten wird,[27] so ist

---

23 Vgl. Priebe, H.: Landwirtschaftspolitik, a.a.O., S. 167. Eine gemeinschaftliche Finanzierung dieser Transfers würde dies allerdings ausschließen.
24 Vgl. Institut für Weltwirtschaft (Hrsg.): Economic Policy . . ., a.a.O., S. 4–21.
25 Anderer Meinung Priebe, H.: Landwirtschaftspolitik, a.a.O., S. 16 f.
26 Vgl. hierzu Wissenschaftlicher Beirat beim Bundesministerium für Ernährung, Landwirtschaft und Forsten: Zur Reform der Agrarpolitik der EWG, Angewandte Wissenschaft, H. 166, Hiltrup b. Münster (Westf.) 1973; desgl. Buchholz, H. E.: Begrenzter Reformspielraum, in: Wirtschaftsdienst, 53. Jg. (1973) 11, S. 573 ff.
27 Vgl. Rat von Sachverständigen für Umweltfragen: Umweltgutachten 1974, Wiesbaden 1974, Tz. 706.

doch festzustellen, daß dieser Aufgabenbereich von der Gemeinschaft reichlich vernachlässigt worden ist;[28] erst seit etwa zwei bis drei Jahren werden Bemühungen sichtbar, dieses »Politikversagen« auf Gemeinschaftsebene zu korrigieren. Dies ist sicherlich auch darauf zurückzuführen, daß die allgemeine Diskussion in diesem Bereich erst seit relativ kurzer Zeit eine Intensivierung erfahren hat, wie es vergleichsweise – allerdings früher – bei der Regionalpolitik der Fall war. Bezogen auf die hier interessierende Fragestellung, welche Integrationsimpulse von einer gemeinschaftlichen Behandlung des Umweltproblems zu erwarten sind, könnte allzu leicht Optimismus aufkommen: Zum einen scheint es sich hier prima vista um einen Paradefall für ein gemeinsam zu lösendes Problem zu handeln,[29] zum anderen liegt hier ein Betätigungsfeld vor, das – im Gegensatz etwa zur Regional- und Agrarpolitik – zunächst wenig ausgabenintensiv erscheint, da in erster Linie Richtlinien und Normen zu entwickeln sind, d. h. ein möglicher Zusatzbedarf, der im Finanzausgleich aufzubringen wäre, könnte gering gehalten werden, da lediglich die administrativen Voraussetzungen geschaffen werden müßten.

Indessen scheint angesichts der Realität eher Pessimismus angebracht zu sein. Eine Ursache dürfte dabei sicherlich darin zu suchen sein, daß ein unterschiedliches Umweltbewußtsein in den einzelnen Mitgliedsländern obstruierend für die Entwicklung von »Maximalnormen« wirkt, die einen größtmöglichen Umweltschutz anstreben. Gleichfalls negativ wirkt sich aus, daß Umweltverschmutzung in aller Regel mit externen Effekten verbunden ist, die zu einem suboptimalen Angebot[30] auch des Gutes »Umweltschutz« führen, wofür als Beispiele einmal die Versuche zur Rheinsauberhaltung[31] und die Schwierigkeiten, die Luftverschmutzung im Industriegebiet Nordlothringen-Saarland-Luxemburg[32] einzudämmen, angesehen werden können.

---

28 Vgl. Institut für Weltwirtschaft (Hrsg.): Economic Policy . . ., a.a.O., S. 6–2.
29 Vgl. Frey, R. L.: Infrastruktur. Grundlagen der Planung öffentlicher Investitionen, 2. erg. Aufl., Tübingen-Zürich 1972, S. 100.
30 Diese These ist insbesondere von Weisbrod – allerdings bezogen auf das Beispiel Erziehungseinrichtungen – vertreten worden. Vgl. Weisbrod, B. A.: Geographic Spillover Effects and the Allocation of Resources to Education, in: Margolis, J. (Hrsg.): The Public Economy of Urban Communities, Washington D.C. 1965; desgl.: Extern Benefits of Public Education. An Economic Analysis, Princeton 1964.
31 Vgl. Bungarten, H. H.: Umweltpolitische Aspekte einer europäischen Integration, in diesem Band.
32 Vgl. Barrey, K.: Ein Wirtschaftsraum Saar-Lothringen-Luxemburg?, in: FAZ, Nr. 236 vom 10. 10. 1973, S. 8.

Daneben ist aus integrationspolitischer Sicht zu befürchten, daß es sich bei der Aufgabe Umweltschutz keineswegs um eine wenig zusätzliche Kosten verursachende Angelegenheit handelt. Schätzungen, die für die BRD angestellt wurden, veranschlagen Kosten für den Umweltschutz von 1971 bis 1975 in der Dimension von 36 Mrd. DM, von denen der größte Teil von der öffentlichen Hand zu decken ist.[33] Berechnungen der OECD gehen sogar dahin, daß in den westlichen Industrienationen 2% des BSP lediglich ausreichen, eine weitere Verschlechterung der Situation zu verhindern, und daß eine wirkungsvolle Sanierung 3% des BSP erforderlich mache.[34] Damit wird deutlich, daß eine Internationalisierung des Umweltschutzes, selbst wenn sie nur teilweise erfolgte, die Gemeinschaften finanziell erheblich belasten würde, was wiederum zu einer Ausweitung des Volumens des Finanzausgleichs führen muß.

Dabei ist nicht nur daran zu denken, daß die Durchführung gemeinschaftlicher Investitionen oder Forschungsprogramme finanziert werden müßte, sondern es ist – ähnlich wie im Fall der Regionalpolitik – auch ein Kompensationsbedarf zu erwarten, der an solche Mitglieder zu leisten wäre, deren Wirtschaft aufgrund gemeinschaftlicher Umweltschutznormen besonders hart getroffen würde, wenn sie relativ mehr Wettbewerbsnachteile infolge steigender Kosten in Kauf nehmen müßte als die anderer Mitglieder. Gerade diese zuletzt angestellte Überlegung und auch die Tatsache, daß in den einzelnen EG-Ländern durchaus ein verschieden weit entwickeltes Umweltbewußtsein vorausgesetzt werden kann, legen es nahe, umweltpolitische Aktivitäten auf Gemeinschaftsebene differenziert zu konzipieren; dies freilich setzt voraus, daß die Gemeinschaften tatsächlich auch mit Kompetenzen ausgestattet wären, die die Regelung von Grundsatzfragen betreffen.[35] Unterstellt man einmal, daß in hochindustrialisierten Ländern (Regionen) das Umweltbewußtsein der Bevölkerung und auch der politischen Entscheidungsträger relativ höher ist als in unterentwickelten Gebieten, dann bietet sich hier sowohl ein Ansatzpunkt dafür, den »umweltbezogenen« Finanzausgleich volumenmäßig einzuschränken als auch eine Möglichkeit, dem anerkannten Abhängigkeitsverhältnis zwischen Regional- und Umweltpolitik[36] Rechnung zu tragen.

33 Noch höhere Summen ergeben sich, wenn zu diesen Kosten für neue Umweltschutzeinrichtungen die Betriebskosten für bestehende Einrichtungen und die Forschungskosten hinzugerechnet werden. Vgl. Ackermann, K., Geschka, H. und Karsten, D.: Gutachten zur Gesamtbelastung der Volkswirtschaft durch das Umweltprogramm der Bundesregierung, Frankfurt/M. 1971.
34 Vgl. Werner, J.: Umweltschutz in ökonomischer Sicht, in: WIST, 1. Jg. (1972), S. 64.
35 Vgl. Bungarten, H. H.: Umweltpolitische Aspekte . . ., a.a.O.
36 Vgl. Institut für Weltwirtschaft (Hrsg.): Economic Policy . . ., a.a.O., S. 5–6.

Indem nämlich den Entwicklungsregionen niedrigere Umweltqualitätsnormen zugebilligt würden als z. B. den Ballungsgebieten, würde einmal der Gefahr begegnet, daß entweder Maximalnormen von den noch am wenigsten betroffenen oder Minimalnormen von den am meisten betroffenen Mitgliedern abgelehnt würden, d. h. der gemeinschaftliche Umweltschutz würde tatsächlich zur »Triebkraft in Richtung auf die europäische Integration«[37] und nicht zum Stolperstein des Integrationsprozesses infolge verfrühter und damit verfehlter Globalmaßnahmen. Gleichzeitig würde diese sich am unterschiedlichen Umweltbewußtsein orientierende Vorgehensweise den Entwicklungsregionen einen Attraktivitätsfaktor schaffen, da hier zwar tendenziell umweltfeindlichere, dafür aber kostengünstigere Produktionsformen möglich wären. Ein aus regionalpolitischer Sicht notwendiger Finanzausgleich für diese Regionen wäre damit sozusagen auf eine nicht-monetäre Ebene transponiert, indem statt in Form monetärer Transfers in Form niedrigerer Umweltnormen »Zahlungen« geleistet würden.

Diese pragmatische Sichtweise steht damit in einem gewissen Gegensatz zu den im »Aktionsprogramm der Europäischen Gemeinschaften für den Umweltschutz« formulierten Grundsätzen, in denen u. a. die »Verhütung, Verringerung und möglichst Beseitigung der Umweltbelastungen«[38] gefordert wird. Allerdings steht zu befürchten, daß – ähnlich wie in der Regionalpolitik eine zum jetzigen Zeitpunkt als verfehlt anzusehende Paritätenfixierung – eine sich an generell hoher Umweltqualität in allen Ländern bzw. Regionen der Gemeinschaften orientierende Umweltpolitik ebenfalls verfrüht ist. Allein die bewußte Inkaufnahme unterschiedlicher Relevanzschwellen des Umweltproblems scheint dazu angetan, die finanziellen Belastungen für die Gemeinschaften und damit den Finanzausgleich nicht noch weiter anschwellen zu lassen und damit gleichzeitig die weitere Integration zu fördern.

4. Ausländische Arbeitskräfte

Angesichts der Vielfalt der Probleme, die mit dem massiven Zustrom ausländischer Arbeitskräfte sowohl aus unterentwickelten Regionen der Gemeinschaft als auch aus Drittländern in die Kerngebiete der Gemeinschaft verbunden sind,[39] stellt sich die aus der Sicht des Finanzausgleichs relevante

---

37 Rat von Sachverständigen für Umweltfragen: Umweltgutachten 1974, a.a.O., Tz. 719.
38 Zitiert nach ebenda, Tz. 716.
39 Vgl. etwa Mihailovic, K.: The European Economic Community and Labour Migration, Paper presented at the Fourth World Congress of the International Economic Association, Budapest 19.–24. August 1974, Budapest 1974.

Frage, wie die mit diesem Wanderungsprozeß verbundenen individuellen und gesamtwirtschaftlichen Belastungen möglichst gerecht verteilt werden können.[40] Wenn man davon ausgeht, daß auch der bisher erreichte Integrationsstand die geographische Mobilität aller Faktoren, besonders die der Arbeitskräfte, aktiviert hat, dann folgt daraus, daß mit dem Wanderungsvorgang auch Kosten- und Ertragstransfers verbunden sind, die einen horizontalen Ausgleich erfordern. So profitieren Zuwanderungsregionen (-länder) zunächst von einem erhöhten Arbeitskräfteangebot, während in den Abwanderungsregionen soziale Erosionserscheinungen auftreten. Unabhängig von dem Problem, daß in den Zuwanderungsregionen eine erhöhte Kostenbelastung, etwa infolge des steigenden Infrastrukturbedarfs, die Folge sein kann, wird man die Forderung aufstellen können, daß die so begünstigten Zuwanderungsregionen an die von der Abwanderung betroffenen irgendeinen Ausgleich zu leisten haben, eine Forderung, die sich im nationalen Bereich (in der BRD) sogar auf der Basis der rechnerisch ermittelten Vorteile aus einer hohen Gastarbeiterquote in analoger Konsequenz für den horizontalen kommunalen Finanzausgleich begründen läßt.[41]

Da die Zuwanderungsländer von sich aus kaum bereit sein dürften, solche Ausgleichszahlungen zu leisten, wäre es erforderlich, eine supranationale Instanz einzuschalten, die entweder selbst eine Inkasso- und Verteilungsfunktion ausüben könnte oder die die erforderlichen Vollmachten besäße, die Zuwanderungsländer zu direkten monetären Transfers an die Abwanderungsländer zu verpflichten. Freilich dürfte eine solche Konstruktion unter den gegenwärtigen Bedingungen als unrealistisch gelten, so daß nach anderen Lösungen[42] Ausschau zu halten ist. Dabei sind zwei Aspekte zu berücksichtigen: Einmal die Verbesserung der Situation der Gastarbeiter in den Zuwanderungsländern, zum anderen der Interessenausgleich auf nationaler Ebene, d. h. die Beseitigung bzw. Vermeidung gesamtwirtschaftlicher Nachteile.

Was den erstgenannten Aspekt anbelangt, so wäre daran zu denken, gemeinschaftlich zu erarbeitende Grundsätze zur sozio-ökonomischen Situation der Gastarbeiter in den Zielländern als Basis für ein System von Auflagen für Unternehmen heranzuziehen, die Gastarbeiter beschäftigen wollen (z. B. Verpflichtungen zum Bau von Wohnheimen, zu ärztlicher Versor-

---

40 Vgl. Höpfner, K.: Transnationale Arbeitskräftewanderungen im Prozeß der europäischen Integration, in diesem Band.
41 Vgl. Höpfner, K., Rahmann, B., Rürup, B.: Ausländische Arbeitnehmer. Gesamtwirtschaftliche Probleme und Steuerungsmöglichkeiten (Hrsg.: Gesellschaft für regionale Strukturentwicklung, Bonn), Bonn 1973, S. 42 ff.
42 Vgl. hierzu ebenda S. 89 f.

gung usw.). Dabei wäre es auch möglich, diese Infrastruktureinrichtungen öffentlich bereitzustellen und sie z. B. mittels einer Gastarbeiterabgabe zu finanzieren; allerdings taucht bei dieser Alternative das Problem auf, daß diese Steuer möglicherweise nicht ergiebig genug ist, daß unterschiedliche Überwälzungschancen im Unternehmensbereich bestehen und daß – sollte es sich um eine Gemeinschaftsteuer mit zentraler Ertragshoheit handeln – die ganzen bereits genannten Schwierigkeiten der Installierung eines befriedigenden Finanzausgleichs auch hier auftauchen. Wenn auch die erste Variante einer Gastarbeiterpolitik via Verordnungen einen, ordnungspolitisch gesehen, massiven Eingriff in die einzelwirtschaftliche Autonomie darstellt, so scheint sie doch insofern integrationspolitisch erfolgversprechender, als sie ohne zusätzliche Belastungen des Gemeinschaftshaushalts durchführbar ist. Unter diesem Maßnahmekomplex wäre dann auch an eine Koordinierung der Systeme der sozialen Sicherheit[43] zu denken, da sie ebenfalls als wenig kostenintensive[44] Harmonisierungsaufgabe anzusehen ist.

Ebenfalls als Politik auf dem Verordnungswege, wenn auch eher gesamtwirtschaftlich ansetzend, ist eine mengenmäßige Regulierung der Wanderungsströme zu bezeichnen. Unabhängig von den rechtlichen Komplikationen einer solchen Freizügigkeitsbeschränkung[45] bietet sich hierin ein Instrument, das variabel[46] und wirkungsvoll eingesetzt werden kann. Freilich liegen die Vorteile einseitig verteilt bei den Zuwanderungsländern, da diese in den Genuß eines mengenmäßig variierbaren Arbeitsangebots kommen, während sich in den Abwanderungsländern bzw. -regionen eine zurückgestaute Arbeitslosigkeit erhöhten Umfangs breitmacht, und dies mit allen damit verbundenen sozialen und wirtschaftlichen Nachteilen.

Als nachhaltig wirksame Ursachenbekämpfung kann daher nur eine aktive Sanierung der von Abwanderung bedrohten »Resträume« der Gemeinschaft gelten, so daß aus der Sicht des Finanzausgleichs eine solche Strategie in die bereits diskutierten Maßnahmen etwa der Regionalpolitik mündet. Da-

---

43 Vgl. in diesem Zusammenhang die These Andels, daß eine weitreichende Harmonisierung der Sozialpolitik für die Funktionsfähigkeit eines gemeinsamen Marktes nicht notwendig ist: Andel, N.: Problems of Harmonization of Social Security Policies in a Common Market, in: Shoup, C.S. (Hrsg.): Fiscal Harmonization in Common Markets, Vol. I: Theory, New York-London 1967, S. 382.
44 Dies bezieht sich zunächst nur auf den Gemeinschaftshaushalt. Es kann jedoch durchaus ein umfangreicher Finanzausgleich zwischen einzelnen Mitgliedsländern notwendig werden, wenn Rentenansprüche rückgewanderter Arbeitskräfte vom früheren Gastland zu befriedigen sind.
45 Dies gilt allerdings nicht für Zuwanderungswillige aus Drittländern.
46 Vgl. hierzu Höpfner, K., Rahmann, B., Rürup, B.: Ausländische Arbeitnehmer, a.a.O., S. 80 ff. u. 89 f.

bei bieten sich als kostenintensive Möglichkeit einmal der Infrastrukturausbau und zum anderen die direkte Subventionierung ansiedlungswilliger, und damit arbeitsplatzimportierender Unternehmen an. Will man den Finanzbedarf einer derartigen Sanierungspolitik niedrig halten, hat dies zur Konsequenz, stärkere ordnungspolitische Eingriffe vornehmen zu müssen, etwa in Form von Ansiedlungsreglementierungen in den Ballungsregionen oder Ausnahmegenehmigungen (z. B. im Bereich Umweltschutz) in den Entwicklungsregionen.

Welche Vorgehensweise langfristig gesehen den geringsten finanziellen Aufwand erfordert, ist allerdings offen;[47] kurzfristig ist aber – nicht nur im Fall der Gastarbeiter – einer stärker auf Verordnungen ausgerichteten Politik der Vorzug zu geben, da der Finanzausgleich unmittelbar weniger hiervon betroffen wird als im Falle ausgabenintensiver Maßnahmen.

47 Unter anderem z. B. deswegen, weil der mit der Aktivsanierung der Entwicklungsregionen verbundene Rückgang des Gastarbeiterzustroms in den Zuwanderungsländern durch eine Aktivierung einheimischer Arbeitskraftreserven kompensiert werden müßte, was etwa im Falle der Freisetzung von Arbeitskräften aus der Landwirtschaft zu einem erhöhten Volumen an Sozialtransfers führen könnte.

Verzeichnis der Mitglieder
der 2. Bielefelder Arbeitsgemeinschaft

Zeichenerklärung:

L	=	*Leitung der Arbeitsgemeinschaft*
LFAG	=	*Leiter der Facharbeitsgruppe*
MP	=	*Mitglied des Plenums*
ML	=	*Mitglied des Lenkungsausschusses*
MFAG	=	*Mitglied der FAG ...*
MR	=	*Mitglied des Redaktionsausschusses*

Prof. Dr. Norbert Andel
Universität Gießen
MP, ML, LFAG Steuerharmonisierung

Dr. Peter Behrens
Max Planck-Institut für ausl. u. intern.
Privatrecht, Hamburg
MP, MFAG Transnat. Koop.

Dr. Dieter Biehl
Institut für Weltwirtschaft, Kiel
MP, ML, MFAG Vert. der wirtschaftl.
Kräfte im Raum

Prof. Dr. Hans-Eberhard Buchholz
Institut für landwirtschaftl. Marktfor-
schung der Forschungsanstalt für Land-
wirtschaft, Braunschweig
MFAG Landwirtschaft

Harald Bungarten
Forschungsinstitut der Deutschen Gesell-
schaft für auswärtige Politik, Bonn
MP, MFAG Vert. der wirtschaftl. Kräfte
im Raum

Dr. Manfred Caspari
Kommission der EG, Brüssel
MP

Dr. Wolfgang Cezanne
Westdeutsche Landesbank Girozentrale,
Düsseldorf
MP, ML, MR, Wiss. Sekretär, MFAG
Wi-Währ. Politik

Dr. Hans Ficker	*Kommission der EG, Brüssel* *MFAG Transnat. Koop.*
Prof. Dr. Jochen Frowein	*Universität Bielefeld* *MP*
Dr. Leonhard Gleske	*Direktorium der Deutschen Bundesbank,* *Frankfurt* *MP, ML, MFAG Wi-Währ. Politik*
Prof. Dr. Eberhard Grabitz	*Universität Berlin* *MP*
Prof. Dr. Günther Grasmann	*Universität Würzburg* *MFAG Steuerharmonisierung*
Dr. h. c. Hans von der Groeben	*Rheinbach/Bonn* *L, MP, ML, MR*
Dr. Jochen Grünhage	*Bundesministerium für Wirtschaft, Bonn* *MFAG Landwirtschaft*
Dr. Klaus Haager	*Telefonbau & Normalzeit, Frankf.* *MP, ML, Sekretär*
Dr. Erwin Häckel	*Universität Konstanz* *MP*
Dr. Günther Harkort	*Staatssekretär a. D., Bonn-Bad Godes-* *berg, Mecklenburger Straße 3* *MP*
Dr. Hans-Joachim Herrmann	*Max Planck-Institut für ausl. u. intern.* *Privatrecht, Hamburg* *MFAG Transnat. Koop.*
Manfred Holthus	*HWWA-Institut für Wirtschaftsfor-* *schung, Hamburg* *MP, MFAG Transnat. Koop.*
Prof. Dr. Norbert Horn	*Universität Bielefeld* *MP*

Dr. Klaus Höpfner	*Universität Tübingen* *MP, MFAG Vert. der wirtschaftl. Kräfte* *im Raum*
Prof. Dr. Rudolf Hrbek	*Universität Tübingen* *MP, ML, MR*
Prof. Dr. Ulrich Immenga	*Universität Göttingen* *MP, ML, LFAG Transnat. Koop.*
Prof. Dr. Hans-Peter Ipsen	*Universität Hamburg* *MP*
Prof. Dr. Joseph H. Kaiser	*Universität Freiburg* *MP, ML*
Prof. Dr. Eckart Koch	*Techn. Universität Braunschweig* *MP, MFAG Transnat. Koop.*
Günther Köpke	*Europäischer Metall-Gewerkschaftsbund,* *Brüssel* *MFAG Transnat. Koop.*
Dr. Günther Krauss	*Generaldirektor e. h. bei der Kommis-* *sion der EG, Brüssel, Avenue Joseph* *Baeck 76* *MP, ML, LFAG Verkehr*
Dr. Friedrich von Krosigk	*University of Lancaster, England* *MFAG Transnat. Koop.*
Dr. Manfred Leve	*Bundesanstalt für Arbeit, Nürnberg* *MFAG Vert. der wirtschaftl. Kräfte im* *Raum*
Prof. Dr. Roland Lindner	*Europäisches Institut für Transurane,* *Karlsruhe* *MP, ML, LFAG Forschung, Bildung* *und Ausbildung*
Prof. Dr. Walter Lipgens	*Universität Saarbrücken* *MP, ML*
Dr. Otto Matzke	*Rom (ehem. FAO)* *MFAG Landwirtschaft*

Prof. Dr. Hans Michaelis	Generaldirektor a. D. bei der Kommission der EG, Brüssel, Square du Solbosch 30 MP, ML, LFAG Energiepolitik
Dr. Bernhard Molitor	Bundesministerium für Wirtschaft, Bonn MP, MFAG Wi-Währ. Politik
Prof. Dr. Hans Möller	Universität München L, MP, ML, MR, LFAG Wi-Währ. Pol.
Prof. Dr. Wernhard Möschel	Universität Tübingen MP, ML, MFAG Wi-Währ. Politik
Dr. Albrecht Mulfinger	Kommission der EG, Brüssel MFAG Transnat. Koop.
Dr. Klaus Otto Nass	Kommission der EG, Brüssel MP, ML, MFAG Landwirtschaft
Dr. Hans-Peter Naumann	Universität Frankfurt MFAG Landwirtschaft
Prof. Dr. Ehrenfried Pausenberger	Universität Gießen MFAG Transnat. Koop.
Dr. Hans Popp	Eidgen. Volkswirtschaftsdepartement, Bern MFAG Landwirtschaft
Prof. Dr. Hermann Priebe	Universität Frankfurt MP, ML, LFAG Landwirtschaft
Dr. Kurt Reding	Universität Marburg MP, MFAG Vert. der wirtschaftl. Kräfte im Raum
Dr. Hannes Rehm	Westdeutsche Landesbank Girozentrale, Düsseldorf MFAG Steuerharmonisierung
Dr. Götz Roth	Stiftung Wissenschaft u. Politik, Ebenhausen/Isar MP

Prof. Dr. Christoph Sasse

Universität Hamburg
MP

Dr. Hans-Eckart Scharrer

HWWA-Institut f. Wirtschaftsforschung,
Hamburg
MP, ML, MFAG Wi-Währ. Politik
u. Transnat. Koop.

Prof. Dr. Heinrich Schneider

Universität Wien
MP, ML, MR

Klaus Schneider

Kommission der EG, Brüssel
MFAG Steuerharmonisierung

Dr. Helmut Scholz

Bundesministerium für Ernährung,
Landw. u. Forsten, Bonn
MP, MFAG Landwirtschaft

Eric Steen Sorensen

Kommission der EG, Brüssel
MFAG Wi-Währ. Politik

Dr. Hans-W. Stinshoff

Bundesministerium für Ernährung,
Landw. u. Forsten, Bonn
MFAG Landwirtschaft

Dr. Rudolf Stöhr

A. C. Toepfer, Hamburg
MFAG Landwirtschaft

Prof. Dr. Wolfgang Stützel

Universität Saarbrücken
MP, MFAG Wi-Währ. Politik

Prof. Dr. Pieter VerLoren
van Themaat

Universität Utrecht
MP, ML

Elke Thiel

Stiftung Wissenschaft und Politik,
Ebenhausen/Isar
MP

Prof. Dr. Winfried von Urff

Universität Heidelberg
MP, MFAG Landwirtschaft und Vert. d.
wirtschaftl. Kräfte im Raum

Dr. Norbert Walter

Institut für Weltwirtschaft, Kiel
MFAG Wi-Währ. Politik

Dr. Wolfgang Wessels

Institut für europäische Politik, Bonn
MP

Prof. Dr. Rainer Willeke

Universität Köln
MP, ML, LFAG Verkehr

Dr. Erich Wirsing

Kommission der EG, Brüssel
MP

Prof. Dr. Horst Zimmermann

Universität Marburg
MP, ML, LFAG Vert. der wirtschaftl.
Kräfte im Raum

Wolfgang Peter Zingel

Universität Heidelberg
MFAG Vert. der wirtschaftl. Kräfte im
Raum